本课题得到国家社科基金项目《瓯语史研究》(05BYY053)资助;同时得到江苏省品牌专业(NP101001)资助出版。

瓯语语音史研究

丁治民　著

苏州大学出版社

图书在版编目(CIP)数据

瓯语语音史研究/丁治民著.—苏州:苏州大学出版社,2017.12
ISBN 978-7-5672-2249-6

Ⅰ.①瓯… Ⅱ.①丁… Ⅲ.①吴语 语音-汉语史-研究-温州 Ⅳ.①H173

中国版本图书馆 CIP 数据核字(2017)第 243532 号

书　　名	瓯语语音史研究
作　　者	丁治民
责任编辑	周建国
出版发行	苏州大学出版社
	(地址:苏州市十梓街1号　215006)
经　　销	江苏省新华书店
印　　刷	宜兴市盛世文化印刷有限公司
开　　本	700 mm×1 000 mm　1/16
字　　数	258 千
印　　张	15.25
版　　次	2017 年 12 月第 1 版
	2017 年 12 月第 1 次印刷
书　　号	ISBN 978-7-5672-2249-6
定　　价	50.00 元

苏州大学版图书若有印装错误,本社负责调换
苏州大学出版社营销部　电话:0512-65225020
苏州大学出版社网址　http://www.sudapress.com

目　录

第一章　概论 / 001

　一、方音史研究概况 / 001

　二、方音史所据材料略论 / 003

　三、温州沿革及瓯语研究概况 / 006

　四、瓯语音系 / 015

　五、瓯语韵文语料及韵段一览表 / 021

第二章　瓯语语音特征及演变 / 063

　一、阴声韵 / 065

　　1.1　止蟹摄相押 / 065

　　1.2　支鱼相押 / 083

　　1.3　萧豪与尤侯互叶 / 109

　　1.4　歌麻相押 / 115

　　1.5　歌麻模相押 / 123

　　1.6　尤侯与鱼模相叶 / 133

　二、阳声韵 / 137

　　2.1　真文与寒先相押 / 137

　　2.2　东钟与真文相押 / 152

　　2.3　东钟与江阳互押 / 153

　　2.4　阳唐与庚清押韵 / 156

　　2.5　东钟与庚清押韵 / 158

　　2.6　寒山与谈咸互叶 / 159

　　2.7　真文、庚清与侵寻互叶 / 163

　　2.8　宕摄与山摄 / 177

三、入声韵 / 178
　　　　3.1　质没与末薛相押 / 178
　　　　3.2　屋烛、药铎与觉学互叶 / 185
　　　　3.3　德职、陌昔、质术、缉立押韵 / 194
　　　　3.4　德质与末薛相押 / 207
　　四、阴声韵与入声韵 / 212
　　　　4.1　止、蟹摄与臻、梗、曾入声相押 / 212
　　　　4.2　通、臻两摄入声与遇摄互押 / 214
　　　　4.3　梗、山两摄入声与蟹摄一等押韵 / 215
　　　　4.4　通摄等入声押入流摄 / 215
　　五、阴声韵与阳声韵 / 216
　　　　5.1　山、咸摄与蟹摄相押 / 216
　　　　5.2　江阳与家麻押韵 / 216

第三章　瓯语音韵特征溯源 / 218

　　一、歌戈麻三韵相押 / 223
　　二、歌麻模相押 / 224
　　三、支鱼相押 / 225
　　四、尤侯与萧豪押韵 / 225
　　五、止、蟹摄互押 / 226
　　六、真文与寒先互叶 / 227
　　七、真文与东钟押韵 / 228
　　八、东钟与江阳押韵 / 229
　　九、臻、深、梗、曾四摄相押 / 229

结论 / 231

参考文献 / 234

第一章 概 论

一、方音史研究概况

汉语语音史应包括汉语通语语音史和汉语方言语音史,汉语通语语音史的框架基本建立,而汉语方言语音史不论是全面性的通史,还是个别方言的研究史都比较薄弱。1934年罗常培先生的《中国方音研究小史》是中国第一篇研究方言学史的文章,该文由《西洋人研究中国方音的成绩及缺点》《明清学者对于方音研究的贡献》和《方音研究之最近的进展》三篇文章汇总而成。文章重点在挖掘、搜集近代中西文献中关于方音的记载,如明张位《问奇集》、清潘耒《类音》、(英)威妥玛《语言自迩集》、(英)柏克尔《翟尔士大字典》等。第一部汉语方言研究通史当为1984年问世的何耿镛先生《汉语方言研究小史》,但该书所涉及的内容则不限于方音研究史。王力先生认为这本书"可以由此窥见汉语方言史发展的轮廓"。许宝华、汤珍珠先生的《略说"五四"以来的汉语方言研究》、王福堂先生的《二十世纪的汉语方言学》为断代的汉语方言学史,叙述了现代汉语方言学的崛起、成长、挫折、复兴。鲁国尧先生在《通泰方言研究史胜述》中指出:"罗常培、何耿镛、许宝华、汤珍珠、王福堂五位先生的论著仿佛是史学上'通史'或'断代史'、目录学上的'总集',它们讲的是全局的问题,而个别方言的研究史则是'国别史'、'别集',它所涉及的是局部问题甚至是细部问题。"(《方言》2001年第1期)成文于20世纪60年代的鲁国尧先生《泰州方音史与通泰方言史研究》堪称中国第一篇个别方言的研究史。此文首先穷尽式地从富含历史矿藏的共时语言现象理出发展脉络,继而以对多位高龄老人的调查、乡邦文献的稽考和历史比较法的运用,追溯泰州音两千多年的变迁和衍化;不仅如此,而且有理论性的总结。乔全生《晋方言语音史研究》是一部研究晋方言语音通史的力作。此文指出:"现代晋方言的祖先就是唐五代时的汉语西北方言。它的远祖当是上古时期的秦晋方言,即以古晋国为中心的方言。现代晋方言是唐五代西北方言直接继承者,千余年来,晋方言在继承的同时又经历着种种变化,然而,有几个主要特征却累千年而不变。"鲁国尧先生誉此书为"异军突起之著、囊括性之著"。以上两部论著可以说是某个方言语音史的通史。同时也有一些某个方言某一个时段的发展的断代史,如郑张尚芳《温州方言近百年的语音变化》(1995)、刘晓南《宋代闽音考》(1999)、丁邦新《一百年前的苏州话》(2003)、高永安《明清皖南方音研究》(2007)、陈泽平《19世纪以来的福州方言》(2010)、刘晓南《宋代四川方言研究》(2008)等。

  对汉语方言语音史的研究,不论是"通史",还是"国别史",总的说来,与现代汉语方言的调查与描写和汉语通语语音史的繁荣成果相比是不相称的,是非同步发展的。如果汉语方言语音史没有得到长足的发展,汉语语音史的构建也只能说是不全面的。究其原因,是一个字"难"。难就难在没有相应的语料,中国古代就有重雅轻俗的倾向。中国的方言大多是历史上动态传承,由来已久的,虽然没法明说始自于何时,但有雅言就有方言应该是没有问题的。虽然中国的韵书较早,三国时李登编著的《声类》是第一部,但韵书大多为读书音的反映。在南北朝时期,虽然"各有土风"的"韵书蜂出",但没有一部能流传下来。宁忌浮先生把汉语韵书史分为五期:初始期(魏晋南北朝)、定型期(隋唐宋)、革新期(金元)、兴盛期(明代)、式微期(清代民国)。就是在韵书的兴盛期的明代目录有记载的共计116种,宁忌浮先生能找到70余种。其中反映方言的仅有十来种:吴语:王应电(江苏昆山)《韵要粗释》,陶学承、毛曾(浙江会稽)《并音连声字学集要》,朱光家(上海)《字学指南》,孙耀(安徽宣城)《音韵正讹》,濮阳来(安徽广德)《元声韵学大成》;赣语:孙吾与(江西丰城)《韵会定正》,熊晦《类聚音韵》;闽语:戚继光《戚参军八音字义便览》;北京官话:徐孝(河北顺天)《合并字学集韵》,莫铨(北平)《音韵集成》;中原官话:吕坤(河南宁陵)《交泰韵》,桑绍良(河南濮州)《文韵考衷》;西南官话:郝敬(湖北京山)《五声谱》,本悟(云南嵩明)《韵略易通》;江淮官话:李登(南京)《书文音义便考私编》。与现代汉语十大方言相比,明代仅有反映四种方言的韵书保存至今。可以说,古代记录方言的韵书是比较少的,而能流传下来,就更少了。

  如果某种方言在不同的历史时期都有韵书保存,那么该方言语音史的建立就应唾手可得;但没有方言韵书也不是说对某一个方言语音的建立就一筹莫展。现代人对方音史的研究主要有两种方法:一是自下而上的历史层次法,充分运用现代汉语方言语料探测方音的历史特点,这方面的成功之作不乏其例,如王洪君《山西闻喜方言的白读层与宋西北方音》,李如龙、辛世彪《关中"全浊送气"与唐宋西北方音》,(美)张琨《温州方言的音韵历史》,郑张尚芳《温州方言歌韵的读音的分化和历史层次》,等等。二是自上而下的历史文献考证法,并辅以历史比较法,鲁国尧先生称之为语言学研究的"二重证据法"。刘晓南《宋代闽音考》、乔全生《晋方言语音史研究》就是这一方法的实践的结果。汉语浩如烟海的典籍(包括传世文献和考古文献)是我们研究工作取之不尽用之不竭的源泉,其中韵文(包括诗、词、曲、赋、铭、颂、箴、赞)更是我们研究依靠的主要材料。徐通锵先生(1996)总结研究一种语言或方言的历史主要有两种途径和方法:"一条以书面材料为对象,排比不同时期的历史文献,找出其中的差异,从中整理出不同时期的音系和语言的发展线索。……另一种途径是从现实的语言材料出发去探索语言发展的线索和规律,它在研究方向上恰好与'前瞻'的历史法相反,而是一种以今证古的'回顾'的方法。"利用不同时期的韵文进行构建汉语通语语音史,这通过实践证明是可行的,上古音主要是诗经韵脚和谐声偏旁,罗常培、周祖谟先生《汉魏晋南北朝韵部演变研究》的主要依据是韵文,李荣先生《隋韵谱》也是韵文,鲍明炜先生《唐代诗文韵部研究》同样是韵文。鲁国尧先生在研究宋词韵时,不仅总结出宋代通语为十八部,而且发现在南方,不少词人是以方音入韵的。鲁国尧先生再扩大研究范围,下及金元词曲,也有以方音入韵的,再扩大到诗韵,不仅古体诗、连近体诗也有以方音入韵的。鲁国尧先生的观点不仅是以事实为依据的,而且在古代文献中也能得到证明。罗大经《鹤林玉露·诗不拘韵》:"除科举之外,闲赋之诗,不必一一以韵为较,况今所较者,特《礼部韵》耳。"熊忠《古今韵会举要》云:"若贡举文字,事干条制,须俟申明。至于泛作诗文,无妨通押以取谐叶之便。"也就是说,场屋之中如押实际语音,须经主考官员的同意,至于率性而作诗文之用韵,礼韵管不着,只要朗朗上口即可。这不仅开拓了汉语语音史的研究语料,而且扩大了韵文的功能,即不仅可以探讨通语的演变,而且可以钩稽历史方音的特点。

二、方音史所据材料略论

刘晓南(2011)先生指出,古文献可以根据其中所含方音的方式不同而区分为两类:一类是有意记录方音的,可以称之为"直接的方音语料";一类是行文之下无意之间泄露方音的,可以称之为"间接的方音语料"。

中华文化有着记录方言的悠久传统,我们的先辈大致从"方言释疑"或

"方言录异"两个途径来记录当时的方言。除了在传统训诂专书、经传注疏等著作中收录方言外,也在笔记小说、诗话词话、总集别集和史传谱志中记述当时方言。记述者大多是因为实际耳闻某方音特别,甚至诡异,在笔端间记录下来,可能就是一言半句。但这是对这一方言的直接描写,是对这一方言的直接记录。周祖谟先生指出:"宋人笔记中有论及当时四方语音者,惜皆零散不备,而所指方域不甚明确,但是可略知当时方音与今日方言之异同。"赵振铎先生说:"唐代笔记里面有一些方俗读音材料,它们应该是当时方言俗读的真实写照,吉光片羽,信足珍贵。"其实不仅唐代,其后历代笔记小说中均不乏其例。因为笔记小说诗话词话,这些文字是古人闲情雅致所系,最少拘谨,笔触灵活,不避理俗,更重要的是文中常常说出所记俗谈具体的乡域,从而可据以语料进行准确的时空定位,即使没有现代方言的对应,也可以确认其作为历史方言现象。广泛地收集历史文献中的"直接语料",通过集腋成裘的整理,往往可反映某一时代的区域方音特征。但这往往是地处经济、文化发达地区的大方言,且语音特异,往往会吸引众多文人而诉诸笔端。如吴语、蜀语、闽语等。而温州地处东南沿海,偏于一隅,交通极为不便,因此,历史上温州话不像今天的温州那样能吸引四面八方的游客和商贾注意的。事实上,温州话的特点也有被当时的温州籍文士记诸笔端,但与其他复杂的大方言相比,是少的。

更多的历史方音文献是间接的方音语料。这些文献的作者并不是要"记录古方音",而是行文中有意无意地透露出当时的方言语音。之所以有方音"泄露",除了有意利用方音制造一种特殊的表述效果外,一般都是"乡音无改",不知不觉中将方音流露于行文用韵中。

日僧空海《文镜秘府论》引述唐人《文笔式》云:"制作之道,唯笔与文:文者,诗、赋、铭、颂、箴、赞、吊、诔等是也;笔者,诏、策、移、檄、章、奏、书、启等是也。即而言之,韵者为文,非韵者为笔。""文笔"之分,缘自六朝。"韵者为文"在唐代诗列首位,宋代又增加"词",元代又增北曲,明代又列南戏,在温州的用韵语料当分别诗、词、曲、文四大部分。

四者之中,诗的数量最多,词、文、曲次之。在文学史上,诗的创作历史悠久,源远流长,作品也最为丰富。唐宋以来,近体诗、古体诗是文人诗歌创作的主流文体,这些结构简洁明快、富于节奏而押韵考究的诗作成为用韵语料的主体。相较之下,词韵语料的数量大为减少,但其重要性并未随之减低。从文学史的角度来看,词的创作成就在宋代达到巅峰,宋词以其独特的艺术风格和接近生活的语言成为宋代文学的标志。虽然其数量不及宋诗,但其用韵接近实际语音的程度则比宋诗略胜一筹,其后元、明、清各朝代的词也是如此。相对诗、词而言,文、戏曲的数量虽少,但用韵的情况最为复杂,有通篇用韵的,也有韵散结合的,有句句韵、隔句韵、三句韵、换韵、交韵、抱韵等押韵方式。这些押韵方式虽然给判断韵脚带来困难,但特别是戏曲的用韵更贴近口语,这对于考求实际语音,其价值同样不可忽视。

所以我们所用语料主要是温州自宋代以来历代诗、词、文、曲等韵文用韵。

温州自宋代即有大量的作品且传于后世,其中韵文较多,从用韵的角度,历代温州人比较自信,以方音入韵,且得心应手,这可能与温州人耕读文化传统有关,读书有目的,如修身养性,所以记事、写人、抒情的作品均不避方音,这对于瓯语史研究而言,是难得的丰富语料。所以对自宋代以来的诗、词、文、曲,我们主要是对文献进行考证,归纳特殊韵例,并与近代反映瓯语的方音韵书和现代方音进行比较,以确定其性质,即是否为瓯语的特征,并以观其历代的演变;对于宋代之前的瓯语的演变及其来源,因文献缺乏,我们从移民史、人口演变史的角度进行论证,并与其他方音史进行比较,以确定在宋代之前该特征的来源。

诗、词、文、曲用韵考察实际语音,有两点需要注意。

第一,韵书的影响。自《切韵》问世以来,历代文士自小学习以及吟诗作赋,基本都遵循《切韵》系韵书所规范的用韵系统,这对文学创作的影响很大,而且这一用韵系统对没有韵书规范的词、曲、文的创作发生不同程度的影响。所以在研究中要注意排除《切韵》系韵书的人为干扰,但也不必夸大这种干扰。应该说,文士在科举考试时当严格遵守礼部韵,但平常作诗即使是近体诗或直接用通语、方音入韵,或通过首句出韵的办法而突破礼部韵的用韵规范,更不用说古体诗、词和曲等的用韵了。

第二,实际的押韵也往往是以通语为主、方音为辅的语音表现。普通话作为现代的标准语,在古代虽然没有一个规定的标准语,但事实上在各代都存在一个类似今天普通话的标准语,如上古名为"雅言"、中古称为"通语"。不论是"雅言"还是"通语",都是作为通行全国的共同交际语言,反之只在一个地区通行的则是方言。文士用韵时并没有明确告知我们其用韵是通语还是方言,如何判断文士创作的用韵是通语还是方言,这就是我们研究其用韵的首要问题。对于这一问题,前贤的研究已为我们的工作指明了方向。鲁国尧先生研究宋词韵三十余年,《论宋词韵及其与金元词韵的比较》是其总结性的文章,文章指出:"现存宋词数量甚巨,其用韵确是纷繁复杂,但笔者分区研究宋词用韵以后认为,虽然有的词人(特别是闽、赣、吴地区的词人)或以方言入韵,或有若干特殊用韵现象,其大体可分为十八部。""大多数词人的大多数作品是符合我们所归纳、分析出的十八部。""其所以如此,并非因为当时有一本大家遵循、人人翻检的词韵书,而是因为多数人都是以当时的通语为准绳,例如闽音歌豪无别,林外据以押韵,但大多数福建词人并不仿效;吴文英以庚青叶江阳,但其同乡史浩却依然依通语截然分用。北宋时期,经济发达,文化繁荣,汴洛的中州之音当即通语的基础。南宋虽偏安江左,并不以吴语为通语,词人按照通押韵,相从成风,相沿成习,于是造成了宋词用韵十八部的模式。"宋代不论是何方言区的文人其词用韵的语音基础大多是根据通语。刘晓南先生则进一步总结,提出:"通语取共性,方言取个性。"所谓"通语取共性"是指在穷尽材料的基础上,考察作家群体的用韵主流及普遍的押韵模式以确定是否按通语来押韵;"方言取个性"是指语料中的特殊的、少数或个别的用韵现象,即某一地区文士用韵中出现了与大多数地区不同的押韵模式,这种模式的韵例又相对较少,这种现象可能就是方音的反映了。这当然也要排除极个别的仿古或取便音近相押。"个性"相对于"共性"而言,肯定是少的,但某一"个性"并不仅仅限于某个人,而是这一地区的文士有一部分或多或少的表现,总的说来,作品数量多的作家透露"个性"的数量和机会要多一些,而仅有一两首作品流传下来的表现的机会要少得多。且"个性"是对某一个地区而言的,虽然不同的地区有共同的"个性"特征,但这仍是方音的表现,而不是通语的反映。

三、温州沿革及瓯语研究概况

温州市位于浙江省东南部,瓯江下游,是浙南政治、经济、文化中心,全国最早14个开放城市之一。东面濒海,南与福建省交界,西面是丽水地区,北面为台州地区。辖永嘉、洞头、平阳、苍南、泰顺、文成六县,瑞安、乐清二市,鹿城、龙湾、瓯海三区。

秦汉以前,这里为百越之一的瓯越住地,秦置于闽中郡辖下。据《史记·东越列传》,汉惠帝封瓯越王驺摇"为东海王,都东瓯,世俗号为东瓯王"。其国境辖今浙南温州、台州、丽水地区,国都东瓯即今温州,故温州又名东瓯。武帝建元三年(前138),因避闽越侵战,诏命迁国于江淮间庐江郡,但实迁的只王族、军队、畿内豪强臣民等四万余人,越人避迁遁逃山林者甚众。后因遗留人复出,昭帝始元二年(前85)于东瓯故地立回浦县,为会稽东部都尉治。西汉末削为鄞县回浦乡，东汉章帝章和元年（87）又分立章安县（治今台州章安镇），此地为其东瓯乡。顺帝永和三年（138）以东瓯乡置永宁县，仍属会稽郡。吴太平二年（257）改属新分之临海郡，东晋太宁元年（323）分置永嘉郡（辖五县，包括松阳为今丽水地区），为温州建郡之始，并始建郡城（"斗城""白鹿城"）。隋开皇九年（589）废郡，改永宁县为永嘉县，隋大业年间（605—616）一度与临海郡并置于处州（括州）辖下。唐武德年间（618—626）一度分置东嘉州，贞观年间（627—649）又属括州。上元二年（675）始置温州，因地在温峤岭南，"虽隆冬而恒燠"，故取名温州。五代曾为吴越国地。南宋咸淳年间（1265—1274）升为瑞安府。元至元年间（1264—1294）改温州路，明清都称温州府。1912年废府后曾置瓯海道并为道治，直到1927年废道。1935年设浙江省第八行政督察区，区专员公署驻此。1949年分永嘉之瓯江以南地、以旧府县城为中心置温州市，市府一直驻旧城区，即今之鹿城区。

1987年《中国语言地图集》把吴语分为六片，其中瓯江片就是温州吴语，学术界视温州话为南部吴语的代表。瑞典著名汉学家高本汉（B. Karlgren）《汉语方言字汇》（见所著《中日分析字典》及《中国音韵学研究》所附）中吴语只收上海方言和温州方言，赵元任《现代吴语的研究》中浙南吴语只收黄岩方言和温州方言，中国文字改革研究委员会《全国主要方言区方音对照表》、北京大学《汉语方言字汇》与《汉语方言词汇》中吴语都只收苏州方言和温州方言。温州方言除了吴语外，还有闽南语（闽南话）、蛮讲（泰顺土语）、蛮话（苍南土语）、畲话（畲族客家话）、金乡话（吴语方言岛）、大荆话（台州方言）、罗阳话（处衢方言）等，但这些方言通行区较小。《平阳府志》称平阳的温州话为瓯语，以别于闽语、畲语、蛮话、金乡话，我们沿用旧说，以瓯语泛指温州地区各市县的吴语。

瓯语是温州地区的主要方言，分布在瓯江下游、飞云江和鳌江流域。温州市区和永嘉县是纯瓯语区；瑞安市和文成县基本上属于瓯语区，只有个别乡村通行闽语或畲语音；乐清市和平阳县是半瓯语区：乐清市清江以南的海积平原是瓯语区，清江以北的大荆话与温岭话接近，属吴语台州片；平阳县鳌江下游是瓯语区，鳌江上游是瓯语和闽语的混杂区；苍南县和洞头县都是以闽语为主，部分乡镇通行瓯语。

鲁国尧先生（1988）指出："南下到江淮地区的北语是现代江淮方言的前身，亦即下江官话的前身，4世纪前本北抵淮河，东晋南朝后退居今常州以南的吴语与现代吴方言一脉相承。"

丁邦新先生(1988)认为:"经过东晋到隋朝差不多三百年的演变,可能中原北语势力渐大,成为一般人用的语言,而原来的吴语则经由移民带到福建一带慢慢演变为今天的闽语。"其结论为"南北朝时期的吴语就是现在闽语的前身,而那时的北语则是现代吴语的来源"。

鲁国尧先生认为东晋以来的吴语就是现代吴语的前身,而丁邦新先生认为现代闽语的前身为南北朝时期的吴语,而现代吴语的前身是南北朝时期的北语。按照丁先生观点的理解,就应可以得出包括温州在内的所有吴语地区都成为北方移民的居住地。但这与史实不相吻合。

关于瓯语的起源,现代瓯语通行区在古代为古瓯越地,郑张尚芳先生(2008)认为古越语与汉语不属于同一种语言,两者差异很大,温州话是唐时独立发展为自有特色的一支吴语方言的。

据《史记·东越传》记载,温州古属越族的一支。《说苑》所载《越人拥楫歌》叙述一位出使越国的北方使者听不懂船夫所唱的内容而需要翻译的故事,这说明古越语与北方汉语差别较大。有的学者认为古越语是非汉语,属于侗台语系统。汉代扬雄《方言》明确记载"东瓯、瓯越"的词汇有三条。扬雄"方言"并非仅指汉语的方言,也可以指非汉语的方言和外国的语言。温州在汉代才得到开发,当时属于会稽郡,至唐初,温州得到独立发展。

西晋末年的"永嘉之乱",是一起重大的历史上事件,这不仅改变了政治格局,也导致了方言分界的变化。在扬雄《方言》中,"瓯越"等地当属于"江东方言区",即吴语,而且从温州地区建置的沿革也可以看出。"永嘉之乱",北方难民不断南迁,东晋政府为安置难民,在今镇江、扬州设立侨州郡。《宋书·州郡志》:"自夷狄乱华,司、冀、雍、凉、青、并、兖、豫、幽、平诸州,一时沦没,遗民南渡,并侨置牧司。"这些难民带来北方方言,使原本属于吴语的江淮地区变为江淮官话区,但吴人的固有的核心地区未设侨州郡,在今江苏苏州(彼时之吴郡)、宜兴(彼时之义兴郡),浙江湖州(彼时之吴兴郡)、绍兴(彼时之会稽郡)四地区没有设置侨治单位。这环太湖四郡,吴人众多,势力深固,大批北人南迁,在此四郡安家落户者甚少。否则,势必引起冲突,影响东晋政权的安定。温州在东晋为永嘉郡,南迁北方难民中,有不少是来到温州,名门望族也不是少数。郭璞"为卜郡城",王羲之"临池作书",谢灵运、裴松之等先后出任太守,佳话流传至今。北方移民带来的北方话,从而奠定现代温州话的基础。这也就是温州以北不同地区的吴语大致能通话或互相能听得懂,而温州话与非温州地区的吴语彼此不能通话的一个原因。所以,从这个角度粗算,温州话至今存续大概1500年。也就是说,在南北朝后期，温州话就应基本形成了。

对温州方言的记录和描写大致可以分为两个阶段：一是传统时期，二是现代阶段。颜逸明（2000）、郑张尚芳（2008）两位先生已做了大量细致的工作，现转录于下：

"永嘉四灵"之一的赵师秀《缙云夜宿》："稍觉离家远，乡音一半讹。"这说明温处方言不同。

《六书故》，宋末戴侗著。该书应是直接记录温州方言的最早文献。戴侗字仲达，永嘉楠溪菇田人，生于1200年，卒于1285年（据合溪戴氏宗谱），宋淳祐元年（1241）进士，由国子监簿守台州，德祐初由秘书郎迁军器少监，即辞疾不起。

《六书故》，三十三卷，分"数、天文、地理、人、动物、植物、工事、杂、疑"九部，再分为四百七十九个细目，每部再按六书分列。采金文为分析字形的根据，把异体字、同义分化字，尤其是联绵词，都作为独立字头列条；释义详明；还详论词义的源流、引申、转化以及假借的义变过程。许多字族分化的分析很精辟，并能订正《说文》讹失。而且大胆地收录了俗字、俗音、俗义。一些后起字的形音义常赖本书得知其起源，如"晒、嗮（今作啷）、墩、烊、妮、圳"等俗字；"打"的"都假切"音，"廿"的"俗呼若念"；"泡"的"以汤沃物"义，"箅"的"篮类"义，"链"的"银铛之类"义，"賸"的"用余"义，"恁"的"如是"义等。还有些字音与今瓯语吻合：

阿：於何切，越人呼"於黠切"。

燫：详廉切，又"卢咸切"……今人呼若"蓝"。

滴：都历切，又"丁计切"，"余沥垂欲滴也"。

汏："廷皆、佗盖"二切。

尿："息遗切"。

龈："康根切"，又上声。

侬：奴冬切，吴人谓人侬，按此即人声之转，瓯人呼若"能"。

母：今世俗母马同音，皆"莫假切"。

刘基《郁离子》："东瓯之人谓火为虎，其称火与虎无别也。"

《岐海琐谈》，明永嘉姜准著。姜准字平仲，原系永嘉楠溪人，其父迁居温州城内竹马坊。姜准是明嘉靖万历间人，未仕。万历间（1573—1619）曾被聘修县志，未赴。本书为专记温州一郡宋元明三朝佚闻旧事、方俗风习的笔记，共16卷。浙江省永嘉区征辑乡先哲遗著委员会铅印（1936），连史纸本线装四册。其中第八卷记方言方音为主，第十卷记坊巷、岁时节会，第十一卷记物产亦多为方言名称。明代土语土音赖此得存,可资考证。

《俗字编》,清瑞安余国光著,余氏字元观,乾隆间人(自叙署"乾隆五十二年五月望日瑞安七十老人余国光题于观海山房")。本书一卷,温州市图书馆藏有原本抄本及张棨1927年据洪守一重辑订补的稿本。瑞安文物馆藏有邑人洪守一(字观亭)辑补的道光七年(1827)重版本。较通行的为黄绍裘(雪榕,一字小蓉,亦瑞安人)的《补正俗字编》1924年瑞安广益石印本,有瑞安著名学者李笠教授1922年的跋。本书依义分类列词,原分43部,始"天"终"重文",再附补遗、土字二目八百余条。重辑本及补正本并为27部。本书所记以瑞安俗语词为主。本书为现存记录温州方言最早的专书。

《海澨方言》,清林大椿著。林大椿(1813—1863),字宏训,又字萱士,号恒轩,乐清高园(高垟,在今海屿乡)人。咸丰九年(1859)己未岁贡,生平精研儒术及天文历算之学,系林启亨(礼门)之子。本书只有抄本流传。或分三卷或分四卷,温州市图书馆所藏,为浙江省永嘉区征辑乡先哲遗著委员会所录。系三卷本,共分57门。记乐清土语词。

《瓯海方言》,近人瑞安杨绍廉编。杨绍廉,字志林,号拙庐,瑞安城关人。本书为《拙庐遗稿》八种之一,温州市图书馆藏写本一册,瑞安玉海楼也藏有精抄本(原系张宋顾先生藏本)。共分十四类,释词第一至释鱼第十四,系略变《尔雅》十九类的分法。

《字衡》,瑞安戴炳骢编。戴炳骢,瑞安海安人,民初曾为桐乡承审官。本书一名《字音正误》,其中方言部分为所附《东瓯俗字备忘》、《东瓯方言备忘》,沿录《俗字编》处甚多。温州市图书馆藏写本三册。

《温州方言初稿》,温州包筱清(笑青)编。包筱清原名包彻,温州南郊丽垟殿人。本书写本二册,现存温州市图书馆。分类分栏列词,但未标类名。分"词句、本音、俗音、成语、考释(释义考证)"等五栏。如"日:日头晃,日头,太阳佛|本音'实'|俗语'日'读如'匿',连言'日头'则读如'热(昵)',至称'月日''日夜'音又转近'内'|红日衔山,猛暽日头,日头火,约时定日,日夜不停|古无日母,凡日母之音皆入娘母……"收词考释皆较详赡。

《通俗字书》,平阳郑衡编撰。郑衡,字秉卿。温州图书馆藏,一为稿本(稿本系写在1938年温州中学秋一乙郑尔实日记簿背面),一为誊清本。分类分条释字。凡分"释词、释言、事干[动词,包括:农事、工事、商事、女红、交通、杂事]、天时、土地、人类、形体、宫室、释器[名词,包括:农具、兵器、工器、珍宝、渔具、女红、家伙]"等门。书于《海澨方言》多有参考。末附《海澨方言新编》,分"动物、兽畜、水族、昆虫、植物"等门。

《因音求字》,清永嘉谢恩泽编。谢恩泽为蓬溪人,字邦崇,号文波,又号听香居士。生于道光丙申三月,卒于宣统元年九月(1836—1909)。著述还有《东瓯杂俎》《反切法》《草韵谱》等。本书初版于1914年,现行是1917年夏其孙国猷交温州务本局石印的再版本。连史纸本二卷,分韵列字,上册17韵,下册16韵,另附"吾"韵(即零元音韵:m、n、ŋ),韵目为"公钩惊金跟昆鸠勾阉,庚觥皆关迦光恭,哥荦姑菊根官高骄,赀鸡兼该居归个吉",同韵字按四声分列,同韵同调字再按二十三声母分条排列,声母以数字代表。

《四声正误》,亦为谢思泽编,木版家刻本,一卷。有光绪二十一年(1895)中秋作者自序。系将温州习俗误读的字按部首排列,每字用温州(永嘉)话直音或反切注音,正讹。本书有两种本子,初刻为绵纸本,盖有正戳"售大钱四十文"。增订本为连史纸本,前增黄竹修序,后增附《瓯音求字》。末书"瓯城梅师吉斋刻字"。因多数"正讹"是据传统韵书字音来比较的,由此可以知道瓯语语音的变异情况。

《瓯音求字》(又题《反切法》),谢思泽编,附刊在连史本《四声正误》后,是谢氏关于音韵的论述。说明如何由三十六字母、三十二字母归并为瓯语的二十三声母,又说明瓯语实有二十七母。

《重编(乐音)因音求字》,谢用卿重编,乐清蔡徵校正。谢用卿,小名瑞喜,字庆生。生于光绪戊戌(1898)十一月。本书为《因音求字》的乐清音改编本。仍题《因音求字》,内1927年夏弻序言称为"重编因音求字",谢用卿自序称"重译因音求字",谓"译成乐音"。1927年出版,朱公茂石印书局石印连史本,前有韵目单音字图,共36韵。还撰有《国语因音求字反切法》《中国文字拉丁化南方草案》。

《东瓯音典》(扉页题《反切捷诀》),永嘉叶泰来编,题民国己丑(1925)春,写本,温州市图书馆藏。本书系将《因音求字》排成32韵图,而改动部分韵目:哥改佳,姑改歌,鸡改基,兼改坚。

《瓯文音汇》,清末瑞安陈虬编。陈虬(1851—1904),字志三,号蛰庐,祖籍乐清斗山,光绪己丑科举人,是清末著名的改良主义者。此书是以瑞安音为准,不足是字数收得少,甚至许多常见音和常用字也遗漏,即使后面附了补遗,还有好些字、好些音没有着落。

《瓯谚略》,亦为陈虬编。是"瓯文"拼音课本《瓯文七音铎》所附刊的温州常用词汇,也用瓯文拼写,按意义分为"天文、时令、岁时、地理、人伦、人物、身体、器具、珍宝、数目、权度、疾病、禽鸟、兽畜、蔬菜、鳞介、饮馔、薪柴、散语、应酬"廿项,但甚简略。有意义的是,这是温州话最早由拼音字母标音的词汇。

《新编音画字考》,平阳叶蘅编。叶蘅字桐嵚(一作桐卿),平阳荆溪人。本书系李顺泰石印局石印,原题民国十年(1921)8月印刷,民国十一年(1922)6月初版,光连纸四册。前三卷分韵列字,末卷是附录三种:"音画对照表"(即笔画索引)、"误读辨正编"、"讹书辨正编"。本书以平阳方言为准,收字较多,且及化学新字之类,但排列较乱,每韵之间既不分隔,也不列韵名;同韵字也不按声母排列,前后无定准;只在整部书之前列一笼统的"音母"次序(同音节四声代表字)作目录。卷一列7韵,卷二列8韵,卷三列7韵,共22韵(挨、阿、威、翁、蜗、汪、央、先、温、孙、熏、哀、青、妖、忧、音、鏖、司、儿、衣、归、交)。

《温州音识字捷法》,署温州惜阴馆主人(1935年本署道一学馆主人)编印。惜阴馆主人系张兆麟,字玉笙(又作玉生),温州南郊上河乡新桥人。生于清光绪癸未(1883)正旦。本书一册,1913年著成,曾作为《读音检查表》附编于《字算备要》(1916年再版,永嘉会昌镇农业公会印行,务本石印公司代印),328组代表字。1924年4月由温州务本石印公司初版,单独成书。通行本为1935年四版增订本,道一学馆光连纸石印。分四表:甲表为声韵母配合的音节结构表(不分调的单音字表),兼音节编号索引(按号在乙表检字)。纵列30声母:哀亨合,古口五,一小王,屋分文,八匹白木,九千丈月,子七三宅十,丁土大内力。横列16韵母:咸含华孩回微乎黄恒豪行侯洪成时儿。乙表是正文,分354组,3550余字。每组先列编号,后反切,再依平上去入列字,不同调者以"⌐"号分隔,无字者加"○"为记。编号次序不依声韵,而依所含字数多寡,字多的编在前,少者在后。字下不举例、不释义,所以多音字只取一音列入,其余异读列为丙表(87字),俗体异体字则列为丁表(270字)。这是旧时有关温州方言的韵书中唯一记温州城郊音的。

《瓯音字汇》,温州汤联奎编。汤联奎字壁垣,名可宽,榜名联奎,祖籍永嘉西溪,为小渠汤氏,迁温州麻行已十代。同治元年生,民国廿九年卒(1862—1940)。本书是应施德福之请求编的,1925年完成,原藏白累德医院。软面16开横格道林纸本一册,汉字以毛笔端楷书写,罗马字以钢笔书写。这是按温州方言罗马字音序排列的汉字同音字汇,收一万五千余字。每组字上端先标苏慧廉设计的温州方言罗马字,以下分栏分行列出其对应的汉字。每行一字依平上去入分列于第1、2、3、4栏。最后一栏是该字北京音罗马字对照。本书是有明确标音的完整的温州话早期字汇,对研究90年前的温州话极有价值。但汤氏所记为温州西城音。

还有一些方言谣谚、民间杂字及词曲等也多少反映瓯语的一些特点。

以比较科学的方法调查记录温州方言的,最早为派克(Par-ker)和孟国美(Montgemory)。但真正科学的调查是从赵元任开始的。从此以后人们发表了好些调查研究的文章,依年代登录如下:

(英)派克(Edward Harper Parker)*The Wenchow Dialect*(《温州方言》),*China Review*(《中国评论》),1884年。

(英)孟国美(P. H. S. Montgomory)*Introduction of the Wenchow Dialect*(《温州方言入门》),上海 Kelly&Wansh 公司,1893年。

高本汉(Bernhard Karlgren)《中国音韵学研究·汉语方言字汇》,商务印书馆,1940年。

赵元任《现代吴语的研究》,清华学校研究院出版,1928年。

颜品仁《温州语音和北京语音的对应关系》,《温州师范学院学报》,1963年第1期。

郑张尚芳《温州音系》,《中国语文》,1964年第1期。

郑张尚芳《温州方言的连读变调》,《中国语文》,1964年第2期。

(美)张琨《温州方言的音韵历史》(*Wenchow Historical Phonology*),《中研院民族学研究所集刊》32期,1971年。

颜逸明《平阳瓯语音系》,《上海师范大学学报》,1978年第1期。

陈承融《平阳方言记略》,《方言》,1979年第1期(创刊号)。

傅佐之、黄敬旺《温州方言端透定三母的腭化现象》,《方言》,1980年第4期。

郑张尚芳《温州方言歌韵读音的分化历史层次》,《语言研究》,1983年第2期。

郑张尚芳《浙南和上海方言中的紧喉浊塞音声母 ?b、?d 初探》,《吴语论丛》,上海教育出版社,1988年。

郑张尚芳《温州话流摄一三等交替的特点》,《温州师院学报》,1989年第4期。

郑张尚芳《温州方言源流探索》,《温州探索》,1990年第1期。

郑张尚芳《温州方言研究简史(上、中、下)》,《温州探索》,1993年3—5期。

郑张尚芳《温州方言近百年的语音变化》,《吴语研究》,香港中文大学新亚书院出版,1995年。

蔡嵘《浙江乐清方言音系》,《方言》,1999年第4期。

颜逸明《浙南瓯语》，华东师范大学出版社，2000年。

郑张尚芳《温州方言志》，中华书局，2008年。

传统时期的宋元时代直接记录温州方音的语料较少，只有零星的，不成系统。不论是字书，还是韵书，都是清朝中后期及民国时期的作品，不足以考察瓯语的演变史。现代阶段，大多数是对现代瓯语的描写，探讨瓯语历史的主要是张琨和郑张尚芳两位先生。郑张尚芳先生利用韵书、字书、拼音方案和现代方音新老派语音等语料，精雕细刻，详细描写了瓯语百年来的演变。但目前对瓯语百年之前语音系统演变的研究则尚未见到，这是我们选题的意义，也是我们努力的目标。

乔全生先生（2006）研究晋方言语音史提出语料应包括两大内容：一是当代资料；二是历史资料。其中历史资料又可分为6种：山西通志、地方志、方言用字以及外省临近山西的县志等文献所记载的材料；山西的县志等文献所记载的材料；地方戏曲、民歌韵文材料；山西文士杂记；地方韵书；山西文士诗词用韵等材料；汉藏对音、梵汉对音材料的研究成果；西夏汉两种文字注音材料。同时应遵循以下4个原则：

1. 晋方音有、山西古文献中有的语音特征，尽可能追溯源头并建立该特征的古今发展演变史。

2. 晋方音有、山西古文献中未见，但南方诸方音古或今有的语音特征，也可以作为间接参考建立该特征的古今联系。

3. 晋方音未见，但山西古文献中有的语音特征，可参照其他文献以此恢复古代某一时期的方音特征，为下一步建立断代史提供必要的资料保证。此外，比较古代不同时期的文献资料可以找出该现象消失的时间。

4. 晋方音有、古文献中未见，也没有其他方音古文献支持，可运用历史比较法通过观察同片不同时期的方音形式，按照语音发展的一般规律，揭示某一方音历史发展演变的顺序和脉络，从而为建立汉语语音发展史提供依据。

乔全生先生提出研究晋方言语音史的语料及应遵循的原则可以作为我们研究瓯语语音史的重要参考。我们以唐代特别是宋代及其后历代的诗、词、文的用韵为主要语料，对其特殊的韵例进行分析，结合历史文献所记载的温州方言的特点、近代字书与韵书，特别现代瓯语的语音，确定其通叶的性质，以观瓯语的演变。郑张尚芳先生（2008）指出："近百年来，温州方言的变化特别迅速。因从1876年温州辟为商埠以后，至今已过了一个多世纪，随着城市的发展，人口的增加，尤其解放建市后工农业建设突飞猛进，温州方言也起了急剧的变化。百年前的温州城区话和永嘉、瑞安的差别远不如今天这样大。百余年间温州城区有些声母韵母成套地消失了,有些新的韵母新介音成套地增加了,语音结构发生了十分明显的变化。时间不过一百多年,短短四五代人,可是变化之大之速是非常惊人的。"瓯语的声母古今变化不大,我们主要讨论其韵母的演变。

四、瓯语音系

温州话(颜逸明,2000)

韵母表30个

ɿ 诗思基吃	i 依张千切	u 普何火雨官决	y 居甘官决
	ei 池米遮直	əu 鲁豆多毒	əy 吕布杜苏
a 班排反获	ia 鹊捏晓脚	ua 弯挖	
o 沙马袜学			yo 足曲局欲
ø 端团探合			
e 开合菜黑			
ə 宝刀早澳			
		ɔu 包旁咬孝用	yɔ 钟窗重用
ɛ 行杏硬生	iɛ 赵朝条表		
ai 培对失拾	iai 急泣吸益		
au 抖透走口	iau 九求休优		
	ieu 周抽收竹		
aŋ 本分针审	iaŋ 金近因英		
eŋ 兵病民静			
oŋ 冬通宗梦			yoŋ 中冲穷春
ŋ 鹅我儿悟			

瑞安话(颜逸明,2000)

瑞安话和温州话同属瓯语,大同小异,主要区别有以下几点:

1. 瑞安话"基欺希、朱吹书"与"资雌思"不同音,"基欺希"读 i 韵,"朱吹书"读 əy 韵,"资雌思"读 ɿ 韵;温州话这三组字同音,都是 ɿ 韵。如下表:

例 字	瑞安话			温州话		
基欺希	tɕi	tɕʰi	ɕi	tsɿ	tsʰɿ	sɿ
朱吹书	tsəy	tsʰəy	səy	tsɿ	tsʰɿ	sɿ
资雌思	tsɿ	tsʰɿ	sɿ	tsɿ	tsʰɿ	sɿ

2. 瑞安话"火虎府"三字同音,都是 u 韵;温州话"火"与"虎"同音,也是 u 韵,而"府"不同音,"府"是 əy 韵。又如"波铺谱葡夫肤"瑞安话 u 读韵;温州话 əy 读韵。

3. 瑞安话 a 韵字,温州话一部分也是读 a 韵,另一部分读 ɛ、iɛ 或 ai 韵。例如:

瑞安话	温州话	例 字
a	a	百白派埋带泰斋蔡快鞋
	ɛ	杏幸行~为
	iɛ	盲彭孟冷争生耕坑硬
	ai	佛质侄湿失十实七漆不

瑞安话"急吉橘给级及一乙"等字都是 ia 韵,不带韵尾;温州话这些字都是 iai 韵,带 i 韵尾。

4. 瑞安话"山脚"的"山"是 ɔ 韵;"脚"是 iɔ 韵;温州话"山"是 a 韵,"脚"ia 韵。瑞安话"间谍"的"间"是 ɔ 韵,"谍"是 ɕu 韵;温州话"间"是 a 韵,"谍"是 i 韵。瑞安话 ɔ、iɔ、ɕu 韵和温州话相应的读音列表对应如下:

瑞安话	温州话	例 字
ɔ	a	班板扮办攀盼蛮丹兰
	ɕu	包豹抛跑猫闹抄教孝咬
iɔ	ia	脚雀嚼削晓弱捏疟约药
	iɛ	超霄宵萧箫
ɕu	a	关惯宽还环换患顽晚万
	i	叠蝶碟谍贴帖
	iɛ	貂雕钓掉调挑条跳疗料

5. 瑞安话 o 韵字,温州话一部分也读 o 韵,如"渣叉茶沙加假架虾夏牙雅亚"等;另一部分读 ɕu 韵,如"当党荡堂糖趟狼浪藏仓桑刚港康杭抗巷"

等。因此,瑞安话"加"和"光"同音,"夏"和"巷"同音,而温州话则不同音。瑞安话 uo 韵,温州话也分 o、uo 两个韵,"巴爬瓜挂花华八录"温州话是 o 韵;"邦帮榜旁"温州话是 cu 韵。瑞安话 yo 韵相当于温州话的 yo、yɔ 两个韵。例如:

瑞安话	温州话	例 字
yo	yo	桌捉足俗触浊局曲玉浴
	yɔ	桩窗床霜框王从种共用

瑞安话和温州话大同小异,这是一个典型的例子。邻近地区同类的方言,大致都有这种情况,既有相同的音类,又有音值相近的不同音类。瑞安话和温州话都是瓯语,又是相近的两种瓯语,瑞安话和温州话相通而又有区别,正是由这些音值相近而又不同的音类构成的。

6. 瑞安话 ø 韵,温州话分为 ø、y 两个韵。瑞安话 ø 韵中的入声字温州话也是 ø 韵,如"刷渴喝拨勃泼沫夺脱突粒"等;其他非入声字温州话是 y 韵,如"甘杆赶干寒韩汗安按案"等。瑞安话的 yo 韵,在温州话中也是分成两个韵。例如:

瑞安话	温州话	例 字
yo	y	专捐传篆眷官管雪月绝
	iɛ	焦娇侨桥叫笑腰摇要姚

7. 瑞安话"每"与"美"不同音,温州话同音。瑞安话"感""改"同音,"贼""杂"同音,"暗""爱"同音,温州话以上各组字分别不同音。瑞安话 e 韵与温州话的对应关系如下表:

瑞安话	温州话	例 字
e	e	改开海贼台代才菜德色
	y	敢感杆柑
	ø	杂合盒南男潭庵暗
	ai	枚梅玫煤媒霉每妹北国墨

瑞安话"鞭""彪"同音,"扁""表"同音,"篇""飘"同音,"棉""苗"同音,"面""庙"同音,都是 ie 韵;温州话以上各组字都不同音,前字都是 i 韵,后字都是 iɛ 韵。

8. 瑞安话"酒"读如"启","秋"读如"抽";温州话"酒""启""秋""抽"也同韵,但声母不同;瑞安话 ts 组声母 əu 韵字,温州话读 tɕ 组声母 ieu 韵。如下表所示:

瑞安话	温州话	例 字
ts	tɕ	周舟州启昼咒竹筑祝酒
tsʰ	tɕʰ	抽丑臭秋
dz	dʑ	绸稠筹酬售仇囚轴
s	ɕ	修收羞手首兽秀锈绣
z	ʑ	受授寿袖就族熟辱褥

9. 瑞安话有些字的读音比较特殊,与其他瓯语不同。如"鱼"瑞安音 ŋy,温州音 ŋəy;"玩"瑞安音 ŋyø,温州音 ŋø;"屈"瑞安音 tɕʰia,温州音 tɕʰy;"掘"瑞安音 dʑia,温州音 dʑy;等等。

10. 瑞安话"下午"叫"晚界"(音 mɔkaᵊ)或"晚界日",与温州话、平阳话不同,与文成话相同。

平阳话(颜逸明,2000)

韵母表 33 个

ɿ 志看四是	i 低梯鸡溪	u 歌苦波夫土朱区	y 都
a 百白十实	ia 急极摘策		
		iu 做初菊轴	
æ 摆排额			
o 唐狼江康	io 装苍茶作	uo 巴旁花话浊玉	yo 钟窗
ø 潘端尊合			yø 标招官温
e 北劣该开	ie 樟枪天扁		
ɛ 保刀考好			
ɔ 班丹三弱	iɔ 脚鹊晓站		
ai 杯梅摇摧			
au 狗牛楼偷	iau 九求走骤		
eu 丢头收受	ieu 州秋仇育		
aŋ 本等心神	iaŋ 经轻枕陈		
eŋ 兵平丁听	ieŋ 精青郑政		

续表

ən 云笋唇顺	iən 军春群训		
oŋ 东通风空	ioŋ 宫冲宗聪		
ŋ 儿耳我二			

永嘉话（颜逸明,2000）

韵母表37个

ɿ 知资师思	i 批皮低力	u 波胡歌委	y 专传汉安
ʮ 追吹书殊	ei 猪池徐尺	əu 多豆流六	əy 都土杜吕 ye
a 班排买丹	ia 脚削超萧	ua 弯挽	
o 爬马渣家		uo 八拔袜法	yo 桌曲玉俗
ø 潘短村甘			
e 台灾才开	ie 边天兼仙		
ə 报刁高好			yɐ 标苗条消
ɔ 党苍桑胶		uɔ 邦旁忙方	yɔ 钟双床勇
ɜ 彭盲争幸	iɛ 添良枪香		
ai 悲灰崔罪	iai 急吃及亦		
au 偷投走狗	iau 九求休优		
	ieu 周秋修叔		
aŋ 奔分邓心	iaŋ 金银兴英		
eŋ 丙品平民	ieŋ 正清声成		
oŋ 朋东农宗	ioŋ 中虫兄云		
m̩ 磨某暮戊	ŋ̍ 吴儿五午		

文成话（颜逸明,2000）

韵母表32个

ɿ 资知时市	i 闭备支蛇	u 鹿故过河	y 雨赌桂虚
a 百解庚行	ia 争及急约		
o 爬架党花			
ɔ 胆太介夹		uɔ 包榜条放	yɔ 钟胸从欲
ø 短团乱含			yø 招权川绝

续表

ɛ 保刀桃老	iɛ 良张枪香		
e 北台南开	ie 标变票别		
ai 倍妹灰队			
au 抖透楼休	iau 油友右优		
	ieu 周秋流收		
aŋ 本登新伦	iaŋ 金银英影		
eŋ 丙平心星			
əŋ 纯云运顺			yəŋ 均准群春
oŋ 东公宏红	ioŋ 宫穷虫荣		
ŋ 儿耳			

乐清话（蔡嵘，1999）

韵母36个（包括自成音节）

ɿ 紫次市	i 弟移毅	u 玻姑熟	y 居吐雨
ø 短惨刊			
e 派带债		ue 歪怪快	
ɛ 班艰搀	iɛ 边天接	uɛ 弯关宽	yɛ 宣权院
a 发达吵	ia 养约日	ua 蛙刮夸	
o 猫唐狂	io 勇雍往		
ɯ 花枪跳		uɯ 瓜龙双	yɯ 钟冯撞
ɤ 报耀高	iɤ 一妖腰	uɤ 官渴赶	
	iu 丢秀竹		
ai 杯腿个		uai 亏溃秽	
au 毒愁狗	iau 郁疫犹		
ou 多可桌			
aŋ 本灯紧	iaŋ 英影印	uaŋ 滚困棍	
eŋ 冰定称			
oŋ 东洞松	ioŋ 永泳允	m 母磨墓	ŋ 吴我儿

各地的音系不尽相同，音值也有些差异，但总的说来差别不是很大，瓯语内部通话是没有问题的。现代瓯语的音系是我们进行论证的重要论据。现代瓯语应是该方言历史的动态传承，与其祖语相比，有发展、有继承，与其

祖语遥相呼应。

温州历史悠久,人文荟萃,人才辈出,素有"东南邹鲁"之称。旧时温州历代人物载诸国史的,《南史》2人、《宋史》36人、《元史》4人(邵远平《元史类总》则有9人)、《明史》11人、《清史稿》5人;收入志书的,明徐象梅《两浙名贤录》121人、清《嘉庆一统志》77人、乾隆《温州府志》863人、光绪《永嘉县志》597人、光绪《乐清县志》286人、民国《瑞安县志稿》260人、民国《平阳县志》598人、光绪《玉环厅志》136人、林鹗《泰顺分疆录》149人。南北朝时期,以史学家裴松之、山水诗鼻祖谢灵运为代表的一批中原文士带来了先进的中原文化和生产技术,推动了温州文化、文学的发展;温州本土经济文化的大繁荣则是宋代。宋代温州就是对外贸易口岸,有"一片繁华海上头,从来唤作小杭州"的美称,以叶适为代表的永嘉事功学派、以"永嘉四灵"为主要成员的江湖诗派和南戏,在我国的思想史、文学史上都占有重要的地位。

梅冷生在《郡斋征书记》一文后有一附录:浙江省永嘉区征辑乡先哲遗著目录(具体目录省略)。

  以上永嘉乡先哲遗著六十种百廿二册。
  以上乐清乡先哲遗著三十六种五十一册。
  以上瑞安乡先哲遗著三十九种百零二册。
  以上平阳乡先哲遗著十八种三十四册。
  以上泰顺乡先哲遗著十五种十六册。
  以上玉环乡先哲遗著九种十四册。
  以上无名氏待考遗著五种五册。
  以上名宦寓贤遗著三种五册。

五、瓯语韵文语料及韵段一览表

现把自唐代至清末温州籍的文士及其具体籍贯、作品的类别与数量和韵段合韵数及其特殊韵例数开列于下:

朝代	作者	生卒年	籍贯	诗	词+曲	文	韵段	
							合韵	特殊韵例
唐	永嘉玄觉大师	不详	永嘉			2	50	4
唐	永嘉玄机大师	不详	永嘉			1	6	3
宋	释永安	911—974	永嘉	1			1	

续表

朝代	作者	生卒年	籍贯	诗	词+曲	文	韵段	
							合韵	特殊韵例
宋	释晓荣	920—990	温州	2			2	
宋	李少和	930—1021	永嘉	1			1	
宋	释义怀	993—1064	温州	5		1	2	3
宋	林石	1004—1101	瑞安	3			2	1
宋	释怀贤	1016—1082	永嘉	1			1	
宋	万规	1069年前后	乐清	2			2	
宋	沈躬行	不详	永嘉	1			1	
宋	沈琪	不详	瑞安	1			1	
宋	汤乂	1087年前后	乐清	1			1	
宋	郑氏黄友母	不详	平阳	1			5	
宋	周行己	1067—约1124	永嘉	166		23	192	16
宋	刘安上	1068—1116	永嘉	66		11	100	12
宋	许景衡	1072—1128	瑞安	485		25	573	36
宋	林干	不详	温州	4			4	
宋	林灵素	1075—1119	温州	5			4	1
宋	陈经正	1109年前后	平阳	1			1	
宋	吴表臣	1084—1150	永嘉	1			1	
宋	黄友	1080—1126	平阳	2			2	
宋	释介谌	1080—1148	永嘉	3				1
宋	娄寅亮	？—1143	永嘉	1			1	
宋	董天庆	不详	罗阳	1			1	
宋	韩应	1116年前后	永嘉	3			3	
宋	贾如讷	1088—1129	乐清	仅一句				
宋	薛弼	1088—1150	永嘉	2			2	
宋	萧振	1086—1157	平阳	2			1	1
宋	宋之才	1090—1166	平阳	3			3	
宋	陈桷	1091—1154	平阳	2			2	

续表

朝代	作者	生卒年	籍贯	诗	词+曲	文	韵段 合韵	特殊韵例
宋	张阐	1091—1164	永嘉	1			1	
宋	林季仲	1088—1150	平阳	74	1	21	193	12
宋	周之翰	不详	瑞安	1			1	
宋	陈彦才	不详	平阳	1			1	
宋	释景元	1097—1140	永嘉	8			7	1
宋	方云翼	1124年前后	平阳	1			1	
宋	万世延	1097—1154	乐清	1句				
宋	沈大廉	？—1158	瑞安	2			2	
宋	陈鹏飞	1099—1148	永嘉	4			6	1
宋	王巩	1133年前后	永嘉	1			1	
宋	戴顗	嘉靖间	永嘉	1			1	
宋	林亮功	1135年前后	平阳	1			1	
宋	林芘	1135年前后	瑞安	2			2	
宋	何逢源	1106—1168	永嘉	1			1	
宋	王十朋	1112—1171	乐清	1956	21	88	2584	82
宋	王百朋	王十朋弟	乐清	1句				
宋	释宗觉	永乐间	乐清	2			2	
宋	卢传霖	1145年前后	永嘉	1句				
宋	郑伯熊	1124—1181	永嘉	9			9	
宋	李季可	1157年前后	永嘉	1			1	
宋	释从瑾	1117—1200	永嘉	39			35	4
宋	甄龙友	1154年前后	永嘉	12			12	
宋	潘柽	？—1206	永嘉	20			19	
宋	宋晋之	1126—1211	乐清	1			1	
宋	刘孝甚	1166年前后	温州	1			1	
宋	曹逢时	1113—1170	乐清	1			1	
宋	释深	不详	温州	14			15	1

续表

朝代	作者	生卒年	籍贯	诗	词+曲	文	韵段 合韵	特殊韵例
宋	刘大辩	1163年前后	乐清	1			1	
宋	许及之	1141—1209	永嘉	946	1		1145	24
宋	薛季宣	1134—1173	永嘉	456		65	1463	163
宋	陈傅良	1138—1203	瑞安	449		55	651	33
宋	吴端	1188年前后	永嘉	4			4	
宋	钱伯	不详	温州	2			2	
宋	毛崈	1169年前后	永嘉	1句				
宋	赵必橦	1227—?	东嘉	1			1	
宋	王自中	1140—1199	平阳	2	1		5	
宋	蔡必胜	1139—1203	平阳	1			1	
宋	王闻诗	1141—1197	乐清	1			1	
宋	赵善悉	1141—1198	乐清	1				1
宋	林元仲	1182年前后	永嘉	1句				
宋	彭仲刚	1143—1194	平阳	3			3	
宋	王柟	1143—1217	温州	3			2	1
宋	释惟谨	不详	永嘉	5			5	
宋	陈谦	1144—1216	永嘉	11			10	
宋	陈岘	1145—1212	平阳	9			9	
宋	周绪	1178年前后	永嘉	2			2	
宋	徐自明	1178年进士	永嘉	2		1	2	3
宋	陈武	1178年前后	瑞安	1			1	
宋	赵某	不详	乐清	6			6	
宋	叶适	1150—1223	永嘉	361	1	196	1127	66
宋	徐照	?—1211	永嘉	265	5		284	10
宋	翁卷	不详	乐清	142			139	
宋	孙元卿	1194年前后	乐清	2			1	1
宋	林升	1157年进士	平阳	1			1	

续表

朝代	作者	生卒年	籍贯	诗	词+曲	文	韵段 合韵	特殊韵例
宋	张声道	1184年进士	瑞安	2			2	
宋	陈唐佐	1184年进士	平阳	1			1	
宋	戴溪	1144—1215	永嘉	1			1	
宋	叶槐	不详	瑞安	1			1	
宋	陈德翔	不详	永嘉	2			1	1
宋	陈龟年	1187年前后	永嘉	2			1	1
宋	郑访	1178年前后	平阳	1			1	
宋	朱黼	1143—1215	平阳	1			1	
宋	戴蒙	1190年进士	永嘉	1			1	
宋	曹绛	不详	瑞安	1			1	
宋	曹叔远	1159—1234	瑞安	2			2	
宋	徐玑	1162—1214	永嘉	169			176	2
宋	钱宏	1192年前后	乐清	2			2	
宋	钱文子	1148—?	乐清	3		2	4	1
宋	陈揆	1193年前后	永嘉	1			1	
宋	卢祖皋	1174—1224	永嘉	13	96		120	10
宋	赵肃远	不详	永嘉	7			7	
宋	赵师秀	1170—1220	永嘉	159			170	1
宋	潘亥	1190年前后	永嘉	4			5	
宋	曹豳	1170—1249	瑞安	7	2		9	
宋	刘植	1230年前后	永嘉	25			24	
宋	刘天益	1201年前后	平阳	2			2	
宋	周端朝	1172—1234	永嘉	5			6	
宋	赵立夫	1205年前后	乐清	3			3	
宋	林元卿	1205年进士	平阳	1			1	
宋	薛叔振	1216年前后	永嘉	1			1	
宋	薛师石	1178—1228	永嘉	110	7		103	2

续表

朝代	作者	生卒年	籍贯	诗	词+曲	文	韵段	
							合韵	特殊韵例
宋	赵汝驭	1208年进士	乐清	5			5	
宋	戴栩	1208年前后	永嘉	149		16	262	12
宋	林棐	1181—1242	平阳	2			2	
宋	戴仔	1193年前后	永嘉	3			2	1
宋	夏元鼎	1201年前后	永嘉	3	2		3	2
宋	朱元升	？—1272	平阳	8			8	
宋	陈埴	不详	永嘉	1			1	
宋	赵汝回	1189—？	永嘉	43			50	
宋	陈昉	不详	平阳	4			4	
宋	林斗南	不详	乐清	1			5	
宋	赵崇滋	1217年前后	永嘉	6			6	
宋	黄汉章	1220年前后	平阳	2			4	
宋	叶味道	1220年前后	永嘉	1			1	
宋	谢子强	1223年前后	永嘉	1			1	
宋	叶杲	1223年前后	永嘉	7			7	
宋	赵崇渊	1223年前后	永嘉	1			1	
宋	陈均	1193—1273	平阳	3			4	
宋	卢方春	1238年前后	永嘉	7			5	1
宋	蒋廷玉	1238年前后	永嘉	6			6	
宋	刘木	1238年前后	瑞安	2			2	
宋	陈淳祖	1260年前后	瑞安	7			6	1
宋	周无所住	1250年前后	永嘉	17			15	1
宋	应节严	1211—1300	平阳	1			1	
宋	陈栩	1241年前后	平阳	1			1	
宋	薛嵎	1212—？	永嘉	274			270	
宋	徐宗斗	？—1273	平阳	1			1	
宋	曹元发	1244年前后	瑞安	1			1	

续表

朝代	作者	生卒年	籍贯	诗	词+曲	文	韵段合韵	特殊韵例
宋	刘黻	1217—1276	乐清	297		11	334	26
宋	侯畐	1257年前后	乐清	7			7	
宋	倪梦龙	1247年前后	平阳	1			1	
宋	刘锡	1260年前后	永嘉	2			2	
宋	林泳	1250年前后	平阳	1			1	
宋	叶堪之	1252年前后	永嘉	1			1	
宋	释如琰	1222—1289	永嘉	169			115	37
宋	徐起滨	1253年前后	平阳	1			1	
宋	潘希白	1253年前后	永嘉	6	2		8	
宋	林起鳌	1253年前后	平阳	1			1	
宋	陈昌时	1256年前后	瑞安	9			8	1
宋	林千之	1259年前后	平阳	3			3	
宋	刘汝春	1259年前后	乐清	1			1	
宋	林天瑞	1261年前后	温州	2			2	
宋	俞德邻	1232—1293	平阳	388		14	544	21
宋	王	不详	永嘉	1			2	1
宋	陈宜中	1236—1280	永嘉	3			3	
宋	孔梦斗	1262年前后	平阳	1			1	
宋	林伯元	不详	乐清	1			1	
宋	陈观国	不详	永嘉	3			4	
宋	陈一斋	1262年前后	永嘉	3			3	
宋	宋庆之	1265年前后	永嘉	14			15	1
宋	陈虞之	1225—1279	永嘉	2			2	
宋	陈某	不详	温州	25			24	
宋	林景怡	1268年前后	平阳	1			1	
宋	林景英	林景怡弟	平阳	7			7	
宋	林正	1268年前后	平阳	5			5	

续表

朝代	作者	生卒年	籍贯	诗	词+曲	文	韵段	
							合韵	特殊韵例
宋	梅时举	不详	永嘉	2			2	
宋	陈供	1207—1274	瑞安	1			1	
宋	盛烈	不详	永嘉	16			21	
宋	林曾	不详	永嘉	2			2	
宋	翟瀚	不详	永嘉	1			2	
宋	谢隽伯	1225—1278	永嘉	3			3	
宋	徐德辉	不详	永嘉	5			5	
宋	张子龙	不详	瑞安	3			3	
宋	陈在山	不详	瑞安	1			1	
宋	徐鼎	不详	永嘉	1			1	
宋	谢无竞	不详	永嘉	1			1	
宋	林石田	不详	平阳	1			1	
宋	陈壶中	不详	乐清	2			2	
宋	宋可菊	不详	永嘉	1			1	
宋	周自中	不详	永嘉	2			2	
宋	陈庚生	不详	乐清	4			4	
宋	杨氏妇	不详	永嘉	1			1	
宋	陈云龙	不详	永嘉	1			1	
宋	林东愚	不详	平阳	1			1	
宋	朱岩伯	不详	乐清	2			3	
宋	林宾旸	不详	永嘉	2			2	
宋	王舫	不详	永嘉	5			6	
宋	陈简轩	不详	永嘉	2			2	
宋	郑鼎夫	不详	永嘉	2			2	
宋	赵处澹	不详	永嘉	26			26	
宋	徐献可	不详	永嘉	2			2	
宋	林鲁	不详	永嘉	1			1	

续表

朝代	作者	生卒年	籍贯	诗	词+曲	文	韵段	
							合韵	特殊韵例
宋	韩兼山	不详	永嘉	1			1	
宋	姚所韶	不详	永嘉	1			1	
宋	丘静山	不详	永嘉	2			2	
宋	郑吾民	不详	永嘉	1				1
宋	高得心	不详	瑞安	1			1	
宋	无名氏	不详	瑞安	1			1	
宋	徐觊	不详	永嘉	3			3	
宋	葛秋崖	不详	永嘉	3			3	
宋	王开平	不详	永嘉	1			1	
宋	周翼之	不详	温州	5			5	
宋	王景月	不详	瑞安	2			6	
宋	蔡盘	不详	永嘉	31			31	
宋	释智朋	不详	雁山	227			183	19
宋	潘逊	不详	永嘉	17			14	1
宋	刘镇	1114—?	乐清		2		2	
宋	蔡幼学	1154—1217	瑞安	1				1
宋	赵希迈	1240年前后	永嘉		2		2	
宋	刘浩	不详	瑞安	1			1	
宋	徐俨夫	?—1260	平阳	1			1	
宋	薛梦桂	1253年前后	永嘉		4		2	2
宋	林正大	1206年前后	永嘉		42		28	18
宋	黄陈氏	不详	平阳	1			1	
宋	何澹	1146—?	乐清	5			3	2
宋	赵汝迕	1214年进士	乐清	1			2	
宋	曹穑孙	不详	瑞安	1				1
宋	卫芳华	不详	永嘉	1			1	
宋	释子仪	?—986	乐清			1		

续表

朝代	作者	生卒年	籍贯	诗	词+曲	文	韵段 合韵	韵段 特殊韵例
宋	释义怀	989—1060	温州					
宋	释处谦	1011—1075	永嘉			1		
宋	刘安节	1066—1116	永嘉	1		1		
宋	林棐	不详	平阳			1	1	
宋	林仲彝	1187年前后	平阳			1	1	
宋	薛溶	不详	永嘉			1	1	1
宋	王绰	不详	永嘉			1	1	
元	孔文卿	1260—1341	平阳		1		1	4
元	高明	1307—1371	瑞安	55	453	2	436	89
元	沙正卿	1322年前后	永嘉		2		9	
元	林景熙	1242—1310	平阳	296		9	370	9
元	梅时举	不详	永嘉			1	7	
元	章嵒	1249—1320	平阳	1		2	13	
元	李孝光	1285—1350	乐清		782	2	761	91
元	李默	1899—1973	永嘉			1	1	
元	陈麟	1312—1368	永嘉	8		1	9	1
元	晋悬	不详	永嘉			1	1	
元	郑禧	不详	温州	3	3		16	
元	僧法辩	不详	永嘉			1	1	
元	蒋淑英	不详	永嘉			1	1	
元	崔王氏	不详	永嘉			1	1	
元	郑昂	1289—1358	平阳	16			15	1
元	黄公望	1269—1354	平阳	10			18	
元	薛巨源	不详	永嘉	2			2	
元	陈安国	1353年前后	永嘉	1			1	
元	曹睿	不详	永嘉	4			4	
元	黄允高	不详	平阳	5			5	

续表

朝代	作者	生卒年	籍贯	诗	词+曲	文	韵段 合韵	特殊韵例
元	陈梦高	不详	平阳	1			1	
元	许上之	不详	永嘉	2			2	
元	刘平叟	不详	平阳	4			4	
元	汤元善	1291年前后	平阳	4			4	
元	吴学礼	不详	乐清	7			8	
元	陈天佑	1307年前后	永嘉	1			1	
元	汪鼎新	1291年前后	平阳	1			1	
元	宋眉年	不详	永嘉	1			1	
元	郑如圭	不详	平阳	1			1	
元	徐似孙	？—1293	永嘉	4			4	
元	叶亮	不详	乐清	2			2	
元	谢振孙	1324—1395	永嘉	1			1	1
元	陈希文	不详	乐清	1			1	
元	徐淮	不详	永嘉	7			6	2
元	张天英	不详	永嘉	66			92	6
元	翁葵	不详	乐清	5			5	
元	李宗达	不详	温州	1			1	
元	孙华	1275—1358	永嘉	8			15	1
元	陈允文	不详	瑞安	1			1	
元	周君赉	不详	永嘉	1			1	
元	冯元衮	不详	不详	1			1	
元	林宽	1281—1319	乐清	2			2	
元	林正	咸淳间	平阳	5			6	
元	鲁时中	不详	乐清	17			20	3
元	陈秀民	1353年前后	永嘉	31			40	2
元	陈雷	洪武初	永嘉	14			14	
元	沙可学	至正间	永嘉	3			5	

续表

朝代	作者	生卒年	籍贯	诗	词+曲	文	韵段 合韵	特殊韵例
元	史伯璇	1299—1354	平阳	57	7		80	14
元	郑东	郑采兄	平阳	28			44	3
元	郑采	1309—1365	平阳	5			5	
元	薛汉	？—1324	永嘉	49			47	4
元	郑洪	1296年前后	永嘉	54			69	3
元	谢子通	1324—？	永嘉	3			3	
元	蒋文质	1368年前后	永嘉	1			1	
元	金健	不详	瑞安	1			1	1
元	无名氏	不详	温州	1			1	
元	陈彦卿	与陈高（1315—1367）同时	平阳	8			14	
元	陈一斋	成宗大德间	永嘉	3			3	
元	赵善诗	不详	永嘉	1			1	
元	裴湖西	不详	永嘉	1				1
元	王振鹏	1314年前后	永嘉	2			3	
元	祖平	不详	永嘉	1			1	
元	何岳	至正间	平阳	1				1
元	林齐	不详	平阳	1			1	
元	陈高	1314—1367	永嘉	421	12	7	430	12
元	庞石甫	不详	不详	1			2	
元	宋可梅	不详	永嘉	1			1	
元	孔从善	不详	永嘉	1			1	
元	孔皖	1347年前后	平阳	1			1	
元	朱希晦	1309—1386	乐清	170			170	3
元	栯堂禅师益	不详	温州	40			13	
元	曹稹孙	不详	瑞安	2			2	
元	曹可寋	不详	瑞安	1			1	

续表

朝代	作者	生卒年	籍贯	诗	词+曲	文	韵段 合韵	韵段 特殊韵例
元	滕穆	不详	永嘉	1			1	
元	林东屿	不详	平阳	1			1	
元	翁斗村	不详	永嘉	1			1	
元	吴涧所	不详	永嘉	2			2	
元	林节之	不详	不详	1			1	
元	瞿澥	不详	永嘉	1			2	
元	陈涧	不详	平阳	1			1	
元	谢草塘	1277—1334	永嘉	1			1	
元	陈莆涧	不详	瑞安	1			1	
元	谢无竞	不详	永嘉	1			1	
元	刘宗功	不详	永嘉	2			2	
元	无名氏	不详	不详	1			1	
元	毛琰	不详	永嘉	1			1	
元	文质	不详	永嘉	20			36	3
元	陈钧	不详	乐清	5			5	
元	张择	不详	平阳	6			7	
元	王蓁	不详	平阳	2			9	1
元	顾华	不详	温州	3			4	1
元	王份	不详	永嘉	33			32	
元	雪山禅师文信	洪武中	永嘉	12			12	3
元	孙华孙	不详	永嘉	14			16	1
元	梅珪	不详	永嘉	2			2	
元	金翼	不详	乐清	6			5	1
元	杜伸之	不详	温州	4			4	
元	李应期	1386年前后	瑞安	9			7	2
元	南尧民	洪武初	乐清	1			1	
元	南洲禅师文藻	不详	乐清	2			2	

续表

朝代	作者	生卒年	籍贯	诗	词+曲	文	韵段 合韵	韵段 特殊韵例
元	贞庵	不详	平阳	1			1	
元	九山书会才人	不详	温州		330		185	145
元	永嘉书会才人	不详	永嘉		257		186	71
明	刘基	1311—1375	文成	1326	233	143	2682	69
明	黄淮	1367—1449	永嘉	808		122	1363	138
明	赵廷松	1495—1557	乐清	450	31	680	16	
明	刘璟	不详	文成	162			165	
明	章玄应	1440—1510	乐清	971	27		1159	15
明	释本昼	康熙初在世	平阳			2	1	1
明	林温	1354年前后	永嘉	14			24	
明	林常	林温弟	永嘉	5			5	
明	余尧臣	1320—1380	永嘉	1			1	
明	梅圭	万历间	永嘉	2			2	
明	陈燧	万历间	永嘉	2			2	
明	林子森	万历间	平阳	2			2	
明	曹介	不详	永嘉	5			10	
明	李文潜	不详	瑞安	2			2	
明	南尧民	洪武初	乐清	1			1	
明	张着	1370年前后	永嘉	311			320	
明	刘南金	1374年前后	永嘉	4			4	
明	吴任	1398年前后	平阳	1			1	
明	吴田	洪武间	平阳	3			3	
明	吴谷	1406年前后	平阳	1			1	
明	陈谦	1144—1216	平阳	1				1
明	赵新	1310—1390	乐清	2			3	2
明	王份	不详	永嘉	32			31	
明	周询	不详	永嘉	13			17	

续表

朝代	作者	生卒年	籍贯	诗	词+曲	文	韵段 合韵	特殊韵例
明	郑谧	不详	永嘉	2			3	
明	陈珙	1381年前后	永嘉	2			2	
明	季震孙	不详	永嘉	2			2	
明	徐宗起	1327—1402	平阳	1			3	1
明	潘畿	1353—1453	永嘉	1			1	
明	顾华	1371年前后	平阳	6			6	
明	郑思先	1373年前后	平阳	1			1	
明	章功懋	1380年前后	平阳	3			3	
明	卓敬	？—1402	瑞安	18			20	1
明	杨景衡	1359—1444	瑞安	4			4	
明	陈仲能	不详	平阳	2			2	
明	张瓐	不详	平阳	1			1	
明	吴荃	1340—？	瑞安	9			10	1
明	方子深	？—1381	平阳	1			1	
明	方燧	不详	平阳	1			1	
明	陈讷	1388年前后	平阳	1			1	
明	项伾	1436年前后	瑞安	1			1	
明	陈斌	永乐间	永嘉	1			1	
明	谢德瑜	1338—1386	永嘉	3			7	1
明	李真卿	1382年前后	永嘉	1			1	
明	郑涔	1393年前后	乐清	2			2	
明	王毓	1360—1426	永嘉	243			240	9
明	王宗远	？—1382	平阳	1			4	
明	吴子庄	不详	平阳	3			3	
明	季应祈	1308—1390	瑞安	11			8	2
明	金翼	1351年前后	乐清	6			4	1
明	陈敏	1361—1431	永嘉	1			1	

续表

朝代	作者	生卒年	籍贯	诗	词+曲	文	韵段	
							合韵	特殊韵例
明	陈宙	1399年前后	瑞安	8			7	
明	季德玑	1355—1432	瑞安	3			3	
明	季德琦	不详	瑞安	43			42	1
明	陈佐	不详	平阳	1			1	
明	刘现	1367—1402	永嘉	4			4	
明	潘文奎	1400年前后	永嘉	10			15	
明	章善	1381年前后	平阳	1			1	
明	陈埙	不详	平阳	2			5	
明	林亭	不详	瑞安	5			5	
明	林询	元末明初	永嘉	3			3	
明	梅颐	1368年前后	永嘉	20			21	
明	黄琳	不详	乐清	2			2	
明	陈纯初	不详	永嘉	1			1	
明	刘清	不详	永嘉	2			2	
明	朱书卿	不详	乐清	1			1	
明	鲍端	不详	瑞安	1			1	
明	虞原璩	1367—1439	瑞安	161	4		170	5
明	虞原佑	1380年前后	瑞安	1			1	
明	倪寅	1425年前后	瑞安	3			3	
明	叶子祺	不详	瑞安	1			1	
明	黄采	1407—1459	永嘉	8			9	
明	朱濂	不详	乐清	1			1	
明	林碁	1382年前后	平阳	89			90	3
明	陈亢宗	永乐间	永嘉	8			8	
明	缪珊	洪武间	平阳	1			1	
明	鲍恒	不详	乐清	2			2	
明	曹睦	？—1436	瑞安	2			2	

续表

朝代	作者	生卒年	籍贯	诗	词+曲	文	韵段 合韵	特殊韵例
明	韩伟	永乐间	瑞安	1			1	
明	张真	1415年前后	平阳	8			8	
明	方以正	1415年前后	永嘉	1			1	
明	陈玉	不详	永嘉	2			2	
明	曾氲	1419年前后	永嘉	3			5	1
明	赵诜	1420年前后	永嘉	3			3	
明	戴时雨	1414年前后	永嘉	2			2	
明	陈耸	1430年前后	永嘉	1			1	
明	林补	1398—1435	永嘉	1			1	
明	方本易	不详	平阳	3			3	
明	叶锡	1430年前后	永嘉	1			1	
明	鲍辉	？—1449	平阳	1			1	
明	钟音	崇祯间	瑞安	1			1	
明	陈德庆	不详	永嘉	1			1	
明	黄璧	黄淮（1367—1449）孙	永嘉	1			1	
明	叶倥	不详	永嘉	1			1	
明	柳楷	不详	瑞安	1			1	
明	柳信	不详	瑞安	1			1	
明	黄方	不详	永嘉	1			1	
明	陈朝明	不详	瑞安	1			1	
明	谢庭循	1377—1452	永嘉	3			3	
明	陈文	1420—1494	瑞安	6			6	1
明	陈纯	1436年前后	乐清	2			2	
明	周旋	1397—1454	永嘉	57		7	85	3
明	鲍恩	1446年前后	乐清	2			2	
明	王宾	1446年前后	乐清	3			3	

续表

朝代	作者	生卒年	籍贯	诗	词+曲	文	韵段	
							合韵	特殊韵例
明	金伯逊	永乐初	平阳	1			4	
明	刘翼	永乐间	永嘉	2			2	
明	任道逊	1422—1503	瑞安	11			13	
明	陈铎	1450年前后	永嘉	2			2	
明	林天爵	1490年前后	平阳	1			1	
明	杜伸之	不详	不详	4			4	
明	赵简	不详	永嘉	6			6	
明	钟清	1419—1485	瑞安	2			2	
明	鲍椿	1636年前后	乐清	2			2	
明	周凯	不详	永嘉	2			2	
明	叶怡盛	不详	永嘉	1			1	
明	陈纪	不详	平阳	1			1	
明	吴万里	不详	平阳	2			4	3
明	吴祚	1429—1515	瑞安	1			1	
明	杜整	1442—1502	平阳	2			2	
明	包庭秋	不详	乐清	1			1	
明	项备	宣德间	瑞安	1			1	
明	鲍昺	不详	平阳	1			1	
明	项旻	1473年前后	瑞安	2			2	
明	林凤	1466年前后	乐清	1			1	
明	方轩	不详	乐清	2			2	
明	黄思亲	1516年前后	瑞安	1			1	
明	鲍缙	正德间	泰顺	1			1	
明	黄鉴	1483年前后	泰顺	2			2	
明	刘鍨	弘治间	泰顺	1			1	
明	陈诏	正德间	永嘉	1			1	
明	鲍嘉蕴	不详	瑞安	2			1	1

续表

朝代	作者	生卒年	籍贯	诗	词+曲	文	韵段	
							合韵	特殊韵例
明	郑铎	1462年前后	乐清	5			5	
明	王瑞	1461年前后	永嘉	1			1	
明	鲍善	不详	乐清	3			3	
明	王由	1406—1483	永嘉	3			3	
明	汪喆	不详	瑞安	1			1	
明	谢遹	1424—1493	永嘉	9			9	1
明	胡袍	不详	瑞安	3			3	
明	陈斐	1486年前后	乐清	8			13	
明	沈瓛	成化间	瑞安	1			1	
明	李龙	1460年前后	乐清	1			2	
明	鲍玮	1483年前后	瑞安	9			9	
明	章玄会	1458—？	乐清	1			1	
明	狄俊	成化间	瑞安	1			1	
明	徐钦	成化间	平阳	1			1	
明	叶羲周	不详	永嘉	1			1	
明	方增	不详	平阳	1			1	
明	陈大呆	不详	永嘉	1			1	
明	陈宁	不详	永嘉	3			3	
明	董衡	成化间	永嘉	1			1	
明	赵谏	成化间	永嘉	5			5	
明	蔡鼎	洪武永乐间	瑞安	2			2	
明	赵旺	成化间	永嘉	1			1	
明	黄杰	不详	乐清	1			1	
明	朱美	不详	乐清	2			2	
明	叶聪	不详	永嘉	5			5	
明	高友玑	1461—1546	乐清	1			1	
明	王瓒	1462—1524	永嘉	21	1	1	30	

续表

朝代	作者	生卒年	籍贯	诗	词+曲	文	韵段 合韵	特殊韵例
明	胡鉶	弘治间	瑞安	1			1	
明	周令	1475—1545	瑞安	1			1	
明	金衍	不详	乐清	1			1	
明	朱谏	1462—1541	永嘉	478	4		582	51
明	林应龙	1490年前后	永嘉	1			1	
明	谢敬撰	1510—1549	永嘉	2			4	
明	郑恩	弘治间	平阳	1			1	
明	姜立纲	1444—1498	瑞安	3			3	
明	高珪	弘治间	乐清	1			1	
明	蔡崇章	弘治间	平阳	1			1	
明	蔡芳	1498年前后	平阳	5			5	
明	陈茂烈	1459—1516	瑞安	1			1	
明	侯廷诫	1487—?	乐清	1			1	
明	季敩	1461—1534	瑞安	1			1	
明	陈璋	1470—1541	乐清	2			9	
明	朱文简	1511年前后	乐清	1			1	
明	夏存	不详	泰顺	1			1	
明	黄钟	不详	永嘉	1			1	
明	王鑐	1523年前后	永嘉	1			1	
明	李瑾	1493年前后	永嘉	1			1	
明	章玄梅	1467—1550	乐清	15			21	
明	永嘉诸生	507年前后	永嘉	1			1	
明	李显	1479—1544	乐清	3			3	
明	李阶	1456—1533	永嘉	4			12	2
明	董璿	1375年前后	平阳	8			16	
明	王澈	1473—1551	永嘉	2			2	
明	叶式	1481—1530	永嘉	2			2	

续表

朝代	作者	生卒年	籍贯	诗	词+曲	文	韵段合韵	特殊韵例
明	张孚敬	1475—1539	永嘉	13		4	21	
明	王激	1476—1537	永嘉	261		8	325	17
明	王湖	不详	永嘉	13			12	1
明	陈亶	1491—1542	乐清	1			1	
明	周感	1525年前后	永嘉	2			2	
明	张纯	1498—1566	永嘉	2			2	
明	项乔	1493—1552	永嘉	74		1	83	3
明	邵化之	1534年前后	永嘉	1			3	
明	项瓘	1537年前后	永嘉	4			4	
明	王健	1502—1550	永嘉	99		1	125	
明	黄一鹏	1540年前后	永嘉	12			12	
明	王侹	1499—1572	永嘉	2			9	
明	赵性鲁	1485—1566	乐清	1			1	
明	陈璋	1470—1541	乐清	1			1	
明	侯一元	1511—1586	乐清	133			155	5
明	黄璨	1439—1501	永嘉	5			5	
明	陈柣	不详	乐清	1			1	
明	李经敕	1513—1562	乐清	10			11	
明	吴玄彬	不详	乐清	1			1	
明	林彦	1488—1521	瑞安	3			3	
明	项文吉	不详	永嘉	1			1	
明	叶幼学	1530年前后	永嘉	2			4	
明	金翮	1541年前后	乐清	2			2	
明	章朝凤	1544年前后	乐清	5			5	
明	王文东	不详	永嘉	1			1	
明	王文冠	万历间	永嘉	1			2	
明	孙昭	?—1558	永嘉	8			7	1

续表

朝代	作者	生卒年	籍贯	诗	词+曲	文	韵段	
							合韵	特殊韵例
明	许琥	嘉靖间	永嘉	1			1	
明	王猷	嘉靖间	瑞安	2			2	
明	朱邦彦	嘉靖间	永嘉	6			6	
明	娄恪	嘉靖间	永嘉	11			11	
明	王净	1508—1510	永嘉	23			20	
明	王德	1517—1558	永嘉	4			3	
明	王叔本	？—1589	永嘉	5			5	
明	王叔懋	不详	永嘉	1			1	
明	张鸣鸾	1555年前后	永嘉	2			2	
明	张鸣鹤	嘉靖间	永嘉	4			13	
明	张存钜	不详	乐清	1			1	
明	林宗教	嘉靖间	永嘉	1			1	
明	王煦	1558年前后	永嘉	1			1	
明	陈一贞	1558年前后	永嘉	1			1	
明	王光蕴	1540—1606	永嘉	172			172	1
明	方召	嘉靖间	乐清	1			1	
明	叶世德	1564年前后	乐清	1			1	
明	章九仪	1462—1480	乐清	9			8	
明	赵祖冬	不详	永嘉	5			7	1
明	王应辰	1505—1566	永嘉	7			7	
明	张逊业	1525—1560	永嘉	9			14	
明	项敬祖	项乔孙	永嘉	1			1	
明	陈鸣凤	1567年前后	永嘉	1			1	
明	项日葵	不详	永嘉	5			5	
明	丘一龙	不详	瑞安	3			3	
明	刘懋功	1585年前后	永嘉	18			23	1
明	康从理	1524—1581	永嘉	463			509	4

续表

朝代	作者	生卒年	籍贯	诗	词+曲	文	韵段 合韵	特殊韵例
明	王如圭	1564年前后	永嘉	1			1	
明	王如璧	1548—?	永嘉	1				1
明	朱玉	1292—1365	永嘉	1			5	
明	张承明	嘉靖间	永嘉	1			1	
明	董鋐							
明	廖先	不详	平阳	1			1	
明	洪孝先	嘉靖间	永嘉	26			27	
明	王一夔	1512—1587	永嘉	2			2	
明	钟城	嘉靖间	瑞安	1			1	
明	翁允瓒	不详	乐清	1			1	
明	张昭	1568年前后	永嘉	6			6	
明	李宫	1570年前后	永嘉	1			1	
明	陈挺	1529—?	瑞安	1			1	
明	王良心	?—1579	永嘉	2			2	
明	黄一庄	1571年前后	瑞安	21			44	9
明	李颜	嘉靖间	泰顺	1			1	
明	虞书	隆庆间	瑞安	8			10	
明	周文彬	不详	永嘉	1			1	
明	王继明	1544—1608	永嘉	2			2	
明	林懋功	不详	永嘉	4			5	
明	张汝继	1615年前后	永嘉	24			24	
明	项文蔚	项乔（1493—1552）次子	永嘉	2			1	1
明	张鸣凤	1550—1619后	永嘉	5			6	
明	郑贞元	不详	永嘉	1			1	
明	朱邦采	嘉靖间	永嘉	3			3	
明	邵倬	1576年前后	永嘉	4			4	

续表

朝代	作者	生卒年	籍贯	诗	词+曲	文	韵段	
							合韵	特殊韵例
明	周宗旦	不详	永嘉	11			11	
明	周文美	1542—？	永嘉	2			8	
明	任秀卿	1579年前后	永嘉	1			1	
明	胡涣	1575年前后	瑞安	1			1	
明	张德明	？—1615	乐清	2			2	
明	赵含	弘治正德间	永嘉	10			10	
明	王明扬	1555—1614	瑞安	1			1	
明	孙绍贤	万历间	永嘉	2			1	1
明	赵白	不详	乐清	1			1	
明	吴朝钝	章玄应（1443—1511）孙	乐清	1			1	
明	章九思	1467—1552	乐清	1			1	
明	蔡子凤	不详	瑞安	3			5	
明	何坚	不详	永嘉	5			5	
明	王显	不详	乐清	3			9	2
明	章宗孔	不详	乐清	2			2	
明	谢尚伟	1501—1577	永嘉	1			1	
明	谢尚旦	1521—1598	永嘉	2			2	
明	王继庄	不详	永嘉	5			6	
明	吴彦匡	1591年前后	永嘉	5			11	
明	项以勋	不详	永嘉	1			1	
明	闻得仁	张璁（1475—1539）女婿	永嘉	7			7	
明	张昂	不详	永嘉	14			13	
明	刘思恭	1566—1646	平阳	1			8	
明	杜阳	不详	平阳	1				1
明	叶琳	不详	瑞安	1				1

续表

朝代	作者	生卒年	籍贯	诗	词+曲	文	韵段	
							合韵	特殊韵例
明	叶选	不详	永嘉	1			1	
明	王孟晫	不详	永嘉	3			3	
明	虞世旸	不详	永嘉	3			3	
明	侯一卿	侯一元（1511—1585）兄弟	永嘉	1			1	
明	陈道泰	不详	永嘉	20			17	
明	王光美	1598年前后	永嘉	235			256	3
明	吴宝秀	?—1600	平阳	2			2	
明	徐一经	万历间	瑞安	1			1	
明	秦激	1554年前后	瑞安	2			2	
明	王名世	1574—1646	永嘉	4			3	1
明	周一奎	万历间	永嘉	2			2	
明	徐纲	不详	永嘉	1			1	
明	项维聪	1574—?	永嘉	19		1	21	1
明	吴光翰	1563—?	永嘉	9			9	
明	林旸	不详	永嘉	5			6	
明	黄宗扬	不详	永嘉	4			4	
明	侯傅邦	1574—1612	乐清	4			5	
明	侯应宾	1576—1624	乐清	5			4	1
明	王光经	1570—1627	永嘉	1			1	
明	侯应秋	1609年前后	乐清	2			2	
明	侯应秩	不详	乐清	1			1	
明	周文颖	1609年前后	永嘉	2			2	
明	翁家春	1583—1611	永嘉	2			2	
明	王士伦	1572—?	永嘉	1			1	
明	周子恭	万历间	永嘉	3			3	
明	戴宗璠	1603年前后	永嘉	5			5	

续表

朝代	作者	生卒年	籍贯	诗	词+曲	文	韵段	
							合韵	特殊韵例
明	戴宗璺	万历间	永嘉	2			2	
明	李维樾	?—1564	瑞安	2			2	
明	王维夔	1574—1653	永嘉	2			2	
明	包容	?—1639	永嘉	5			5	
明	汤克询	万历间	永嘉	2			2	
明	王之臣	不详	平阳	1			1	
明	徐国光	不详	平阳	2			2	
明	柯荣	1575—?	永嘉	22			60	5
明	应德成	1564年前后	平阳	100			126	1
明	杨汝迁	1552—?	永嘉	9			14	
明	林翔	不详	永嘉	1			1	
明	张中蕴	1619年前后	永嘉	1			1	
明	李光春	1587—1667	乐清	3			4	
明	王士光	不详	永嘉	3			3	
明	胡维宁	不详	永嘉	2			2	
明	周丕显	万历间	永嘉	1			1	
明	阙名	不详	不详	5			4	1
明	林宗志	1591年前后	永嘉	7			7	
明	周鸣谦	万历间	乐清	2			2	
明	杨维新	万历间	永嘉	1			1	
明	周应期	1586—1664	永嘉	3			3	
明	陈尧言	1619年前后	永嘉	2			2	
明	王至言	1560—?	永嘉	8			14	
明	张庆旸	万历间	泰顺	1			1	
明	刘思祖	万历间	永嘉	12			11	
明	黄国信	不详	永嘉	4			4	
明	叶懋敬	不详	永嘉	1			1	

续表

朝代	作者	生卒年	籍贯	诗	词+曲	文	韵段 合韵	特殊韵例
明	林达	不详	永嘉	1			1	
明	林隐之	不详	永嘉	2			2	
明	诸时升	不详	永嘉	1			1	
明	刘光亨	不详	永嘉	7			8	1
明	曾子效	不详	永嘉	6			6	
明	张天麟	1586—1639	永嘉	45			37	3
明	邵建策	1622年前后	永嘉	5			5	
明	王至京	1583—1642	永嘉	41			52	
明	陈立政	1627年前后	永嘉	6			6	
明	陈宪邦	天启间	平阳	5			5	
明	王至章	天启间	永嘉	2			2	
明	汤三辅	天启间	乐清	1			1	
明	陈应聘	1567—1647	永嘉	4			4	
明	李树声	不详	瑞安	4			4	
明	刘康祉	1583—1628	永嘉	32			33	4
明	刘康社	刘康祉弟	永嘉	20			22	1
明	金锡敦	万历天启间	永嘉	16			26	2
明	徐洪复	不详	永嘉	5			5	
明	苏桢	不详	永嘉	7			7	
明	邵建章	1567—?	永嘉	43			50	
明	方日升	1550—1611	永嘉	3			3	
明	方日新	1555—1598	永嘉	3			3	
明	姜准	万历间	永嘉	1			1	
明	张蕴璧	不详	永嘉	1			1	
明	孙林	1632年前后	永嘉	4			4	
明	王至彪	1596—1677	永嘉	11			11	
明	毛羽	1630年前后	瑞安	2			2	

续表

朝代	作者	生卒年	籍贯	诗	词+曲	文	韵段 合韵	特殊韵例
明	陈名卿	1630年前后	永嘉	2			2	
明	陈仁卿	不详	永嘉	3			2	1
明	陈晋卿	不详	永嘉	6			6	
明	李应锵	崇祯间	乐清	1			1	
明	陈可栋	不详	永嘉	3			3	
明	刘予稽	不详	乐清	1			1	
明	姜应果	不详	永嘉	2			4	
明	杜汝意	崇祯间	平阳	1			1	
明	王一柱	不详	乐清	1			1	
明	刘宗重	不详	永嘉	2			2	
明	汤瑜	不详	乐清	1			1	
明	李时英	不详	平阳	6			6	
明	郑成文	不详	永嘉	2			2	
明	赵士仪	不详	永嘉	4			4	
明	陈邦屏	不详	永嘉	57			53	
明	林增志	1593—1667	瑞安	6			6	
明	姚虚焕	略长何白（1562—1642）	永嘉	8			8	
明	程万里	不详	永嘉	3			3	
明	陈忠义	明清易代时	永嘉	2			2	
明	陈谦寿	不详	永嘉	7			7	
明	王古	不详	永嘉	3			3	
明	吴云鸿	不详	永嘉	2			2	
明	林得桢	不详	瑞安	2			2	
明	陈陛	不详	永嘉	1			4	
明	任日跻	不详	永嘉	3			3	
明	李维华	不详	瑞安	2			2	
明	余元溪	不详	永嘉	2			2	

续表

朝代	作者	生卒年	籍贯	诗	词+曲	文	韵段 合韵	特殊韵例
明	董元晋	不详	永嘉	2			2	
明	董大受	1630年前后	永嘉	2			2	
明	苏之伟	不详	永嘉	14			13	
明	施元任	崇祯间	平阳	5			5	
明	王起元	？—1640	永嘉	5			5	
明	王名英	不详	永嘉	1			1	
明	董中璞	不详	瑞安	1			1	
明	鲍武	不详	瑞安	1			1	
明	邹寅	不详	永嘉	3			3	
明	张旸旭	不详	乐清	1			1	
明	刘士毅	不详	瑞安	1			1	
明	陈志邦	不详	瑞安	1			2	
明	王平世	崇祯间	乐清	3			4	
明	叶尚高	1607—1647	永嘉	7			8	
明	杨际春	崇祯间	瑞安	1			1	
明	应瑞秩	崇祯间	平阳	1			1	
明	戴昌凤	不详	永嘉	1			1	
明	杨世瑞	不详	永嘉	1			1	
明	林之鸾	崇祯间	瑞安	1			1	
明	王钦彝	王光蕴（1540—1606）孙	永嘉	14			17	2
明	王钦豫	1596—1658	永嘉	8			8	
明	王钦望	王钦豫弟	永嘉	2			2	
明	林愁德	崇祯间	永嘉	4			4	
明	刘士焜	？—1643	永嘉	6			6	1
明	何四清	不详	瑞安	1			1	
明	王万珏	明末清初	永嘉	8			8	

续表

朝代	作者	生卒年	籍贯	诗	词+曲	文	韵段 合韵	特殊韵例
明	王宏性	不详	永嘉	2			2	
明	王宏化	1596—?	永嘉	10			13	
明	王鸿宗	不详	永嘉	1			1	
明	王鸿京	不详	永嘉	4			4	
明	陈士槐	1642年前后	平阳	1			1	
明	吴经国	不详	平阳	7			7	
明	林增彩	不详	瑞安	1			1	
明	章元应	章伦子~1475~	乐清	17			21	1
明	姜伟	1338—?	永嘉	105	4		110	4
明	刘琏	1348—1379	文成	94			92	3
明	逆川	1306~	瑞安	37			37	1
明	卓发之	1576—1638	瑞安	1			3	1
明	卓人月	1606—1636	瑞安	2			4	1
明	章纶	1413—1483	乐清	675		15	728	21
明	王叔果	1516—1588	永嘉	551		74	726	61
明	王叔杲	1517—1600	永嘉	503		28	768	33
明	张璁	1475—1539	永嘉	533		5	585	14
明	何白	1562—1642	乐清	1895		43	3040	144
明	孔铎	不详	温州	180			190	11
明	侯一麟	1517—1599	乐清	372		29	595	21
明	释智斋	不详	温州			6	10	1
明	季元	不详	温州	2	1		3	
明	季蒙	不详	温州	1			1	
明	季佾	不详	温州	1			1	
明	季廷珪	1431年前后	瑞安	4			4	
明	季德畿	不详	瑞安	57			57	1
明	季应祁	1314—1396	瑞安	106			100	6

续表

朝代	作者	生卒年	籍贯	诗	词+曲	文	韵段 合韵	特殊韵例
清	林占春	1645年前后	永嘉	5	1		13	
清	林梦龙	1608—1648	永嘉	2			2	
清	徐庆	1642年前后	乐清	2			2	
清	杨逢霖	不详	永嘉	10			10	
清	赵君宋	顺治期间	乐清	3			3	
清	侯思耀	1645年前后	乐清	22			28	
清	王至嘉	顺治间	永嘉	2			2	
清	王睿	不详	永嘉	1			1	
清	侯思芹	顺治间	乐清	1			1	
清	赵绍鼎	顺治间	永嘉	1			1	
清	杨一完	1648年前后	永嘉	4			4	
清	李应官	1648年前后	瑞安	1			1	
清	詹尧广	顺治间	永嘉	1			1	
清	吴川上	不详	平阳	29			35	
清	王祚昌	1648年前后	瑞安	33			38	
清	王会昌	顺治间	瑞安	20			20	
清	黄鸣球	不详	永嘉	9			9	
清	王锡管	1663年前后	永嘉	16			16	
清	张士焕	不详	永嘉	10			10	
清	王锡瑄	不详	永嘉	1			1	
清	王锡琔	1607—1666	永嘉	1			1	
清	曾凤翔	不详	永嘉	6			6	
清	张采齐	1616—1656	永嘉	3			3	
清	陈之圣	不详	永嘉	2			2	
清	林健	？—1647	永嘉	25			30	
清	王尔椒	1600年前后	永嘉	6			6	
清	姜希辙	1620—1698	瑞安	3			3	

续表

朝代	作者	生卒年	籍贯	诗	词+曲	文	韵段 合韵	特殊韵例
清	陈光前	顺治间	永嘉	2			2	
清	屠国檀	1648年前后	乐清	7			9	
清	王观	不详	永嘉	1			1	
清	杨兆岳	顺治间	永嘉	2			2	
清	杨毓岳	不详	永嘉	3			3	
清	陈一球	1601—1656	乐清	4			4	
清	林齐鋐	1645—？	瑞安	229			232	3
清	陈泂发	不详	永嘉	1			1	
清	周长浚	不详	永嘉	1			1	
清	王金言	顺治间	永嘉	1			1	
清	李发元	不详	永嘉	2			2	
清	陈邦纪	顺治间	永嘉	4			4	
清	林齐铎	顺治间	瑞安	2			2	
清	王象干	不详	永嘉	5			5	
清	包封夏	不详	永嘉	4			4	
清	谷宗纲	不详	永嘉	3			3	
清	包文憻	1660年前后	永嘉	33			33	
清	张俊	不详	永嘉	1			1	
清	陈天章	不详	永嘉	1			1	
清	黄厥昌	不详	永嘉	1			1	
清	徐凝	1649年前后	永嘉	159	178		208	5
清	林必登	不详	永嘉	2			2	
清	吴世禄	不详	瑞安	1			1	
清	陈振麟	1657年前后	永嘉	2			6	
清	陈振麒	不详	永嘉	1			1	
清	陆象震	1657年前后	瑞安	1			1	
清	郑文标	不详	永嘉	4			4	

续表

朝代	作者	生卒年	籍贯	诗	词+曲	文	韵段	
							合韵	特殊韵例
清	谢包京	1616—1672	永嘉	4			16	
清	李敷	不详	瑞安	8			8	
清	陈琏	不详	永嘉	2			2	
清	吴芳洁	康熙间	永嘉	1			1	
清	翁应春	康熙间	永嘉	17			20	
清	梅调元	1582—1660	永嘉	563		1	571	2
清	梅调鼎	不详	永嘉	1			1	
清	张云翼	不详	永嘉	1			1	
清	张师典	康熙间	永嘉	1			1	
清	王成	康熙间	瑞安	2			2	
清	王万昌	康熙间	永嘉	2			2	
清	王相	康熙间	永嘉	1			1	
清	郑应曾	康熙间	永嘉	2			2	
清	陈元书	不详	永嘉	1			1	
清	谢梦览	1642—1712	永嘉	2			2	
清	康世绶	不详	永嘉	1			1	
清	王咏	1626—1696	永嘉	13			13	
清	李栋	康熙间	乐清	5			5	
清	林青云	?—1710	瑞安	3			3	
清	黄芳卿	康熙间	永嘉	1				1
清	周泮	不详	永嘉	1			1	
清	陈振嘉	不详	永嘉	1			1	
清	黄朝珪	不详	永嘉	3	2		5	
清	黄朝佳	不详	永嘉	1			1	
清	王耀	不详	永嘉	1			1	
清	林鹤	不详	瑞安	1			1	
清	林公玺	康熙间	永嘉	1			1	

续表

朝代	作者	生卒年	籍贯	诗	词+曲	文	韵段	
							合韵	特殊韵例
清	胡浚	不详	瑞安	5			5	
清	朱宾	不详	永嘉	2			2	
清	李焴	不详	乐清	1			1	
清	陈作圣	不详	永嘉	1			1	
清	林居希	不详	瑞安	1			1	
清	方思	康熙间	瑞安	1			6	1
清	王臣法	1677年前后	永嘉	2			2	
清	方尚惠	康熙间	乐清	5			5	
清	何燨然	不详	永嘉	1			1	
清	王沄孙	康熙间	永嘉	12			12	
清	周天履	不详	乐清	2			2	
清	黄骧	不详	永嘉	1			1	
清	李象坤	康熙间	乐清	196		5	206	49
清	侯思炳	1609年前后	乐清	51			75	1
清	李象震	不详	乐清	61			68	
清	朱鸿瞻	1620—1690	瑞安	26			26	
清	周天锡	康熙间	永嘉	15			15	1
清	王鹗	康熙间	永嘉	24			24	
清	林兆斗	1686年前后	永嘉	50			50	
清	侯邦升	不详	乐清	2			2	
清	方鸿楫	不详	乐清	1			1	
清	方鸿标	不详	乐清	1			1	
清	叶濂	不详	永嘉	1			1	
清	赵士风	不详	永嘉	1			1	
清	董永孚	1686年前后	泰顺	8			8	
清	周天镜	不详	永嘉	1			1	
清	董龙锡	康熙间	永嘉	1			1	

续表

朝代	作者	生卒年	籍贯	诗	词+曲	文	韵段合韵	特殊韵例
清	戴志逵	康熙间	永嘉	1			1	
清	李象升	不详	乐清	3			3	
清	李象益	不详	乐清	1			1	
清	康应熏	不详	永嘉	1	1		2	
清	周家雄	康熙间	永嘉	1			1	
清	李烶	1634—？	乐清	1				1
清	林雷	不详	永嘉	1			1	
清	林灿	不详	永嘉	1			1	
清	李朝贤	康熙间	永嘉	1			1	
清	朱鸿增	康熙间	瑞安	8			8	
清	徐宏道	康熙间	永嘉	1			5	
清	林迈涞	不详	瑞安	1			1	
清	郑如稷	康熙间	乐清	1			1	
清	刘光鞠	不详	瑞安	1			1	
清	邹元橄	1615—1698	文成	28			28	2
清	谢天埴	1662—1716	永嘉	5			5	
清	侯龙兆	康熙间	乐清	1			1	
清	林元桂	1700年前后	永嘉	4			4	
清	翁蕃祎	康熙间	乐清	2			2	
清	林嘉圭	不详	永嘉	1			1	
清	辜元闻	不详	永嘉	1			1	
清	钟洪名	康熙间	瑞安	14			14	1
清	林上梓	康熙间	瑞安	248			297	
清	林公琦	不详	永嘉	1			1	
清	张晋岳	康熙间	永嘉	1			4	
清	诸兆斗	不详	乐清	1			1	
清	蔡有甸	不详	永嘉	1			1	

续表

朝代	作者	生卒年	籍贯	诗	词+曲	文	韵段 合韵	特殊韵例
清	黄喆	嘉庆间	永嘉	1			2	
清	梁祉	1674年前后	乐清	229			240	1
清	胡璜	康熙间	瑞安	30			30	
清	薛子爵	乾隆间	乐清	11			12	
清	吴朝贤	不详	永嘉	1			1	
清	吕弘诰	1694年前后	平阳	3			4	
清	曾曰忠	不详	温州	2			2	
清	林岱高	不详	温州	1			1	
清	邵家默	1711年前后	温州	11			11	
清	杨森秀	1712年前后	乐清	1			1	
清	曾绍嗣	1713年前后	永嘉	1			1	
清	薛英	1714年前后	乐清	6			6	
清	洪勋	1715年前后	永嘉	1			1	
清	陈王绶	1713年前后	永嘉	1			1	
清	方鸿勋	不详	乐清	1			1	
清	胡时霖	康熙间	瑞安	1			1	
清	谷诚	康熙间	永嘉	1			1	
清	樊儒	不详	永嘉	1			1	
清	林简赍	康熙间	永嘉	2			2	
清	刘世灏	不详	永嘉	1			1	
清	梅占魁	不详	永嘉	16			17	
清	林湛	不详	瑞安	1			1	
清	黄诰	不详	永嘉	1			1	
清	林振瑄	不详	永嘉	1			1	
清	林文朗	1744年前后	乐清	9			9	
清	林文焕	乾隆间	乐清	11			15	1
清	陈志燨	不详	平阳	1			1	

续表

朝代	作者	生卒年	籍贯	诗	词+曲	文	韵段 合韵	特殊韵例
清	汤镐	不详	乐清	1			1	
清	林之奕	不详	永嘉	1			1	
清	林元栋	不详	乐清	1			1	
清	吴光璧	康熙间	永嘉	1			1	
清	樊正绅	不详	永嘉	1			1	
清	潘朝文	不详	永嘉	1			1	
清	金璠	不详	永嘉	1			1	
清	黄一鸣	不详	永嘉	5			5	
清	何应溥	不详	永嘉	5			6	1
清	赵之载	不详	永嘉	1			1	
清	林必锦	不详	永嘉	9			9	
清	刘琦	不详	永嘉	1			3	
清	樊文璞	不详	永嘉	1			1	
清	吴庆云	1723年前后	瑞安	1			1	
清	陈王组	1723年前后	永嘉	1			1	
清	林敷紫	1723年前后	永嘉	5			5	
清	张元彪	1700—1749	永嘉	65			72	5
清	冯文焕	1729年前后	温州	47			47	
清	陈敦让	？—1738	平阳	46			46	2
清	张南英	1738年前后	平阳	6			6	
清	张南举	1735年前后	瑞安	1			1	
清	张元观	1702—？	永嘉	25			25	2
清	林元炯	1735年前后	瑞安	14			14	1
清	黄云岫	不详	平阳	14			14	
清	蔡弘勋	1676—1745	永嘉	9			17	
清	李熙	雍正间	乐清	3			3	
清	许章纯	雍正间	永嘉	1			1	

续表

朝代	作者	生卒年	籍贯	诗	词+曲	文	韵段 合韵	特殊韵例
清	余作舟	1736年前后	永嘉	6			6	
清	王永祚	1736年前后	永嘉	4			4	
清	张元旭	1736年前后	永嘉	1			1	
清	叶浩	乾隆间	瑞安	1			1	
清	赵屺	不详	乐清	6			6	
清	邵灏	1738年前后	永嘉	4			4	
清	谢立	1688—?	永嘉	4			4	
清	潘青云	不详	永嘉	9			9	
清	周凤岐	1741年前后	永嘉	49			56	2
清	马浩	1741年前后	永嘉	3			3	
清	林维浚	1741年前后	永嘉	2			2	
清	周尚洛	乾隆间	瑞安	11			11	
清	童振声	1750年前后	永嘉	2			2	
清	方飞鸿	乾隆间	瑞安	1			1	
清	王崇勋	乾隆间	永嘉	1			1	
清	叶汝楫	不详	乐清	4			4	
清	朱镜物	乾隆间	永嘉	20			20	1
清	赵纪耀	不详	乐清	2			2	
清	张为隽	1744年前后	瑞安	3			8	
清	马世俊	不详	永嘉	10			12	
清	王安上	1772年前后	永嘉	1			1	
清	林露	?—1785	瑞安	8			8	
清	赵烈	不详	瑞安	1			1	
清	何愈楷	乾隆间	温州	2			5	
清	张显谟	不详	永嘉	1			5	
清	高国	不详	永嘉	6			6	
清	陈之恕	不详	永嘉	9			9	

续表

朝代	作者	生卒年	籍贯	诗	词+曲	文	韵段	
							合韵	特殊韵例
清	余永森	1786年前后	瑞安	23	36		70	1
清	曾立勋	不详	永嘉	16			16	
清	周京龄	不详	永嘉	20			24	
清	孙希旦	1737—1784	瑞安	16			22	
清	吴国清	乾隆间	永嘉	1			1	
清	王涵	乾隆间	永嘉	2			2	
清	黄宗锐	不详	平阳	1			1	
清	曾春晖	不详	永嘉	1			1	
清	唐嗣益	不详	瑞安	6			6	
清	胡万里	嘉庆间	瑞安	3			3	
清	董凤翔	不详	瑞安	4			4	
清	李天衢	不详	瑞安	1			1	
清	郁豫	不详	瑞安	5			5	
清	余咸	不详	瑞安	1			1	
清	邹家修	不详	瑞安	2			2	
清	李孟鹤	乾隆间	永嘉	10			10	
清	李永龄	不详	瑞安	1			1	
清	金晓	不详	瑞安	4			4	1
清	曾立楫	不详	温州	1			1	
清	程吉士	不详	永嘉	4			4	
清	郑敷荣	不详	乐清	2			2	
清	陈秉伦	不详	平阳	2			2	
清	周冕	不详	永嘉	5			5	
清	邵南金	1778年前后	永嘉	4			4	
清	胡书锦	不详	瑞安	3			3	
清	张素怀	不详	永嘉	1			1	
清	曾儒璋	1784年前后	永嘉	37			45	

续表

朝代	作者	生卒年	籍贯	诗	词+曲	文	韵段	
							合韵	特殊韵例
清	王鸣谦	不详	永嘉	2			2	
清	王世畴	不详	温州	1			1	
清	吴国瑞	不详	温州	1			1	
清	吴天枢	不详	瑞安	1			1	
清	周长浚	不详	温州	1			1	1
清	李饮冰	乾隆间	瑞安	16			20	2
清	张兰	不详	温州	1				1
清	张惠	不详	温州	1			1	
清	钱惠娘	乾隆间	平阳	9			17	
清	项维仁	1758—1827	鹿城区	18			28	1
清	林用光	1810年前后	瑞安	2			2	
清	顾讷	嘉庆间	平阳	3			3	1
清	张振夔	1798—1866	永嘉	13			19	2
清	王之照	不详	温州	17			17	6
清	赵镇钧	不详	温州	3			3	
清	张钟玉	不详	温州	1			1	
清	王玉	1847年前后	永嘉	4			4	1
清	仇宝如	不详	温州	1			1	
清	黄仁瑞	不详	温州	1			1	1
清	胡文炳	不详	瑞安	3			3	1
清	王明扬	不详	温州	1			1	
清	蔡世桢	道光咸丰间	瑞安	3			3	
清	陈兆麟	1821—1850	瑞安	3			3	
清	刘大封	不详	温州	1			1	
清	朱衡	不详	温州	1			1	
清	练永清	不详	温州	1			1	1
清	叶芝寿	不详	温州	1			1	

续表

朝代	作者	生卒年	籍贯	诗	词+曲	文	韵段 合韵	特殊韵例
清	孙衣言	1814—1894	瑞安	19			19	8
清	孙锵鸣	1817—1900	瑞安	212			33	9
清	郑庆祥	道光光绪间	瑞安	1			1	
清	端木百禄	道光间	瑞安	1			1	
清	黄体立	1830—1875	瑞安	6			6	1
清	林梦楠	1859年前后	瑞安	1			1	
清	黄绍箕	1854—1908	瑞安	11			11	2
清	黄绍礼	不详	瑞安	1			1	
清	王岳崧	1850—1924	瑞安	2			2	1
清	曾谐	同治间	永嘉	3			3	1
清	李一鸣	1895年前后	瑞安	2			2	1
清	周绍箕	清末	瑞安	6			6	
清	彭镜清	不详	瑞安	12			18	
清	陈虬	1815—1904	瑞安	2			2	
清	孙贻让	1848—1908	瑞安	3			3	2
清	释古和	不详	温州	3			3	
清	宋衡	1862—1910	平阳	12			12	2
清	陈寿宽	1857—?	永嘉	1			1	
清	谢香塘	1800—1870	平阳	5			9	
清	郑蕙	1850—1872	苍南	1			1	
清	项瓃	道光间	瑞安	98			110	5
清	管牲	1886年前后	瑞安	50			50	5
清	沈凤赓	不详	瑞安	1			1	
清	沈宝珊	1876年前后	瑞安	1			1	
清	蔡□□	不详	温州	3			3	
清	刘中选	不详	温州	1			1	
清	张陔	不详	瑞安	2			2	

续表

朝代	作者	生卒年	籍贯	诗	词+曲	文	韵段 合韵	特殊韵例
清	陈复	？—1917	瑞安	1			1	
清	陈祖绶	1857—1917	永嘉	87			87	6
清	侯思柄	1684 年前后	乐清	51			75	1
清	周天锡	不详	永嘉	96	105	7	107	2
清	王鹗	不详	永嘉	24			24	1
清	宋恕	1862—1910	平阳	273			312	21
清	王德馨	1819—1888	永嘉	566	18	2	626	9
清	王朝清	不详	温州	105			110	1
清	蒋叔南	1884—1934	乐清	306			365	1
清	周衣德	1778—1842	永嘉	260			281	13
清	徐炯文	1686—1754	乐清	271			302	2
清	徐德元	？—1868	乐清	2	101	2	118	25
清	徐乃康	1828—1892	乐清	187			198	7
清	黄式苏	1874—1947	乐清	871			926	3
清	梅冷生	1895—1976	永嘉	207	37		245	
清	洪柄文	1848—1918	瑞安	60	601		670	16
清	王理孚	1876—1950	平阳	424			450	6
清	释德立	不详	瑞安	182			216	10
清	黄群	1883—1945	平阳	434			487	7
清	黄体芳	1832—1899	瑞安	37		87	131	

第二章　瓯语语音特征及演变

在韵脚确定无误的基础上,我们运用罗常培先生提倡的"丝贯绳牵法"对温州地区的诗、词、文、曲用韵的语料的韵脚进行联系与统计,然后归纳韵部,确定特殊韵例。

首先穷尽历代温州文士用韵的材料,逐段摘取韵脚字,系联韵脚,对照《广韵》音系,确立每一韵段的押韵组合;然后统计各种押韵组合的数量及比例,在这一基础上判断韵部或字类的分合,确定用韵系统与特殊用韵现象;对特殊用韵现象加以讨论以考求其方音性质。工作的步骤:一是判断押韵组合;二是统计各种押韵与通押的比率以确定韵部系统与特殊用韵;三是讨论特殊用韵的语征。

判断押韵组合是整个工作的基础。"押韵组合"是指一个韵段中所有入韵字在《广韵》中韵部的归属,若韵段中入韵字在《广韵》中分属于不同韵部,表明《广韵》某些不同韵之间发生了通押关系,这种通押提供了不同韵部或不同韵部的某些字之间可能重新分合的信息。因此,押韵组合是考察入韵字的韵部归属或韵字音类变化的依据,是确定实际语音中韵部或某些韵类、韵字分合的关键。

刘晓南先生在《宋代闽音考》中对诗词文用韵加以归纳,得出如下几种押韵模式:隔句韵、句句韵、奇句韵、抱韵与交韵、进退韵与辘轳韵、步韵、用韵、和韵、限韵等。我们在判断历代温州籍文士所创作的诗、词、文、曲用韵押韵组合时采用刘晓南先生提出的方法,综合确定韵段和韵字。

穷尽考察历代温州籍文士所创作诗、词、文、曲的用韵,确定所有韵段的押韵组合之后,再对照《广韵》,判断它们的押韵是"常韵",还是"出韵"。凡符合《广韵》同用、独用规定的用韵是常韵,超出《广韵》同用、独用规定的则为出韵。常韵是按照诗韵的规定用韵,看不出语音变化;出韵则突破诗韵的规范,已蕴含实际语音变化的信息。系联各押韵组合的出韵,将具有通押关系的各韵汇聚成一个个的通押群,在分析的基础上,确定通押各韵是否合并。然后再确立每个时期的韵部,在韵部确立的基础上,再看跨韵部通押的特殊韵例。限于篇幅,我们现略去确定韵部的分析、归纳的过程,集中讨论跨韵部通押特殊韵例及其性质。

特殊用韵的特殊性有"外在"与"内在"之别。外在是指一眼可见的韵段外部表现形式、特征和相关信息;内在指必须加以论证才能确定的语音性质。对特殊用韵历史语音的揭示,需要从外部表现入手,分析表象,透过现象看本质,再运用史文献与现代方音等材料综合论证其内在的语音性质。具体做法有两点:一是观察外部表现以分析特殊的语音取向;二是根据各种信息,运用旁证材料,推论特殊用韵的语音依据。

"语音取向"是刘晓南先生在《宋代四川语音研究》中提出的一种新观点和方法。这一方面提高了特殊用韵的价值和地位,韵段不仅能体现方音的性质,而且能反映语音的发展动向,这使得用韵在研究语音史贡献上与其他语料具有等同的功能;另一方面丰富和完善了文献考证法的理论和体系。

具体的内容是观察特韵的外部特征和通押方式,判断通押中语音取向,以获取解读韵内所含语音信息的线索。

韵段的"外部特征"大致包括:作者、文体、句式、韵段长度、入韵字的多少、入韵字的分布等。当这些外部特征表现得比较突出或非常突出时,往往暗示某种语音线索。

"通押方式"主要指韵段内的组合方式,如通押的韵字分别属于哪一个通语韵部,各部入韵字有多少,这些入韵是否具有只有牙喉音字通押或通押的字只有几个确定的字等音类特征。深入考察通押的内在组织方式,这对于了解特殊通押的语音演变方向,以判断其语音的性质作用很大。通过两个或两个以上通语韵部之间的跨部通押来考察语音的变化,必然要直面语音的"音变方向"或"音变趋势"的问题。即通过两个或两个以上的跨韵部的通押究竟反映语音是如何变化的:怎么变、由谁变成谁等问题。如果在宋代支微部的主元音是"i",鱼模部主元音为"u","支鱼通押"就意味着原来读"i"的字与读"u"的字韵母相叶,如果不是偶押,那么就不可避免地要面对这些问题:在"支鱼通押"韵段中是原止摄韵母变为"u",还是原遇摄韵母部分字变为"i",或者两部中部分字都变为另一个音呢?当然这也可以通过与现代方音的比较来考察通押韵字的音值。但特殊韵段中韵字的分布也可以作为重要参考。许多特殊通押韵段往往表现为"从随主读"的音变趋势,这是考察用韵时应当注意的。

根据汉语诗律学,凡跨韵部通押的韵段中,不同韵部入韵方式大致分为

"等立"与"主从"两种。凡是通押的两个或多个韵部入韵字的数量在韵段中相等的为等立通押。等立通押的典型方式只有两个韵字的韵段中,一个属于甲韵部,另一个属于乙韵部。如果通押的入韵字在韵段中有多有少,这是就主从通押。主从通押的方式是 3 个韵字以上的由甲乙两韵部参与通押韵段中,以押甲韵部为主,仅有一个乙韵部字。如果在一个特韵通押韵段中,出现了较多的主从通押的方式,就很可能反映了通押的两个韵部之间,"从"的部分有向"主"的部分音变的可能,这是"从随主读"。

我们对特殊跨韵部的通押的韵段主要是采取"从随主读"认定其"语音取向"和记录语音的历史文献及现代方音等旁证材料来确定其语音性质。记录温州语音历史文献大多是清末民初的方言韵书或韵图,在多种材料中,我们选取具有代表性的叶蘅《音画字考》,因为该书是韵书,收字较多且全面,这对于比较而言更方便一些。

一、阴声韵

1.1 止蟹摄相押

1.1.1 宋代止蟹相押

一、蟹摄咍灰皆佳夬废泰齐祭押入止摄。

（1）林季仲·袁居士来自桐庐索诗赠二绝句 19970:"眉来（自注力之反）移"

（2）刘安上·祭张宗博文 138/12:"瀰来靡"

（3）薛季宣·大榕赋 257/86:"奇离来"

（4）薛季宣·崟山颂 258/44:"时来"

（5）薛季宣·大榕赋 257/86:"带里"

（6）薛季宣·吴墟赋 257/57:"陛艾在地"

（7）薛季宣·七届 257/86:"载制志届"

（8）周行己·竹枝歌上姚毅夫 14364:"衰衰归亏"

（9）释如琪·德山和尚赞 41227:"挥埃"

（10）薛季宣·祭外舅文 258/70:"灾萎哀"

（11）许及之·潘茂和才叔远访雨后饯别 28329:"梅埃醅归"

（12）徐玑·漳州别王仲言秘书 32859:"培才涯开回衰梅催台徊"

（13）卢祖皋·卜算子 2414:"外耐醉会"

(14) 卢祖皋·谒金门 2407："退翠醉碎带会在外"

(15) 卢祖皋·水龙吟 2410："奈佩退在翠醉海会戴"

(16) 陈傅良·祭张忠甫文 268/325："衣仪彝奇时尸之漓悲儿衰规闱隳来"

(17) 周行己·赠沈彬老 14354："替敝事义忌柢意嗜志贵器议计底岂技味肺赖"

(18) 周行己·蚊 14355："睡噫势壒会蓋隘卖嘬背碎细喙蕫快"

(19) 薛季宣·桃花 28649："态睡细外媚意味"

(20) 许景衡·祭家姑父 143/122："季爱怠戒辈会岁萃倍诲在慰逝遂系醉馈再谓待既"

(21) 陈傅良·祭郑龙图伯熊文 268/319："载世际代替系弊肆大诣在筮二契涕继晰会外内悔赖废待醉"

押入支微部的蟹摄韵字涉及各类声类：佩梅醅培卖背蕫辈倍（唇音）来带台耐奈退戴赖怠醉代大内待（舌音）届涯外开外壒蓋快戒（牙音）在载才催碎嘬碎灾再细（齿音）艾哀埃海爱悔会诲隘回徊（喉音）。

林季仲（平阳）、刘安上（永嘉）、薛季宣（永嘉）、周行己（永嘉）、释如珙（永嘉）、许及之（永嘉）、徐玑（永嘉）、卢祖皋（永嘉）、陈傅良（瑞安）、许景衡（瑞安），主要作家遍及温州各县。

蟹摄一、二等开口与止摄开口相押有 6 例（1—7）；蟹摄合口一等与止摄合口相押有 3 例（8—10）；蟹摄一、二等开合口与止摄合口相押的有 5 例（11—15）；蟹摄开口与止摄开合口相押有 2 例（16—17）；蟹摄开、合口与止摄开、合口相押有 4 例（18—21）。蟹摄押入止摄的主要是一、二等，三、四等较少。等立通押的仅 5 例；主从通押的有 16 例，其中蟹摄为从押入止摄的有 8 例，止摄为从押入蟹摄的有 8 例。

二、蟹摄灰韵系、泰韵合口字押入止摄。

(1) 周行己·发东阳 14362："徊归"

(2) 叶适·祭妻母翁安人文 287/49："衰回"

(3) 卢祖皋·虞美人 2417："佩醉"

(4) 赵师秀·哭徐玑 33837："类罪昧岁"

(5) 叶适·祭王君玉太博文 62："愧背"

(6) 叶适·祭陈同甫文 287/53："悴罪"

(7) 刘安上·溉堂 138/3："最遂"

(8) 戴栩·祭蔡子重文 308/226："推知"

（9）薛季宣·感沐赋 257/54："悔始"

（10）叶适·刘靖君墓志铭 325："晦理"

（11）王十朋·会稽风俗赋 280/120："记对"

（12）薛季宣·祭大舅文 258/73："至蜕"

（13）薛季宣·雁荡山赋 257/67："地丽内"

（14）薛季宣·蛆赋 257/66："脍类嗜"

（15）薛季宣·得符速走之官 28645："志意馈事睡异寺质仕遂吏累置寄暨坠寐试治利易瘵悖（队）"

（16）薛季宣·西山野步 28646："洩翠佩细际醉碎对味至遂世"

（17）陈傅良·临桂尉杨渭夫以诗来因次其韵兼简同僚 29238："背会遂翠计势媚际对媿思至"

（18）卢祖皋·渔家傲 2417："异计地意起是似遂外醉"

（19）林正大·括贺新凉 2441："事至水己耳禊气类外至几尔"

（20）叶适·祭郑景望龙图文 287/44："志世异忌契佩二类"

（21）俞德邻·遣兴十首呈孟兵部使君 42390："寄侍异辈"

（22）林正大·括酹江月 2458："致世珮醉悴外袂鱠"

蟹摄合口主要是一等韵，同样是涉及各类声类：佩背昧辈珮袂（唇音）、推对蜕内对（舌音）、外（牙音）、罪碎最（齿音）、徊回悔晦脍鱠会（喉音）。

周行己（永嘉）、叶适（永嘉）、卢祖皋（永嘉）、赵师秀（永嘉）、刘安上（永嘉）、戴栩（永嘉）、薛季宣（永嘉）、陈傅良（瑞安）、卢祖皋（永嘉）、林正大，主要作家遍及温州各县。

蟹摄合口与止摄开合口相押 9 例（13—22）。其中等立通押 12 例；主从通押 10 例，均为蟹摄为从押入止摄为主。

《切韵》系灰韵系、泰韵系合口字押支微（永嘉）、俞德邻（平阳）、王十朋（乐清）。主要作家遍及温州各县。

蟹摄合口与止摄合口相押 7 例（1—7）、蟹摄合口与止摄开口相押 6 例（8—13）；灰韵系、泰韵合口字可以兼押皆来、支微两部，在宋代的其他地方的诗词用韵中都在，属于通语音变，只是各地的具体入韵字与押用次数不一样。不管何地，灰韵系、泰韵合口字可以兼押皆来、支微两部，大多数韵字显示处于由皆来部向支微部转变的过程中。刘晓南先生统计山东、福建等地的灰韵系及泰韵合口字押韵情况得出两点结论：一是押入支微部的字使用频率偏低；二是只有上、去声字，以去声为多，绝无一个平声字。所以刘晓南先生推论灰韵系、泰韵合口字向支微部演变是从去声开始的。从趋势上看，刘晓南先生的推论是有道理的,但宋代温州文士用韵中,蟹摄灰韵系、泰韵合口字押入止摄的主要是去声,但也有 2 例平声的存在。蟹摄押入止摄的不仅是一等合口呼,而且有开口呼,虽然押韵与开合口没有多大的关系,但刘晓南先生认为在去声声调的影响下,宋代通语 uai 韵的韵腹逐渐高化为 uəi 或 uei,不断被弱化,终被吞没读为 ui,并逐渐扩散波及至上声,最后影响平声。

从通语演变的过程看,这是有道理的。但通语演变中,只有灰韵系及泰韵的合口字与支微部合流,但蟹摄的开口呼没有变,仍是一外韵部:皆来部。而宋代温州诗文用韵显示,蟹摄不仅合口呼,而且开口呼也与支微部相押,按刘晓南先生推论,开口呼演变为支微部没有变化的依据。我们还是再看看蟹摄的一、二、三、四等的押韵情况。

三、蟹摄一、二等与三、四等互押。

（1）薛季宣·雁荡山赋 257/67:"台稽来"

（2）薛季宣·石上可种麻 28701:"畦妻街开梅媒杯闺来徊谐回"

（3）俞德邻·暇日饮酒辄用靖节先生韵 42408:"开怀乖栖泥谐迷回"

（4）林景熙·锦屏山 43529:"西开齐崖栖才徊跻喈鬼低怀"

（5）王十朋·会稽风俗赋 280/120:"鬼嵽开堆低徊台霓回迷稽"

（6）王十朋·点绛唇 1351:"外遞艾采佩载在"

（7）王十朋·点绛唇 1352:"际细袂态外对爱"

（8）陈傅良·祭张国纪文 268/327:"逝逮在载害盖世背昧计悔酹"

（9）释智朋·偈 35828:"洗立在底"

（10）许景衡·代赵彦章祭鲍丈文 143/119:"悔怠岁再"

（11）薛季宣·七届 257/86:"界出陞浼带蒂蕙砌际"

（12）王十朋·会稽风俗赋 280/120:"携梯台来珪莱西齐闺台提"

（13）薛季宣·兄子象先罢公试归知武林动静成古风三首 28640:"辈世哕杀"

（14）许景衡·宣义刘公墓志铭 143/99:"弟怠"

（15）叶适·俞侍郎文 287/61:"在体"

（16）林季仲·路祭席少傅福国太夫人文 179/135:"礼采"

（17）薛季宣·刘复之哀荣辞 28714:"再逝"

（18）薛季宣·右去郢 28720:"世会"

（19）叶适·题人扇 31219:"晦蔽"

（20）王十朋·赵清献公赞 280/153:"涕爱"

（21）王十朋·祭曹梦良文 280/212："俪辈"

（22）陈傅良·承事郎潘公墓志铭 268/297："世败"

（23）叶适·祭林伯和文 287/52："岁海"

（24）薛季宣·周永巷箴 258/26："制内"

（25）叶适·兵部尚书徽猷阁学士赵公墓志铭 287/8："西推"

梅媒杯背昧辈败佩（唇音）、台堆来态对逮带莱怠推内酹（舌音）、街开乖谐崖喈盖外界（牙音）、再在采再才采载（齿音）、徊谐回怀嵬艾爱害悔会海晦（喉音）。

迷蔽陛袂（唇音）、俪泥低崹霓底蒂梯弟提涕礼体（舌音）、稽畦圭计际珪（牙音）、妻栖西齐跻逝世洗岁砌哕制细（齿音）、递洩蕙携（喉音）。

不论是一、二等韵，还是三、四等韵，五音俱全。

薛季宣（永嘉）、俞德邻（平阳）、林景熙（平阳）、王十朋（乐清）、陈傅良（瑞安）、释智朋（雁山）、许景衡（瑞安）、叶适（永嘉）、林季仲（平阳），主要作家遍及温州各县。

蟹摄三、四等押入一、二等有 8 例（1—8），一、二等押入三、四等有 4 例（9—12），等立通押有 13 例（13—25）。

从蟹摄一、二、三、四等互押的情况看，蟹摄的主要元音在宋代的温州地区应该是相同的或相近的，蟹摄的押入止摄的不仅是灰韵系及泰韵的合口字，而且有蟹摄的开口字（包括一、二、三、四等），因此在宋代的温州地区蟹摄押入止摄不同于通语演变的情况，即只有灰韵系及泰韵的合口字。灰韵系及泰韵合口字在去声作用下导致韵腹弱化，最后消失。但温州地区不仅仅是去声如此，平声数量也不在少数。宋代温州地区的止、蟹二摄的合流当不同于通语的演变。

宋代温州籍文士用韵止、蟹两摄的关系，不仅有灰韵系及泰韵的合口字押入止摄，而且有蟹摄的开口字也押入止摄，还有蟹摄的一、二等与三、四等相押。宋代通语，蟹摄的灰韵系、泰韵系合口及齐祭废等韵演变与止摄韵合流。但宋代温州籍文士用韵所反映的是蟹摄与止摄的主要元音应相近或相同。

支韵：亏靡弥知奇离萎仪漓规隳衰

脂韵：眉尸悲彝

之韵：时之儿

微韵：归挥机衣闱

齐韵：畦妻圭栖泥迷低跻齐崹霓稽携梯珪提

佳韵：街涯崖

皆韵：谐怀乖喈

灰韵：梅醅徊梅媒杯回培催嵬堆推

咍韵：哀埃开来才台埃莱灾

纸韵：是尔

旨韵：岂水

止韵：理始仕以似起己耳

尾韵：几

荠韵：礼弟体底

贿韵：悔罪海

海韵：采在怠倍

寘韵：睡义议技累寘寄易

至韵：嗜器馈遂利寐瘁坠质至醉翠媚邃类地致悴季萃二媿愧肄

志韵：噫忌意志事异寺吏试治思侍记

未韵：贵昧暨味气谓既慰

霁韵：细替柢计递系涕俪陛丽诣契

祭韵：势敝世际泄逝蔽岁禊袂制弊继筮

泰韵：墶会带赖哕外奈鲙艾最酹脍蜕害盖大

怪韵：杀戒届

卦韵：隘卖

夬韵：喝快虿败

队韵：碎背辈悖佩对晦昧退珮内

代韵：态再在戴耐爱载待逮代

废韵：喙肺废

1.1.2　元代止蟹相押

一、蟹摄咍灰皆佳夬废泰齐祭押入止摄。

（1）李孝光·竹石图104："来池"

（2）李孝光·昆山州重修学宫记36/9："士怠"

（3）孙华·宇文子贞至驿，为松江诸邑田粮事儿，赋古诗二章赠之489："西来"

（4）孙华·宇文子贞至驿，为松江诸邑田粮事儿，赋古诗二章赠之（补遗）430："西来"

（5）无名氏·白兔记·前腔109："债泰意归"

(6) 李孝光·山宫观瀑 216："哉来巍"

(7) 李孝光·送林彦清 247："埃台嵬媒开回荄颏□衰台杯才罍能雷莱"

(8) 张协状元·女冠子 81："派紫迈解"

(9) 高明·琵琶记·前腔 145："背待罪泪"

(10) 高明·题赵子昂达摩画幅 528："姿师厘弥思疑披维垂咨曦诗兹蕤芝螭龟支窥夔奇来驰迟为肌尼"

(11) 金健·碧树林书院 551："来吹厄悲"

(12) 史伯璇·代送张权府 65："际忾待"

(13) 朱希晦·自述寄友 584："悴翠外对醉待佩"

派迈背佩杯媒（唇音）、来怠泰能雷台莱待对（舌音）、开解外（牙音）、债才哉罪（齿音）、埃嵬荄颏回（喉音），入韵的蟹摄字五音具全。

弥披悲（唇音）、池罍驰尼螭厘泪（舌音）、龟夔窥奇肌归疑（牙音）、士西衰紫姿师思诗兹芝支厄迟吹醉悴翠垂咨蕤（齿音）、意巍维曦为（喉音），入韵的止摄字五音俱全。

蟹摄与止摄等立通押有 5 例（1—5）、止摄押入蟹摄有 4 例（6—9）、蟹摄押入止摄有 4 例（10—13）。止摄与蟹摄相押涉及五音。

李孝光（乐清）、孙华（永嘉）、高明（瑞安）、金健（瑞安）、史伯璇（平阳）、朱希晦（乐清），作者遍及温州各县。

二、蟹摄齐祭废及灰、泰韵合口押入止摄。

(1) 李孝光·杂诗二 139："飞颓归之徊悲池辉饥鸥"

(2) 陈高·感兴 139："之思非归衣飞徊"

(3) 无名氏·白兔记·剔银灯 56："盔机"

(4) 张协状元·锁南枝 57："易地狈"

(5) 张协状元·酷相思 66："狈泪"

(6) 张协状元·狮子序 66："体义意会"

(7) 张协状元·赏宫花序 74："系会侍直"

(8) 张协状元·驻马听 113："婿契美配"

(9) 张协状元·醉太平 146："契只备儿"

(10) 张协状元·山坡里羊 148："喜会记喜"

(11) 张协状元·生姜牙 222："底拆配"

(12) 张协状元·越恁好 215："义杯水水"

(13) 张协状元·幽花子 215："会是第臂"

(14) 无名氏·白兔记·前腔 11："霁洗美最"

(15) 无名氏·白兔记·越恁好 34："杯水里"

(16) 无名氏·白兔记·锁南枝 126："意己狈"

(17) 张协状元·粉蝶儿 15："底至辈"

(18) 无名氏·白兔记·天下乐 33："时会水贵飞"

(19) 无名氏·白兔记·山坡羊 45："悽对谁垂"

(20) 高明·琵琶记·太平歌 175："归婿会随"

(21) 无名氏·白兔记·大环着 133："蹊会飞"

(22) 无名氏·白兔记·天下乐 136："会离贵飞"

(23) 无名氏·白兔记·前腔 126："飞己狈"

配杯狈辈备（唇音）、颓第对体（舌音）、盔契蹊（牙音）、最霁洗婿（齿音）、徊会（喉音）。

非飞悲美臂（唇音）、池底鸥泪地之思侍只系儿底里离（舌音）、归饥机己记贵（牙音）、辉衣易义意喜（喉音）、水是至时悽谁垂婿随（齿音）。

止摄与蟹摄相押五音均有。

李孝光（乐清）、陈高（永嘉）、白兔记（温州）、张协状元（温州）、高明（瑞安），特别是《白兔记》《张协状元》为南戏，南戏的用韵应更贴近口语。

三、蟹摄一、二与三、四等互押。

(1) 无名氏·白兔记·绕地游 112："丽最"

(2) 史伯璇·沁园春·代谢宣差作埭 77："来雷回霓开徊"

(3) 张天英·游灵岩至灵峰院 486："界大隘碍外最怪爱菜瘵晦懈霭"

(4) 陈高·次日同诸公游西濑旧龙湫 145："濑怪带大会秽届待外再爱岁"

元代虽仅有4例，一例为南戏，一例为词，两例为诗，不同文体都有；除等立通押一例外，其他三例均是三、四等为随押入一、二等。不仅有开口韵，而且有合口韵。这说明蟹摄各韵主元音应相同或相近。

元代温州籍文士用韵的情况同样如此，不仅有蟹摄灰韵系及泰韵合口押入止摄，而且开口也同样押入止摄、蟹摄一、二等与三、四等相押无碍。即止、蟹两摄的主元音应相同或相近。

支韵：支弥披垂曦螭窥奇驰驰为衰卮

脂韵：悲饥鸥姿维咨蕤龟夔迟肌尼吹

之韵：师厘疑诗兹芝之思儿

微韵：飞归辉巍衣飞机贵

齐韵：西霓蹊悽婿

灰韵：颓徊媒鬼回杯罍雷盔

咍韵：来哉台埃才荄开能莱

纸韵：紫只是

旨韵：鬼美水

止韵：士喜里

尾韵：颏

荠韵：体底洗

蟹韵：解

贿韵：辠

海韵：怠待

真韵：易义臂

至韵：翠悴醉地泪备

志韵：意侍记

未韵：忾

霁韵：系婿契第霁丽

祭韵：际岁

泰韵：荟旆最大霭带濑会外狈泰狈

卦韵：嗌懈债派

怪韵：界怪屆瘵

夬韵：迈

队韵：溃晦佩配背

代韵：外碍爱菜再对代

废韵：秽

1.1.3 明代止蟹相押

一、蟹摄咍灰皆佳夬废泰齐祭押入止摄。

(1) 何白·邵少文祝兄五十寿歌526："至慨"

(2) 章玄应·羹芹清味："爱味"

(3) 朱谏·桓温插柳21："泪慨水改"

(4) 刘基·战城南287："熙来为"

(5) 黄淮·代妇答120："霓悲颐饥私离怀时期"

(6) 章纶·寄孝子诗69："摧哀慈随衣词痹持时之姿诗"

(7) 章纶·除夜叹235："来催回哀埃回悲哉归为罹垂坏追"

（8）章纶·寄钱太守63："地世艾代愧桂翅士势肆义隶义致类字吏异俟试艺契会闭悸馈意记惠事志"

（9）何白·己酉春日酒中漫兴377："开巍来"

（10）项乔·游小金山简蔡鹤田、钱平厓500："台来隈微才"

（11）黄淮·冬至173："灰瑞催彩"

（12）朱谏·题画31："锤堆来"

（13）王叔杲·游枪门32："回巍开杯台"

（14）黄淮·东里少傅遣词为寿，次韵奉谢391："届会外醉改愧洒瑞"

（15）黄淮·次韵391："届会外醉改愧洒瑞"

杯（唇音）、来代台堆（舌音）、慨改艾开届外（牙音）、摧哉才催彩（齿音）、爱哀隈灰怀回埃会（喉音），蟹摄入韵字五音俱全。

味痹悲坯微闭悲（唇音）、追泪离地类隶吏霓（舌音）、巍饥归愧桂悸馈记（牙音）、至水私慈随持时之姿诗衰世词垂翅士势致事瑞志锤字俟试醉瑞（齿音）、熙为颐衣隳肆义异艺契会意惠（喉音），止摄入韵字五音俱全。

何白（乐清）、章玄应（乐清）、朱谏（永嘉）、刘基（文成）、黄淮（永嘉）、章纶（乐清）、项乔（永嘉）、王叔杲（永嘉）。作者涉及文成、永嘉、乐清三县。

二、蟹摄齐祭废及灰、泰韵的合口押入止摄。

（1）黄淮·平安南颂71："威摧"

（2）刘基·述志赋266："醉会"

（3）黄淮·柴望义事赞75："瘁配"

（4）赵廷松·戏赠叶子261："贵倍"

（5）王激·送刘别驾迁辰州贰守791："施馁"

（6）王叔杲·敬辞示儿辈191："畏忌"

（7）张璁·题光商表侄《山水图》484："醉会"

（8）何白·咏天台石梁530："閟昧呗戏"

（9）黄淮·秋日遣怀127："时衰摧疑"

（10）章纶·柏守为吉水叶氏赋68："时姿为期隈知随施思危移依垂"

（11）黄淮·九日思亲175："飞悲推归驰违杯摧埀"

（12）王钦彝·拟古1135："离期归飞徊思徽"

（13）王叔杲·长安别王岱灵1："飞徊岐离衣悲期"

（14）何白·孤儿行14："隈枝儿知为"

（15）何白·哭泉篇17："词迟持之离时为施依泥脾摧"

（16）何白·李本宁公祖以廉访使出按全浙，屡以书邀予胥会湖上，予以儿病不果行,寄诗五首 94:"离仪枝儿襁饥徊私池"

（17）侯一元·游雁荡山歌天柱峰月下作 381:"霏飞玑威嵬"

（18）黄淮·祭亲家守约处士金君文 359:"世契内泪慰瘁唷诲事济愧"

（19）章纶·寿默庵范处士七十寿诞诗 62:"岁妹励桂第志誓至遗弟异贵遂使器贰致利戏世对吹砌继昧思绘义"

（20）王叔果·九日游半山 203:"会霁异憩避茈际逝"

（21）王叔果·祭司训陈雪峰表叔 377:"气随励第士计企兑地世逝"

（22）王叔果·祭杨本庵尚书 335:"气毅意砺逝泪贵计毗济利弃志退注励慰至庇悌替寄冀萃遂瘁背内藉既戏世俪继忌碎地致涕"

（23）何白·奉赠冯元成学宪,时余客金闾 48:"逝会骥寐媚异悴"

（24）何白·饮酒 47:"替媚悴戏昧会岁"

（25）何白·人日同杨木父、项叔慎过集云寺,访有门法师 77:"翠憩苾瀵裔会谛昧偈"

（26）何白·醉起效长庆体 81:"意昧忌致字吏至悴岁对醉会睡翠"

（27）何白·答刘以吉孝廉三首,时计偕北上 95:"气会世厉蕙锐媚契沫訾"

（28）何白·述政诗六首,赠邓田联仲司理迁广平郡丞 120:"利计会税吏瘁市溃惠"

（29）何白·述政诗六首,赠邓田联仲司理迁广平郡丞 120:"贰蓟利鸷臂治位瞪内辔敝"

（30）何白·寄寿王伯度孝廉 500:"志世涕佮戏契臂桂递辈至忌骥碎瞪帝御霁锐缀袂辔鼻吏地系岁枻未"

（31）何白·哭彝孙 511:"泪碎溃坠辈粹细意祭艺谊议脆悌愦事废毳憩笥视缀记秘识第闭谇忌醉会至寐逝寄地"

（32）章玄应·淮阴祠 86:"恃忌悔"

（33）王激·钱塘别许台仲 198:"泪对翠悴逝喙闭霁昧系背世"

（34）王激·《古松图》为陆郡公题 196:"计翠世会"

（35）王叔果·第二桥建水闸成 198:"浍乂灢厉闭逝遂备计废"

（36）章纶·送朱生元禽还乐清 86:"意对会"

（37）章纶·虎图行 87:"畏悔意"

（38）何白·甲辰仲秋初度,郑中丞置酒清宁台为予寿,醉后拟杜公《七歌》,时予客中丞榆林幕中 196:"贵畏悴浍碎"

（39）何白·徐伯用社兄读书仙岩山中,四十初度,作歌自寿,为作图并成和章 517："背意狯"

等立通押的有 8 例（1—8）、蟹摄为从押入止摄的有 27 例（9—35）、止摄为从押入蟹摄的有 4 例（36—39）。

配倍昧呗背杯辈妹沫（唇音）、推内对兑退（舌音）、溃嵬（牙音）、摧馁内碎（齿音）、会隈畏徊绘悔浍狯侩海（喉音）。押入止摄的蟹摄字五音俱全。

黄淮（永嘉）、刘基（文成）、赵廷松（乐清）、王激（永嘉）、王叔果（永嘉）、张璁（永嘉）、何白（乐清）、章纶（乐清）、王钦彝（永嘉）、王叔杲（永嘉）、侯一元（乐清）、章玄应（乐清），作者主要涉及永嘉、乐清和文成三县。

三、蟹摄一、二等与三、四等互押。

（1）刘基·拟连珠 258："醢启"

（2）刘基·通天台赋 272："载裔"

（3）黄淮·圣孝瑞应赋 72："会卫"

（4）黄淮·闵志赋 111："届济"

（5）黄淮·参政致仕杨公墓志铭 339："怠制"

（6）黄淮·参政致仕杨公墓志铭 339："载逝"

（7）黄淮·故骠骑将军金后军都督府事吴公神道碑铭 435："逝慨"

（8）刘基·龙虎台赋 274："台垓稽莱"

（9）何白·和陶渊明《饮酒诗二十首》118："开怀乖栖泥谐迷回"

（10）刘康社·葛泉亭诗为施大冶作 1070："载在鎂对绘拔喙慨晦莱醀浐内态佩暧琲碎溉□敦黛概濢"

（11）何白·表贞赋，为江清臣祖母太夫人赋 97："涕佩带载睐态"

（12）章玄应·次韵敏菴丈柏屏写怀 335："怪盖缀害狈碎岁罪在"

（13）黄淮·游雁荡 441："怀谐该开回孩裁推崖溪徊倪骸猜玫来台莱排题携蒐苔哀跻才猊罍雷哉稽齐侪埃回"

（14）刘基·题商学士《寒林图》457："艺俪脆荔锐带髦细裔昧逝翳契"

（15）赵廷松·龙山草庐为李总戎题 150："沛睋丽袂"

等立通押的有 7 例（1—7），三、四等为从押入一、二等的有 5 例（8—12），一、二等为从押入三、四等的有 3 例（13—15）。

昧佩琲黛狈沛昧玫排（唇音）、怠台莱鎂对醀内态带睐推来雷苔敦（舌音）、慨垓乖开溉怪该盖（牙音）、载洒在浐碎罪裁猜才哉侪（齿音）、醢会怀回绘晦濢害谐孩徊骸崖暧蒐哀埃（喉音）、袂（唇音）、泥迷涕倪题猊罍俪睋丽（舌音）、启稽溪稽契（牙音）、栖济制逝缀岁细跻齐脆（齿音）裔卫艺锐翳携喙髦（喉音）。

一、二等与三、四等相押涉及五音。

刘基(文成)、黄淮(永嘉)、何白(乐清)、刘康社(永嘉)、章玄应(乐清)、赵廷松(乐清)。作者主要集中在文成、永嘉、乐清三县。

明代温州籍文士用韵与宋、元二代的用韵情况相同，不仅蟹摄灰韵系、泰韵合口及齐祭废三韵与止摄合流，而且蟹摄的一、二等开口也与止摄相押。这说明明代温州地区止蟹两摄的主元音相同或相近。

支韵：为衰离知危垂移痺巂驰岐离枝施脾仪襰池锤吹随

脂韵：悲饥私姿随施追墀迟毗

之韵：熙时疑颐期思诗之持词慈儿

微韵：威衣归违飞徽巍依微霏玑

齐韵：稽霓溪倪题携齐猊跻迷栖泥

皆韵：怀谐骸排侪乖

佳韵：崖

灰韵：摧隈催回坯推杯徊玫蒐雷罍堆

咍韵：台垓莱来哀埃哉该开孩裁猜苔才

旨韵：视水

止韵：使士俟市治

荠韵：启济弟企

贿韵：餒琲罪悔

海韵：彩醢改倍

寘韵：瑞脆荔施义戏翅避寄睡臂谊议

志韵：事志遗异思字吏试意记忌笥识恃

至韵：醉瘁泪愧至器贰致利遂地肆隶类悸馈备苾庇悸冀萃媚悴骥寐翠綮位綷鸷鼻坠秘谇闷

未韵：慰喟贵味畏气毅既味贵未

霁韵：裔俪细契翳髻丽睨桂第砌闭惠计霁替涕澨谛蕙瞖蓟递帝系

祭韵：艺锐逝卫制世袂喙岁励誓继势厉濊际憩砺偈锐税敝枻祭剿

泰韵：会带外沛绘酹绘艾浍兑沬侩狯狈害盖

怪韵：届瀣怪

夬韵：呗

队韵：佩碎昧配内海对晦碎敦妹退背溃辈愦

代韵：载怠慨在碍态暧溉黛概代眯

废韵：涉废乂

1.1.4 清代止蟹相押

一、蟹摄哈灰皆佳夬废齐祭押入止摄。

(1) 梅调元·试剑石:"莱才恢猜来徊开思苔杯哉"

(2) 孙锵鸣·将自鄂渚至金陵,题胡月樵观察《紫藤仙馆图》即以志别173:"蕾海改在璀汇亥倍每乃采给待"

(3) 王理孚·贺新郎·题《红拂图》131:"海在概待蕾改颏采妹吠汇亥"

(4) 王之照·洞仙歌138:"妹对爱佩态贵"

(5) 梅调元·宿能仁禅院:"外盖籁会汰慨寐呗"

(6) 释德立·雁荡山诗:"开来巍猜颏台莱"

(7) 李象坤·杂诗1270:"才怀灾衰台哀"

(8) 徐德元·满江红281:"在海忆彩谛屡翅继"

(9) 徐德元·喜迁莺·辛丑腊内立春329:"矣起在气醴子几倚"

(10) 黄式苏·李蓉舫新筑芦园落成赋呈289:"易戏地帝媚废泗第闭慨再势寄至意庇计愧肆契味济泪字祟籁例醉异比对诣避寐内志弃大驷遂际坠画置贵世爱桂记事思在悔始"

(11) 李象坤·杂诗1270:"鞴器瞆肆制喟"

(12) 孙锵鸣·赴柳、庆、思三府校士途中感作166:"地愧事濑寄气字志"

(13) 宋恕·和外舅孙止庵师《八十述怀》原韵800:"易意事遂悴备逝觊驷至醉字渭义费愧弃祎记瑞媚四泪味谓鼻世避戏志既"

倍每妹佩辈杯废闭(唇音)、莱来台给苔待蕾籁态濑乃汰对颏帝第谛内醴(舌音)、开亥改概慨盖外快瞆契际桂诣(牙音)、才猜哉灾采在璀彩济世制逝(齿音)、哀海颏爱悔恢怀会徊画(喉音)、媚鞴庇味比避寐费祎媚味鼻(唇音)、屡地泪(舌音)、贵继起气倚几寄器计诣记弃喟觊愧巍既(牙音)、子思衰翅泗始至字醉祟志遂驷事思遂四坠置瑞(齿音)、矣汇易肆渭意义异戏忆谓(喉音),入韵韵字不论是蟹摄还是止摄均是五音俱全。

止摄为从押入蟹摄的有6例(1—6),蟹摄为从押入止摄的有7例(7—13)。

梅调元(永嘉)、孙锵鸣(瑞安)、王理孚(平阳)、王之照(温州)、释德立(瑞安)、李象坤(乐清)、徐德元(乐清)、黄式苏(乐清)、宋恕(平阳),作者遍及温州各县。

二、蟹摄齐祭废及灰、泰韵的合口押入止摄。

(1) 李象坤·感时十六首92:"灰围"

（2）李象坤·奠林任翁相国文66："归灰"

（3）李象坤·旸湖篇355："随回"

（4）李象坤·奠周际翁中丞文65："携师摧其"

（5）孙锵鸣·题金特夫《八仙会饮图》187："喟外"

（6）王之照·洞仙歌141："誓意冀秘会记"

（7）宋衡·长寿乐·题王星垣《淡庐卷》187："气利意味字止邃对"

（8）孙衣言·添字莺啼序·为仲弟止庵老人七十寿150："内弟世比愧异史耳已矣利替忌此水对醉辈媚意喜"

（9）黄仁瑞·千秋岁·寿董孺人144："裔记气计备义戏帨砌岁"

（10）练永清·千秋岁·寿董孺人148："志事义计赐第砌帨戏岁"

（11）李象坤·奠林任翁相国文66："佩弟摧妹弃婿"

辈备佩妹（唇音）、对内弟替帨第帨（舌音）、外计（牙音）、摧誓砌世岁婿（齿音）、灰携回会裔（喉音）、媚围秘味比（唇音）、利（舌音）、归弃喟其冀记愧忌气（牙音）、随师止邃史此水醉字耳志赐事（齿音）、意异已矣戏喜义（喉音）。

等立通押有5例（1—5）、蟹摄为从押入止摄有3例（6—8）、止摄为从押入蟹摄有3例（9—11）。不论是止摄、还是蟹摄入韵的字五音俱备。

李象坤（乐清）、孙锵鸣（瑞安）、王之照（温州）、宋衡（平阳）、孙衣言（瑞安）黄仁瑞（温州）、练永清（温州），作者遍及温州主要县市。

三、蟹摄一、二等与三、四等互押。

（1）邹元樲·次陶征士饮酒原韵1339："开怀乖栖泥谐迷回"

一、二等与四等相押只有1例。邹元樲为文成人。

清代温州籍文士用韵押入止摄的蟹摄字不仅有灰韵系、泰韵合口，还有蟹摄的开口呼，包括一等的咍韵、二等的佳韵、皆韵。清代的温州籍文士用韵与宋、元、明的文士用韵是一脉相承的，这一现象与通语的蟹摄的灰韵系及泰韵的合口演变与止摄合流的情况不同。

支韵：随

之韵：其师思

微韵：巍围归

齐韵：携栖迷泥衰

皆韵：谐乖怀

灰韵：回恢徊杯颓灰摧

咍韵：开莱才猜来苔哉台

纸韵：此倚

旨韵：水比

止韵：史耳已喜止始起子

尾韵：几

荠韵：弟济醴

贿韵：悔蕾璀每

海韵：海改倍亥乃采绐待彩

寘韵：戏义赐易裨瑞避寄置翅

至韵：冀秘备比愧利醉媚遽寐遂悴驷至费弃四泪鼻地泗庇肆祟驷坠器瞶鞴

志韵：意记志事异矣忌字觊

未韵：气贵味渭谓既汇喟

霁韵：裔计砌第替帝闭契诣桂谛婿

祭韵：誓岁世逝势例际继制

泰韵：会帨外盖籁汰大濑

卦韵：画

夬韵：呗快

队韵：妹对佩内辈

代韵：爱态慨再在概颏

废韵：废吠

历代温州籍文士止、蟹两摄用韵的情况与自宋以来通语的演变不相吻合，其原因何在，我们再看看近代方音韵书和现代方言的情况。

止、蟹两摄在《音画字考》中分为：

第一类，主要包括二等、泰韵的舌音：埃挨蟹楷锴快吥街皆偕阶谐乖介芥界戒解夬杀帅洒债钗蔡太汰泰带奶奈耐槐怀淮外排牌败埋买鞋柴赖籁濑。

第二类，主要包括止、蟹两摄三、四等部分合口字：税畏辉伟讳水岁税吹圭闺追鬼嘴轨诡桂贵锤葵垂棰坠馈类汇瑞帏惟违韦遗位为胃谓恚慧。

第六类，主要包括止、蟹两摄三、四等开口泥、疑两纽：宜仪尼泥疑倪怩嶷义议谊艺刈毅。

第十类，主要包括蟹摄一等开口：哀唉爱蔼开凯铠慨该孩改概海醢戴栽哉灾载再胎台能态贷猜采彩才材财在苔待怠代岱逮来莱醅孩亥害。

第十六类，主要包括止摄舌齿音、唇音、牙喉音、蟹摄三四等齿音、唇音、牙喉音：司师施工思丝私尸斯腮死使矢史始四肆试赐驷泗之知兹脂姿资底子紫止芷指只沚址志至致置智答此齿耻侈次迟驰持治时辞词士市仕似是氏视尔字事寺示二衣医狶以倚已意底支鸡矶机几基肢奇纸几纪记计寄祭制欺妻栖蹊稽气契器弃梯体替涕西嬉希稀晞义熙喜洗舍世戏势细媚非飞菲菲费批披屁迷米彼比闭秘臂庇移夷颐奚怡彝畦异易梨离里礼李理利吏例丽俪齐地第题其棋期祺祈奇祁技企忌悸微尾未皮脾裨比陛。

第十七类，主要包括蟹摄一等合口和止摄部分唇音字、牙喉音字：脍浍荟会恢诙奎愧喂衰碎催崔翠脆最推退蜕堆敦对煨隈委唯灰挥徽贿悔诲喙胚沛配卑碑悲杯贝背狈辈赔陪倍佩回徊溃梅枚媒美妹媚内雷垒馁泪巍颓队兑罪萃粹睡锐。

现代温州方言，止、蟹两摄的主要元音为：

ɿ 类，主要包括止摄开口舌齿音、牙喉音、蟹摄四等开口牙喉音和部分止、蟹两摄三等合口舌齿音，如自字赐私思四知止池致治志驰师诗时始视试饥计记既奇其启弃戏醉坠垂谁水税瑞。

i 类，主要包括止摄部分唇音、开口喉音及齐韵的日纽字，如泥鼻臂医衣移姨蚁已艺义易意异。

ei 类，主要包括止、蟹摄三四等的唇音、舌头音、半舌音和齐韵的齿音，如比敝闭皮迷厉利西齐妻细备眉非废费泪微尾未。

u 类，主要包括止摄部分合口喻纽字、齐韵的匣纽字、祭韵的喻纽字，如慧惠威维卫位畏胃谓。

a 类，主要包括蟹摄二等及一等开口部分舌音，如皆阶街解介界芥戒鞋械败排埋买卖戴带泰乃奶奈赖蔡债钗柴晒楷帅乖怪快怀槐外。

e 类，主要包括咍韵及泰韵部分字，如贷待怠代台苔来灾栽载再才财彩采菜该改概盖开孩海哀爱艾罪最。

ai 类，主要包括蟹摄一等合口及止摄三等合口字，如衰会块杯背碑悲贝辈背陪培沛配梅枚媒美妹雷累内堆队兑推退罪最醉翠碎锐规归奎恢灰挥徽回悔汇魏威。

其他的近代韵书、韵图虽然收字多寡不同，但音类的分合基本相同。只是由音类看不出具体的差别，现代汉语方言描写为此提供了可能。止摄、蟹摄在温州方言中，《广韵》的合口字基本上不读合口，仅有少数几个字，即止摄部分合口喻纽字、齐韵的匣纽字、祭韵的喻纽字，如慧惠威维卫位畏胃谓，而读开口，这就是为什么止、蟹两摄不同于通语演变的一个特殊原因。也可以说，在宋代温州话止、蟹两摄就没有合口，而且蟹摄的一、二等韵的主元音也应是高元音,与止摄的元音相同或相近。

我们现在将宋代温州方言中的第一种情况即蟹摄的哈灰皆佳夬废泰齐祭入韵字与现代温州各地的方言进行比较:

	佩	梅	回	培	卖	背	蛋	辈	倍	来	带	台	耐	奈	退	戴
温州	ai	ai	ai	ai	a	ai		ai	ai	e	a	e		a	ai	e
瑞安	ai	e	ai	ai		ai		ai	ai	e				a	ai	a
平阳	ai	ai	ai	ai	æ	ai		ai	ai	e		e		æ	ai	æ
永嘉	ai	ai	ai	ai		ai		ai	ai	e		e			ai	
乐清	ai	ai	ai	ai		ai		ai	ai	e	e	e		e	ai	e

	赖	怠	酹	代	大	内	待	届	涯	外	开	壒	盖	快	戒	在
温州	a		e		e	ai	a		e		a	e		a	a	e
瑞安	a	e		e		a			e		e				e	
平阳	æ		e			ai			æ		æ	e			æ	æ
永嘉				e		ai	e		e					e	a	e
乐清	e	e		e		ai			e		e					

	载	才	催	碎	嗮	灾	再	细	艾	哀	埃	海	爱	悔	会	诲
温州	e	e	ai	ai		e	e	ei	e			e	e	ai	ai	
瑞安	e	e	ai	ai		e		e				e	e	ai	ai	ai
平阳	e	ai	ai	e						e	e	æ	e		ai	
永嘉	e	e	ai	ai		e	e			e						
乐清	e	e	ai	ai		e	e					e		uai	uai	uai

蟹摄一、二等在现代温州各地方音中可以分为三大类 ai、e、a,其中合口呼多读 ai,二等韵多读 a,一等韵开口多读 e。

自宋代开始,温州方言中蟹摄的齐祭废三韵及灰、泰韵的合口字的少部分已押入止摄,这是通语韵系的演变。如李纲《渔家傲·木落霜清秋色霁》:"霁碎水会至外泪意蕊醉"(鲁国尧,1991)。自宋至清,在温州文士用韵中,止摄与蟹摄关系可分为三类:一是蟹摄哈灰皆佳夬废齐祭押入止摄;二是蟹摄齐祭废及灰、泰韵的合口押入止摄;三是蟹摄一、二、三、四等互押。与通语相比,温州文士用韵,不仅有齐祭废三韵及灰韵、泰韵的合口的部分字押入止摄,而且有包括皆佳夬哈和泰韵的开口字,特别是哈韵押入止摄比其他几韵更多;又不论是舌齿音,还是非舌齿音,均相押,即两摄相押是全面的。

在现代温州话中,止、蟹两摄元音可分为七类,即 ɿ、i、ei、u、a、e、ai,除了 u 所属字较少之外,其他六类又可分为两大类:ŋ、i、ei、ai 和 a、e。前四类,止、蟹摄均有韵字隶属于其中的一类,即两摄部分字已重新归并;后两类,主要是代表蟹摄的二等字和一等字。由于声纽的原因,ŋ 是从 i 分化,这一现象应是 20 世纪 30 年代以后的事,因为现代温州话中所分化的两类在《音画字考》中还是一类,ei ai 为复合元音,但受韵尾的影响,其开口度必然比单元音的开口度还要小,因而是比较接近 i 元音的;在现代温州话中,蟹摄一等字主要元音为 e,这在历代用韵中已得到充分的反映,哈韵系及泰韵字部分押入止摄的最多,蟹摄的二等字历代也有少量押入止摄的,宋代二等字开口入韵的仅有:平声(街涯崖)、去声(杀戒届隘);元代二等字开口入韵的有:上声(解)、去声(隘懈债界届瘵迈);明代二等字开口入韵的有:平声(谐侪崖)、去声(届澨);清代二等字入韵的仅一字:平声(谐)。这说明蟹摄二等字的主要元音还是要比 a 的开口度略高一点。这一点还可以从蟹摄一、二、三、四等互叶得到证明。蟹摄押入止摄不仅是齐祭废及灰泰部分合口字,还包括蟹摄一等开口和二等字,这一现象是温州方言自宋代就已存在的一种特点,这一特点到了 20 世纪才有明显的分化,在现代温州方音中,《广韵》止、蟹两摄只有部分合流,大部分并未泯灭二者的界限。在历代温州籍文士的用韵中,两摄特别是蟹摄的一、二等与止摄相押和谐,只能说明在古人的听觉中两摄的主要元音相近,现代温州方音的这一现状,至迟在宋代就已经形成了。

1.2 支鱼相押

1.2.1 宋代支鱼相押

"支"指通语支微部,含切韵系的止摄和部分蟹摄合口一等字与三、四等字细音;"鱼"指鱼模部,含遇摄及部分尤侯部唇音字。

(1) 许及之·次韵叶德友苦热吟 28282:"移威锤呼炊舒霏萎疲漪时驰逾居纤池疏滋娱蛇虚如扉无奇"

(2) 许及之·送盖总领上计三首 28292:"依吹归微书饥羸希"

(3) 许及之·次韵常之松庐有感 28294:"时迟欹依奇微俱兹词离湄洟悲诗知期思"

(4) 许及之·次德友韵 28299:"痴疲奇旗嬉驰如窥披之"

(5) 许及之·次韵转庵读中兴碑 28307:"知疑丝睢(鸠)危垂篪辞奇窥持如"

(6) 陈傅良·西庙招辞 29219:"斯斯楣圻眉肥篪迟蕤螭嬉危衣时夷累

知依非之陂弥怩其须"

（7）陈傅良·和孟阜老梅韵 29227："披余为肌歆希驰归嗤期"

（8）刘黻·三十一岁吟 40697："湄书痴篱儿鸡"

（9）许景衡·祭韩夫人文 143/121："仪时宜书奇归池嬉辞遗疵蕤泥錙私随怩之之驰湄思兹悲"

（10）陈傅良·西庙招辞 267/4："斯楣圻肥眉篪迟蕤螭嬉危衣时夷纍知依非之陂弥怩其须"

（11）戴栩·赵君举墓志铭 308/213："腴思卑思"

（12）戴栩·存斋蒋弋阳墓志铭 308/214："亏随锄"

（13）戴栩·乡祭卢直院文 308/223："驰时腴旗扉机奇余稀辉斯宜微濡棋期追坻词悲思"

（14）薛师石·渔父词 2325："儿离眉鱼"

（15）戴栩·族祭教忠弟令合宜人文 308/223："徽依归车"

（16）刘黻·感时赋 352/397："追悲时儿躯几宜危龟犧裾期欺随徐疑离涯疲之嶷"

（17）许及之·得赵昌甫诗集转呈庵却以谢梦得诗见示有诗次韵 28300："使水矩髓喜取子"

（18）许及之·再次转庵韵 28300："使水矩髓喜取子"

（19）许及之·次转庵榴花韵 28316："使水矩髓喜取子"

（20）许及之·再次转庵韵 28317："使水矩髓喜取子"

（21）许及之·再次转庵催结局韵 28317："使水矩髓喜取子"

（22）陈傅良·咏梅分韵得蕊字 29253："蕊美泚女"

（23）叶适·送陈漫翁 31232："裹语绪许柱雨俱负阻吐聚处"

（24）刘黻·梅使君守横擒寇闵雨 40693："宥起垒李驶靡缕雨嫷始语匕主里"

（25）刘黻·横浦操 40732："泚址处"

（26）释如珙·寄端书记 41231："柱水己耳午子"

（27）释如珙·偈 41216："死主子"

（28）宋庆之·兰溪道中 42908："市雨土鬼起被此水里"

（29）刘黻·横浦操 352/398："泚址处"

（30）林景熙·原易 43509："瑞秘四泗字氏意具据伪事地喟"

（31）释智朋·偈 35825："去闭指"

（32）卢祖皋·洞仙歌 2412："意地里计趣起"

（33）陈傅良·戒河豚赋267/2："智嚻治备避伪惧味嗜胃忌畏利慧忌觊气饵易意魏媚志试"

（34）陈傅良·祭张南轩文268/312："愈己毁"

（35）刘黻·遂志赋352/395："御趾意味"

（36）陈傅良·送杨似之提举湖南29223："訾至是水士茹四悴记字意议"

（37）许及之·药畹28411："滋图"

（38）薛季宣·右赋巴丘28722："之鱼"

（39）薛师石·渔父词34815："离鱼"

（40）刘黻·四先生像赞40732："居归"

（41）刘黻·象山陆文安公352/410："居归"

（42）许及之·跋宋朝老再和陶渊明《归去来辞》28295："伟语"

（43）释如珙·偈41217："弥宇"

（44）徐照·瑞安道房观陈友云古柏合予作诗31395："地去"

（45）释如珙·偈41224："地去"

（46）林景熙·妾薄命43480："去领"

（47）林景熙·题《水云深处》43520："地处"

（48）释深·颂古27728："著侩"

（49）薛季宣·刈兰28643："水起语处"

（50）薛季宣·诚台瓦鼓诗28707："楚猗"

（51）林景熙·半云庵43519："事寄值地惧素住故籁愧"

（52）戴栩·乡祭赵郎中文308/222："惧祟试遽豫计"

（53）刘黻·与李叔夔、钱子云同游兴教寺约齐都巡40694："如庐醵初桐渠书"

（54）刘黻·和酬张梅野40694："如庐醵初桐渠书"

（55）戴栩·祭蔡子重文308/226："闺鱼刍"

（56）陈傅良·送林正仲丞王山29221："归庐除迟欹如书驱衢"

（57）林景熙·秦吉了43475："语主鬼"

（58）林正大·括酹江月2440："许此古汝雨去土遇"

（59）林正大·括酹江月2461："紫度露雨舞语许竚"

（60）林正大·括摸鱼儿2457："浦数度思路渚侣趣"

宋代文士用韵支鱼相押共有60例，其中鱼韵为从押入支韵的36例（1—36）、等立通押的有16例（37—52）、支韵为从押入鱼韵的有8例（53—

60)。从支鱼通押的数量上可以看出应该是以鱼押支。即鱼韵的元音向支韵的元音演变靠近。

许及之(永嘉)、陈傅良(瑞安)、刘黻(乐清)、许景衡(瑞安)、戴栩(永嘉)、薛师石(永嘉)、叶适(永嘉)、释如珙(永嘉)、宋庆之(永嘉)、林景熙(平阳)、释智朋(雁山)、卢祖皋(永嘉)、薛季宣(永嘉)、徐照(永嘉)、释深(温州)、林正大(平阳),作者遍及温州各县市。

无负(唇音)吐土(舌音一等)御惧觑去据具矩虚俱鱼躯裾车取语许惧午(牙音三等)茹趣主处柱主聚阻取书舒疏如雎须锄濡居徐绪女缕(舌齿音三等)愈吁逾纡娱余腴雨(喉音三等)。宋代押入止摄的主要是遇摄的三等牙喉音和舌齿音及部分一等舌音。三等舌齿音入韵的次数最多。

图故素(一等舌齿牙)、鱼居语去惧遽(牙音三等)、宇籲豫(喉音三等)、处著楚住(三等舌齿音)。在等立通押中,鱼韵入支韵的主要是三等牙喉音和舌齿音,这与鱼韵为从读入支韵的情况大致相同。

舞浦(唇音)、如初书刍除主桐汝竚数渚趣侣(三等舌齿音)、庐露度路土(一等舌音)、古(一等牙音)、语遇醵渠鱼驱衢去语(三等牙音)、许雨(三等喉音)。在以支为从押入鱼中,主要是三等的牙喉音和舌齿音,而以舌齿音为多,这与等立通押、以鱼为从的相押情况基本相同。

三种情况押入支韵的鱼韵字均是以三等舌齿音为主,其次是牙喉音,还有部分一等舌音。我们现将鱼韵入支韵的部分韵字与现代方音进行比较:

	吐	土	御	去	据	具	矩	虚	俱	鱼	躯	车	语	午
温州:	əy	əy	y		y	y	y	y	y	əy			ɿ	y
瑞安:	əy	əy		y	y	y	y	y	y	y	y		y	
平阳:	y	y	y	i		y	y	y			y		y	
永嘉:	əy	əy	y	ʮ	ʮ	ʮ	ʮ	ʮ		ʮ	ʮ		y	
乐清:	y	y	y	i		y	y	y	i	y	y		y	

	主	处	柱	聚	阻	取	书	舒	疏	如	须	锄	濡	居
温州:	ɿ	ɿ	ɿ	ɿ	ɿ	ɿ	ɿ	ɿ	ɿ	ɿ	ɿ	ɿ	ɿ	y
瑞安:	y	y	əy		y	əy	əy		əy	əy	y	əy		y
平阳:	y	y	y		y		y	y	y	y	y	y		y
永嘉:	ʮ	ʮ	ʮ	ʮ		ʮ	ʮ			ʮ	ʮ		ʮ	ʮ
乐清:	y	y	y	y		y	y		y	y		y		y

	绪	缕	逾	纤	娱	余	雨
温州：	ɿ	y	u	u		u	u
瑞安：	əy	əy	y	y		y	y
平阳：	y		y	y		y	y
永嘉：	ɿ	əy					
乐清：	y		y			y	y

"ɿ"是从"i"进一步高化发展而来舌尖元音，特别是止、蟹二摄三、四等的舌齿音，这一音变的时间并不长，在音变之前，当为"i"。在现代温州话中有一些遇摄的白读为"i"，如"鱼、去"等字。在宋代温州籍文士用韵中，支鱼相押，数量较多，这是不争的事实，我们初步判定当为鱼为从押入支。从现在温州方音可以看出，现代温州方音与宋代的诗文用韵的情况基本相同。如遇摄舌音一等与三等舌齿音和牙喉音的读音基本相同，多为 y。在温州各地，读音虽不完全相同，如 ɿ、y、ʮ、əy，但还是可以看出发展过程，只有温州现在读 ɿ，这当是最晚的音变，这样遇摄与止摄就完全同音，特别是两摄的舌齿音。ɿ 变之前当为 i，y 为后高元音、əy 为复合元音，受央元音的影响，y 的发音当向前移，ʮ 为前高元音，与 i 的发音最为接近。在宋代诗文用韵中，遇摄只有"无负舞浦"四个唇音字押入止摄，这与现代方音不同，其他的均相同，主要是三等的舌齿音和牙喉音。我们认为宋代遇摄舌音一等与三、四等的牙喉音和舌齿音的主元音是一个接近 i 的高元音。这个元音与遇摄唇音和一等的牙喉音的主元音不同，因为未见两者相押例。宋代温州话遇摄的主元音根据声母的不同而导致了主元音的分化。

鱼入支，绝大部分为止摄字，蟹摄字很少，只有齐韵的"鸡泥闺"、霁韵"闭计"和泰韵"侩"六字，这说明宋代温州方音止、蟹两摄的主要元音还没有合流。

支韵：移锤萎疲漪驰池蛇奇欹离知痴窥披危垂篪斯箎螭陂弥为支篱儿仪宜疵随卑亏随犧涯

脂韵：炊吹饥痍迟湄洟悲楣眉蕤夷纍怩肌遗私追坻追龟

之韵：时滋兹词诗期思旗嬉之疑丝辞持其嗤鎡棋欺嵫

微韵：威霏扉依归微希圻肥非稀辉徽几欷

齐韵：鸡泥闺

虞韵：吁逾无纤娱俱须腴濡躯刍衢驱

鱼韵：舒居如疏虚书雎鱼余锄车裾徐渠榈初醵除茹渚

模韵：图庐

纸韵：髓猗泚靡此被弥紫是

旨韵：水蕊美痏垒匕死鬼指毁

止韵：使喜子起裏李驶始里阯己耳子市士趾

尾韵：伟嬟

语韵：语处楚女绪许阻汝去伫侣

麌韵：矩取柱雨俱聚缕主宇舞愈

姥韵：吐午古度露浦

有韵：负

寘韵：议瑞氏伪寄智避易

至韵：瘁至四悴地颣泗愧备嗜利媚祟

志韵：记字意事值思治忌悬饵志试

未韵：喟味胃气魏畏

霁韵：闭计

御韵：据处觑豫遽著御

遇韵：遇具惧住籲趣数

暮韵：素故度路

泰韵：侩

1.2.2　元代支鱼相押

（1）李孝光・张本之春晖堂155："齐姿芝仪随期居饥衣私迟"

（2）李孝光・和叔夏寄童质夫212："眉差须"

（3）史伯璇・过陈氏会文书院53："溪稀闱墟晖"

（4）史伯璇・代送张权府66："憨骑豫"

（5）史伯璇・代寿人67："芝仪眉之湄谁夷施篱兹縻归饴荸菲移期枢违师颐"

（6）史伯璇・代颂常平69："离思为饥施徐违非"

（7）高明・王节妇诗520："归儿书思"

（8）裴湖西・拟古555："蕤雏悲微"

（9）高明・琵琶记・赏花宫175："之娱池"

（10）高明・琵琶记・风入松慢217："榆李楣"

（11）高明・琵琶记・柳穿鱼222："知归除"

（12）李应期・寄赵太虚（癸集下）1266："枝蛛眉期"

（13）张协状元・川鲍老27："奇疑虑伊"

（14）张协状元・行香子32："书时垂"

(15）史伯璇·代颂常平 72："巍规知危围腴之诸期输违如疑虚饥兹书"

(16) 张协状元·锁南枝 57："书蚁味"

(17) 李孝光·夏日荷亭即事 146："渚髓㳘水暑里羽蕊纸雨"

(18) 张协状元·蛳子序 66："利如指时"

(19) 高明·琵琶记·降黄龙 175："议儿如飞"

(20) 高明·琵琶记·沁园春 2："妻闱归悲姑畿凄闻"

(21) 李孝光·溪行分韵得美字 200："雨水齿起理美耳绪"

(22) 史伯璇·代颂常平 69："尔此柱"

(23) 史伯璇·水龙吟·谢周元帅作埭 76："土迤被也苾厉载霁"

(24) 郑东·题画山水歌 533："子死雨"

(25) 陈高·采兰 124："渚杞语蕊子"

(26) 张协状元·烛影摇红 13："戏美比味喜底羽利"

(27) 张协状元·千秋岁 15："细捶李衢"

(28) 张协状元·红衫儿 77："起婿缕你"

(29) 张协状元·添字赛红娘 86："舒里水"

(30) 张协状元·大圣乐 135："喜意底如"

(31) 张协状元·鹅鸭满船渡 191："去倚启济"

(32) 张协状元·五韵美 198："时书喜旨"

(33) 高明·琵琶记·金索挂梧桐 73："倚旨闻你儒泪"

(34) 高明·琵琶记·前腔 73："里米地语危"

(35) 李默·李焘墓志 54/95："类粹遂瑞异裕"

(36) 李孝光·杂诗八 142："虑寐逮至醉意骥志计几"

(37) 史伯璇·满江红·又谢解无僧作埭："注去济在遇易处悖"

(38) 李应期·《渊明图》（癸集下）1266："利意趣气睡"

(39) 张协状元·福州歌 44："去威睡"

(40) 张协状元·福州歌 44："输米睡"

(41) 张协状元·犯樱桃花 34："费珠儿旨地"

(42) 张协状元·犯樱桃花 34："你剧归须会"

(43) 张协状元·犯樱桃花 34："处直吃书记"

(44) 张协状元·江儿水 56："柱体处地"

(45) 张协状元·江儿水 56："睡去水地"

(46) 张协状元·朱奴儿 68："米女至志"

(47）张协状元·赏宫花序74："剧一鼻戏"

(48）张协状元·薄媚令76："味虑喜霁"

(49）张协状元·赚7："礼去底詈"

(50）张协状元·金莲子77："处你去"

(51）张协状元·醉太平78："跪杯丰喜"

(52）张协状元·菊花新84："取里意醵"

(53）张协状元·后衮84："睡语婿理痴醵"

(54）张协状元·鹅鸭满船渡191："至意去味"

(55）张协状元·卖花声151："婿弃绪体"

(56）张协状元·五方神156："去弃里"

(57）张协状元·五更传161："妻里第去"

(58）张协状元·五更传162："伊去里贵"

(59）张协状元·太师引165："缕契谁"

(60）张协状元·一枝花166："贵故里"

(61）张协状元·河传172："去水致"

(62）张协状元·上堂水陆173："住蚁旨里"

(63）张协状元·上堂水陆173："馁去旨里"

(64）张协状元·浆水令209："弃取罪违媒议"

(65）张协状元·浆水令209："儿美妻违对语"

(66）张协状元·红芍药221："外取里已"

(67）张协状元·生姜牙222："疑语丽"

(68）张协状元·幽花子215："住妻配启"

(69）张协状元·和佛儿215："理底己娶志"

(70）高明·琵琶记·前腔28："妻第取罪"

(71）高明·琵琶记·前腔30："间水里喜"

(72）高明·琵琶记·哭岐婆59："绮媚去"

(73）高明·琵琶记·刘泼帽73："是虑碎"

(74）高明·琵琶记·双鸂鶒84："起配婿语"

(75）高明·琵琶记·中衮第四93："地渠稽归"

(76）高明·琵琶记·山坡羊120："婿己体取期危"

(77）高明·琵琶记·前腔120："绪岁得时"

(78）高明·琵琶记·孝顺歌120："住持历去"

(79）高明·琵琶记·前腔121："饥皮虑室"

（80）高明·琵琶记·女冠子217："去谁势碑处"
（81）高明·琵琶记·前腔218："水妻虑迟"
（82）高明·琵琶记·刘衮227："旨住地取"
（83）高明·琵琶记·前腔227："至恕例违"
（84）高明·琵琶记·永团圆231："间弃记几喜聚"
（85）无名氏·白兔记·前腔15："启地输庇"
（86）无名氏·白兔记·前腔34："气处贵"
（87）无名氏·白兔记·剔银灯50："除气理"
（88）无名氏·白兔记·宜春令91："水处计义"
（89）无名氏·白兔记·前腔91："艺己处"
（90）无名氏·白兔记·高阳台96："势书齐题"
（91）无名氏·白兔记·四边静102："备主易"
（92）无名氏·白兔记·前腔102："去你易"
（93）无名氏·白兔记·前腔112："暑丝思李"
（94）无名氏·白兔记·桂枝香109："雨济飞"
（95）李孝光·送陈君礼之婺女兼寄徐仲礼251："书为"
（96）史伯璇·代颂常平69："徐诣"
（97）高明·琵琶记·前腔30："区知里书"
（98）高明·琵琶记·前腔174："知如"
（99）高明·琵琶记·前腔190："哺误慈私"
（100）张协状元·贺筵开69："知与取衣"
（101）高明·琵琶记··大圣乐176："与弃谁语"
（102）张天英·郎亡金387："土死"
（103）张协状元·千秋岁15："趣间旨归"
（104）张协状元·生查子42："水处"
（105）张协状元·鹅鸭满船渡191："语美李女"
（106）张协状元·卜算子134："婿去"
（107）高明·琵琶记·宜春令26："儿里树语"
（108）高明·琵琶记·前腔72："济去"
（109）高明·琵琶记·前腔73："处纪"
（110）高明·琵琶记·破第二92："女遇几矣"
（111）高明·琵琶记·前腔121："鬼时聚处"
（112）高明·琵琶记·罗帐里坐136："伊处帏主"

(113) 高明·琵琶记·生查子 159："去里"
(114) 高明·琵琶记·前腔 191："虑衹"
(115) 高明·琵琶记·尾声 232："女衣"
(116) 无名氏·白兔记·前腔 51："记除"
(117) 高明·琵琶记·玉雁子 224："母土死苦"
(118) 李孝光·良常草堂诗 115："肱书愚余鸥"
(119) 陈高·感遇 1 36："隅殊间时"
(120) 高明·琵琶记·破齐阵 54："炉思无"
(121) 张协状元·凉草虫 50："居举支去"
(122) 李孝光·龙鼻水听琴为刘芳在作 219："雨语气去"
(123) 徐淮·偕刘景玉、周元浩携小妓游于坡上忘形剧饮故赋此 479："倚语缕雨"
(124) 陈高·汉水赠别也 124："水楚与处琚舆渝"
(125) 张协状元·双劝酒 67："语米去"
(126) 朱希晦·写怀（二集下）1312："至趣树遇意处喟"
(127) 张协状元·蛳子序 66："议馁缕处"
(128) 张协状元·林里鸡 187："去岖知"
(129) 高明·琵琶记·前腔 136："所府途死"
(130) 高明·琵琶记·前腔 189："路度鲁赐"
(131) 高明·琵琶记·前腔 189："赴紫露数"
(132) 无名氏·白兔记·绛都春 3："砌珠舞去处"

元代温州籍文士用韵支鱼相押共 132 例,其中鱼为从押入支的有 94 例(1—94)、支鱼等立通押的有 22 例(95—116)、支为从押入鱼的有 16 例(117—132)。从支鱼通押的数量上可以看出应该是以鱼押支,即"鱼"的元音向"支"的元音演变靠近。

李孝光(乐清)、史伯璇(平阳)、高明(瑞安)、裴湖西(永嘉)、李应期(瑞安)、《张协状元》(温州)、《白兔记》、郑东(平阳)、李默(永嘉)、陈高(永嘉)、张天英(永嘉)、徐淮(永嘉)朱希晦(乐清),作者遍及温州主要县市。

鱼入支情况中"鱼"韵字的五音分布：莩（唇音）、处暑除书主输聚住恕绪取娶主女书柱须珠剧趣输注舒儒枢渚徐须书雏除蛴诸如暑缕虑间（三等舌齿音）、土（一等舌音）、故姑（一等牙音）、剧衢渠居去遇语（喉音）、雨羽墟豫娱榆胰虚裕（三等喉音）。元代押入止摄的主要是遇摄的三等牙喉音和舌齿音及部分一等舌音。三等舌齿音入韵的次数最多。除了一等牙音"故姑"两字读音与现代方音不同，其他的韵字的读音与现代方言止摄的字相近。

鱼支等立通押中鱼韵字五音分布：哺（唇音）、书徐如趣处女间聚树主取虑除（三等舌齿音）、土（一等舌音）、区语去遇误（三等牙音）、与（喉音）。入韵的鱼韵字主要是三等舌齿音，其他的韵字读音也与现代方音止摄的字相近。

以支韵为从押入鱼韵中，鱼韵的五音分布：府无赴舞母（唇音）、土途度露路鲁炉（一等舌音）、苦（一等牙音）、书珠数所殊处间树缕楚趣（三等舌齿音）、愚隅岖去遇语举居琚（三等牙音）、胏余雨渝舆与（三等喉音）与支韵相押的主要是三等的舌齿音和牙喉音，除了一等牙音和部分唇音外，其他韵字的读音与现代方音止摄字都相同，这与上述两种情况完全相同。

我们现在将第三种情况即以支韵为从押入鱼韵的鱼韵字与现代温州方音进行比较：

	府	无	赴	舞	母	土	途	度	露	路	鲁	炉	苦	书	珠	数
温州	əy	u	əy	u	o	əy	əy	əy	əy	əy	əy	əy	u	ɿ	ɿ	ɿ
瑞安	u	u	u	u		əy	əy	əy	əy	əy	əy	əy	u	əy	əy	
平阳	u	u	u	u		y	y	y	y	y	y	y	u	y	y	u
永嘉	u	u	u	u		əy	əy	əy	əy	əy	əy	əy	u	ʮ	ʮ	ʮ
乐清	u		u	u		y	y	y	y	y	y	y	u	y	y	y

	所	殊	处	间	树	楚	缕	趣	愚	隅	岖	去	遇	语	举	居
温州	əy	ɿ	ɿ	əy	ɿ	ɿ	əy	ɿ	y	y	y	y	y	y	y	y
瑞安		əy	y	əy	əy		əy		y	y	y	y	y	y	y	y
平阳		y	y	y	y	u	y		y	y	y	y	y	y	y	y
永嘉		ʮ	əy	ʮ		ʮ	ʮ	y	y	y	y	y	y	y	y	y
乐清		y	y	y		y			y	y	y	y	y	y	y	y

	琚	胏	余	雨	渝	舆	与
温州	y	y	u	u	u		u
瑞安	y	y	y	y	y		y
平阳	y	y	y	y	y		y
永嘉	ʮ	ʮ	u	u	u		u
乐清	y	y	y	y	y		y

元代温州籍文士作品中支鱼相押例较多，主要是在南戏《张协状元》、《白兔记》、《琵琶记》中，《张协状元》等直接面对是普通的市民，其用韵应更

接近口语，用韵的和谐度应能为听众接受。鱼韵为主与支韵相押，主要是三等牙喉音和舌齿音和部分一等舌音。这与宋代入韵的情况基本一致。主要的元音有：ɿ、ʮ、y、əy，止摄及蟹摄三、四等字在现代温州话中按声母可分为两类：i、ɿ。ɿ是从i发展而来，元代遇摄三等舌齿音、牙喉音和一等舌音与止摄相押，这说明遇摄这些韵字与止摄的主元音相同或相近，但不论ʮ、y，还是əy，与i的音值较近。在温州各地区具体音值不完全相同，但这也许是共时的音值差异反映了不同时期语音变化：y > əy > ʮ > i > ɿ。与宋代相比，有三点不同：一是与蟹摄一等开合押韵的范围扩大了，有灰韵、贿韵、队韵、代韵、泰韵，这说明止、蟹摄（特别是一等韵）元音在元代演变越趋相近；二是遇摄唇音字也参与了与"支"韵的押韵，而遇摄的唇音在现代方音中与"支"韵的读音是不相近的；三是入声德质部部分韵字加入支鱼相押中。在通语演变中，入声在宋代就不同程度地参与了阴声韵押韵，但在宋代温州地区这一现象很少。这说明宋代温州地区入声演变尚未开始，到了元代，入声有不同程度地甩掉韵尾向阴声韵靠近的趋势。

支韵：仪随差为骑施篱縻移离儿知池枝奇垂规危支皮碑

脂韵：鸥姿饥私迟眉湄谁夷师悲蕤楣伊饥祇

之韵：芝期之兹饴颐思时慈疑痴丝

微韵：衣稀闱晖归菲违非微巍围飞闱畿威帏

齐韵：齐溪妻凄稽题

鱼韵：胪书余居墟豫徐间如除蜍诸虚与琚舆舒儒渠除

虞韵：愚须荸枢雏隅殊区娱榆腴输渝趣衢珠岖娶

模韵：炉无姑途

灰韵：捶杯媒

纸韵：蚁髓旎纸倚此尔迤被跪绮是紫

旨韵：指死水蕊美死比旨鬼

止韵：里李里齿起理耳子杞喜旨你矣

尾韵：几

荠韵：底米济启体礼

语韵：举去语渚暑雨绪去楚所

麌韵：取羽缕柱树主聚府

姥韵：苦土鲁

贿韵：馁罪

寘韵：议瑞易睡罾醼赐

至韵：利弃苊泪地类粹遂寐至醉骥喟费鼻媚致庇备

志韵：意异志记纪

未韵：味气贵

霁韵：诣霁细婿计第契丽砌

祭韵：憩厉岁势例艺

御韵：虑恕

遇韵：裕注遇住赴数

暮韵：误哺度路露

代韵：载逮在

队韵：悖碎对配

泰韵：会外

马韵：也

厚韵：母

职韵：直

迄韵：吃

质韵：一室

德韵：得

锡韵：历

陌韵：剧

1.2.3　明代支鱼相押

(1) 刘基·拟连珠258："资如"

(2) 黄淮·浙江金都指挥事牛公墓志铭283："驱驰"

(3) 黄淮·怡寿处士、怡老征士兄弟合葬志307："渝宜"

(4) 黄淮·兼山山人应君墓志铭312："如归违俱趋余思咨"

(5) 李阶·题四喜图782："舒随"

(6) 何白·善哉行15："愚为"

(7) 何白·哭泉篇17："珠时"

(8) 何白·玉局谣·送袁令君移治兰溪33："词须"

(9) 王毓·和四时诗342："迟居儿书"

(10) 周旋·速碧窗叶先生兰亭书法91："隅书驰池"

(11) 侯一元·感怀343："湄饥鲵余师时"

(12) 侯一元·拟饮马长城窟行342："车疑鱼时"

(13) 王毓·点绛唇102："雨绪语寄水里"

(14) 王叔果·赠郡侯斗冈李公入觐帐词 402:"水去语履"

(15) 黄淮·圣孝瑞应赋 72:"轨雨"

(16) 黄淮·锡滨处士黄公墓志铭 285:"与迩"

(17) 黄淮·耕雨处士叶本源甫墓志铭 318:"许耳"

(18) 黄淮·参政致仕杨公墓志铭 339:"倚膺"

(19) 黄淮·祭环庵虞先生文 361:"歔矣"

(20) 黄淮·故彭城卫指挥佥事张公墓志铭 431:"使距"

(21) 黄淮·故骠骑将军佥后军都督府事吴公神道碑铭 435:"侈旅"

(22) 赵新·苏武羝羊 616:"子主"

(23) 王叔果·壶峰林翁七旬避俗游名山赋赠之 149:"许里"

(24) 王叔杲·祭朱在明光禄 338:"署市许轨"

(25) 季德畿·兰 15:"水距"

(26) 季应祁·试笔 17:"渚水"

(27) 王毓·点绛唇 342:"雨语寄里"

(28) 孔铎·西湖钓隐歌,为金华金氏赋 431:"吕水"

(29) 黄淮·圣孝瑞应诗 3:"地著"

(30) 黄淮·圣孝瑞应诗 3:"治誉"

(31) 黄淮·神龟诗 5:"地著"

(32) 黄淮·祭外叔父宁七处士杨公文 357:"剧臆"

(33) 黄淮·祭副都纲日庵旭禅师文 360:"氏著"

(34) 黄淮·祭副都纲日庵旭禅师文 360:"去义"

(35) 黄淮·龙马歌 371:"宇至符志"

(36) 黄淮·故骠骑将军佥后军都督府事吴公神道碑铭 435:"季著"

(37) 黄淮·夷山处士郭公墓志铭 326:"嗣据"

(38) 谢德瑜·赠沙都事 637:"地雨"

(39) 卓人月·减字木兰花 110:"树爱"

(40) 朱谏·漆室园葵 6:"舍树地岁虑喙"

(41) 朱谏·仝万五峰提学酌瀑布下 43:"契句"

(42) 王激·元日 92:"意句"

(43) 侯一元·感怀 343:"豫意趣贵御刺"

(44) 侯一元·狎鸥亭 585:"吏去"

(45) 侯一元·采莲曲 589:"蒂去"

(46) 侯一元·石上见题字 932:"字去"

（47）黄淮·赠太常博士张公墓碑铭315："委起轨子使仕里与佟迩喜祀美履已始"

（48）黄淮·祭赠太师默庵杨公文362："委峙史古"

（49）黄淮·灵瑞赞392："侣理履祉"

（50）吴万里·杯羹叹729："纪起雨"

（51）高琏·次韵题柳西堂769："止缕里"

（52）章纶·贺石都帅94："子起雨"

（53）王叔果·梅轩为孙君赋11："序始起水几齿履旨史子轨理主缁"

（54）王叔果·贞寿篇包母赋180："宇女纪处旨喜涘理里史"

（55）王叔果·重新半山墓庐及修治亭台径路工竣志感受器84："纪止绪雨俟美泚比伫子主"

（56）侯一元·赠李郡伯814："水起峙尔轨雨"

（57）王叔果·祭景铭侄388："氏齿虚是示瘁萃际励已理"

（58）王叔杲·赠云岩朱明府膺奖36："市子履羽涘苡此耻起水士"

（59）王叔杲·郊外访朱近斋82："绮里渚起雨美水理市"

（60）黄淮·题思亲堂10："枝追居衣其仪私颐期诗"

（61）黄淮·题张运同《东湖旧隐卷》7："枝如陲依时追湄辉悲疲思彝兹"

（62）黄淮·题《望云思亲卷》13："飞如衣缁闱居饥枝涯驰思师期"

（63）黄淮·送缙云县知县朱伯埙考满复职告归省亲17："知蹰熙"

（64）黄淮·四愁赋112："威衣闱吁"

（65）黄淮·一斋范处士墓碣铭265："施辞嬉夷希辉疑绥规宜咨时须移维趋仪车诗"

（66）黄淮·泰宁知县王公墓志铭345："内归须之"

（67）黄淮·题序班吴兴永感堂370："枝悲衣匜晖摧帷躯离之违滋思"

（68）黄淮·龙马歌371："池躯持威"

（69）黄淮·瑞芝颂392："贻居持依期辉"

（70）赵廷松·祭亡女哀词435："归移居归宜悲仪"

（71）季应祈·寄赵太虚647："枝蛴芝眉期"

（72）王湖·岁暮忆王石泉797："飞余微欷"

（73）王叔果·南还眷念山居言怀诒同志25："诸迷期之芝"

（74）王叔果·傅岩瀑105："垂池丝襦"

（75）王叔杲·祭王海坛司训378："颓期琦师驰仪蹄奇微谁晞澌兹疑

诗嬉祁私渝刍辞"

（76）王叔杲·祭佥宪九难公386："需仪咨如期稽车诒机诗缁奇耆随愉辞溰余牌璨兹於归几依悲词其"

（77）王叔杲·长安别王岱灵1："隅知辞迟悲期思"

（78）王叔杲·赠汝修4："移悲资期书闻迷为肥儿辉靡仪枝"

（79）王叔杲·怡斋诗33："兹遾期须斯"

（80）何白·勒遗爱11："思衢知支"

（81）何白·芳树14："而睎居如师"

（82）何白·哭泉篇17："悲稀眉书衣妻绵骊辉杯绨栖帏闺离"

（83）何白·哭泉篇17："儿悲期机衣陲余诒词离时为施依嘶泥"

（84）何白·林氏世贞颂690："欹卑之彝持罹支希居斯微须谁饴儿蕤仪丝眉师垂希归"

（85）侯一麟·奠朱顺斋文325："欹徐"

（86）孔铎·题《白云堆里卷》14："知如"

（87）朱谏·画兰14："如墀"

（88）季德琦·次林原拱韵11："时诗雏夷"

（89）王毓·投赠豫章胡菊潭中书435："湄漪居思诗"

（90）王毓·四时闺怨14："除悲帏非"

（91）虞原璩·纂修大典口占23："基诗疑儒"

（92）王激·鹤氅歌赠刘叔正33："闱趄疑"

（93）侯一元·读鸧赋赋23："辞之肤陁"

（94）柯荣·送周汝烈之顺昌兼东张见一君34："丝蹰辞"

（95）周旋·梅花赋74："辉滋葵蕤奇飞驰期珠悲披舒枝时"

（96）王叔杲·四维箴395："彝维之缁隳知渝遗推支思儿"

（97）柯荣·赠刘冠军长孙出镇三江歌1003："比子死举"

（98）王激·踏莎行99："倚雨语里里水"

（99）黄淮·拟春怨赋69："意几去里悲"

（100）张璁·梦夫人347："此汝死纸"

（101）何白·偕刘忠父饮王恒叔舟中133："几耳土"

（102）何白·客上庸，徐公子期达招饮元和观，地有吕公洞、白云涯诸胜迹143："子水底旅"

（103）何白·将渡靖江，访朱在明光禄，王百谷先生以长句赠别，奉答一首144："此巳齿水黍子涬尔"

（104）何白·留别陈公衡驾部，时予将有庐江之役 164："子死黍己"

（105）季应祁·春秋词 133："里被雨"

（106）孔铎·题山水 69："洗水沚已吕"

（107）孔铎·又分题得通济河："里止渚此举始址矢理里美旅拟洗已禹"

（108）孔铎·过大洋滩悯水夫 168："里水雨许止已里子已理耻取此美"

（109）周旋·速碧窗叶先生兰亭书法 91："此纸雨起"

（110）朱谏·善卷务光 26："里水鬼取史"

（111）朱谏·大若岩 11："里起水雨屿杞弟比趾倚履止驶李"

（112）侯一元·大明礼部儒士西山张君暨配曹墓志铭 1232："仕俯篚址死"

（113）侯一元·思悫箴二十八韵 1246："绮沚尾暑子处主是垒痏委使已迩体咇趾耳理矣体止水毁聚始喜女"

（114）侯一元·雪樵歌赠汪徵君 1364："侣水里始"

（115）侯一元·赠李郡伯 1579："水起峙尔轨雨"

（116）黄淮·处士黎公墓志铭 333："美里易侮侈止委史已迩此祀"

（117）朱谏·题画寄赵雪溪先生 23："女底水海在改"

（118）侯一元·外父大宾王公墓志铭 727："士宇死"

（119）侯一元·祭伏波将军文 754："主米伟士宇峙此沚旅"

（120）侯一元·双节流芳颂 758："仕鄙祀水子楮徙揆士美雨似已嗣喜侈耳矣已弥美起"

（121）侯一元·八咏诗和沈侯，金华道中作 337："里沚己水起以序垒委始"

（122）柯荣·赠刘冠军长孙出镇三江歌 32："士死举"

（123）王激·宝刀歌赠总制刘东圃 400："士齿起雉几语倚俟已"

（124）朱谏·次赵涧边游龙湫韵 28："履水柱起语雨委"

（125）侯一元·感怀 343："里蚁语宇语俍指轨水"

（126）黄淮·赠监察御史房公墓碑铭 293："致志利著嗣寄贵特比已"

（127）黄淮·处士章君墓志铭 349："俱宜施斯第署跂踞裔"

（128）黄淮·沼山先生程世京《行乐小像图》395："自至志坠喟趣愧"

（129）季应祈·《渊明图》645："利意趣气睡"

（130）王叔果·侍郎卓公像赞 400："器气配丽卫毅冀许"

（131）何白·仁暨南交颂 427："懿俱世裔"

（132）侯一麟·奉和家兄述怀 32："事意树"

（133）侯一麟·读史 43："趣利艺易坠"

（134）林碁·古结爱 33："醉贰志聚荔蔽义坠"

（135）章玄应·次常山县 343："里此子驶与浃始"

（136）朱谏·送三弟君沛入南监 1："树坠泪态思记去戏志事地匕废器愧"

（137）朱谏·鲁人有与曾参同姓 8："遂地世智戏婿锯肺试"

（138）朱谏·交池寺 12："寺瘵浃地士世遂醉计弃去"

（139）朱谏·汉赵女飞燕手袖紫玉九雏钗为妹赵昭仪簪髻 21："志伪器地树陛髻气计帝"

（140）朱谏·阿房 22："帝渭树视地世系弃事异泪意"

（141）朱谏·龙须席 26："位视世异地陛裔去被帝记泪去"

（142）朱谏·寄王子扬 33："异利丽次计滞地去制志"

（143）朱谏·题画龙 12："气地澍世济帝意"

（144）朱谏·爱亲堂为赵徽君赋 12："地记二意至树地"

（145）康从理·送别丘谦之计部出守潮阳 343："起倚里绮楮"

（146）柯荣·送王季中游四明武林歌 22："去翻至"

（147）周旋·骢马行春赋 72："位智萃类义值地治士器世毅济比寄二势志水繇异驭气致骧处媚悴事伪意施置利史著寺忌诋愧避至赐叶纪褀比拟"

（148）侯一元·读鸱赋赋 23："市处躅累"

（149）侯一元·感怀 343："羿去艺涕袂"

（150）侯一元·松柏赋 763："祀世异暮"

（151）侯一元·以诗代书示儿 917："趣事去"

（152）侯一元·感怀 343："注处异涕制喟蔽置住"

（153）黄淮·送缙云县知县朱伯垠考满复职告归省亲 17："区规居"

（154）黄淮·客从远方来 118："珠期俱襦如"

（155）黄淮·滋德处士张公墓志铭 286："霓居书余畲躯茹渝污敷舒如趋榆除诬图巫俱腴濡徂墟谀稽"

（156）黄淮·南康县知县致仕徐公墓碑铭 300："时榆车"

（157）黄淮·建宁府儒学训导致仕徐公墓志铭 304："庐如归余渝"

（158）黄淮·承恩堂诗 367："孤谟渝期"

（159）黄淮·题《三山毓秀图》赠黄布政369："与区隅徒裾驱如吴蘩敷殊书趋葵夔车霓躯俱"

（160）谢迁·题王止庵所藏《锦衣公画》741："衣闻余归居疏斯琚趋须书舒围"

（161）王叔杲·祭项为斋314："资词驱思衢区俎"

（162）王叔杲·宫保大司寇谥庄父僖继峰舒公诔辞352："书如儒稀骑居"

（163）张璁·恭和圣制357："驹居谟舆违"

（164）何白·潘景升62："隅驹绥娱祛衢居途都符"

（165）何白·丹阳舟中别王赞夫四首,时赞夫应试北上,予取道白门68："荼瑚都符敷玙躇居儒迯图区"

（166）孔铎·过却金馆道中之作352："余如书铢居遗需之归呼知楣虚车"

（167）王激·鹤氅歌赠刘叔正300："居驰虚"

（168）侯一元·送郑少野持宪湖南527："玙旗书鱼"

（169）侯一元·崛山四寿赋25："隅都崛"

（170）柯荣·前溪行118："襦厨舆闺"

（171）黄淮·四言诗113："阻趾雨"

（172）章纶·恩贶堂诗75："处绪主累举武府组祖补"

（173）王叔杲·别友26："野序古始雨侣"

（174）何白·昆阳人物考颂695："许羽古举堵轨武"

（175）王毓·归朝欢暮春寄友："许语雨水住地寄媚履"

（176）朱谏·元日慈乌有感示长男守宜31："午堵舞苦母暑补祖旨子已雨土屿壃使伫理祀腑"

（177）朱谏·罗南书屋为永嘉吕宗晦赋5："屿水女主吕"

（178）柯荣·哭幼女行357："女似语汝露曙"

（179）黄淮·送澄湛源住江心16："去署媚"

（180）黄淮·送杨德成还吴19："虑趣遂"

（181）侯一元·以诗代书示儿816："趣事去"

（182）王显·仙洲歌赠翁讷庵958："处雾世"

（183）王叔杲·祭朱巽山亲家315："誉蔚茹著"

（184）张璁·园杏276："树恕寓锯慰去处澍具聚遇觑语"

（185）何白·林太公哀辞434："辅土阻午毁舞雨稌羽脯所轨庑处堵父

祖武怒杜妩弩与釜"

　　(186) 章玄应·读陶诗："遇庇虑树裰"
　　(187) 朱谏·明月海棠图 18："主水语"
　　(188) 朱谏·桥上老人 28："去注岁"
　　(189) 侯一元·感怀 343："去树处醉畏絮岁"

　　在明代温州籍文士作品中,支鱼相押共 189 例,其中等立通押的有 46 例(1—46)、鱼韵为从押入支韵的有 106 例(47—152)、支韵为从押入鱼韵的有 37 例(153—189)。从支鱼相押不同类型的数量看,鱼韵为从押入支韵当为主流,即鱼韵的主元音应当是向支韵的主元音靠近演变。

　　刘基(文成)、黄淮(永嘉)、李阶(乐清)、何白(乐清)、王毓(永嘉)、周旋(永嘉)、侯一元(乐清)、王叔果(永嘉)、赵新(永嘉)、王叔杲(永嘉)、季德畿(瑞安)、季应祁(瑞安)、孔铎(温州)、谢德瑜(永嘉)、卓人月(瑞安)、朱谏(永嘉)、王激(永嘉)、谢遥(永嘉)、张璁(永嘉)、柯荣(永嘉)、王显(永嘉)、章玄应(乐清)、吴万里(平阳)、高琏(乐清)、赵廷松(乐清)、王湖(永嘉)、侯一麟(乐清)、虞原璩(瑞安)、季德琦(瑞安)林碁(平阳)康从理(永嘉),作者遍及温州各市县。

　　等立通押中鱼韵入支韵,鱼韵的五音分布:符(唇音)、驱愚书隅余居句车鱼语御去距剧据(三等牙音)、渝誉宇余雨豫俱与歔许(三等喉音)、如趋舒珠须书绪主署渚著树舍趣臂吕旅虑(三等舌齿音),押入支韵的鱼韵主要是三等的舌齿音和牙喉音。

　　鱼韵为从押入支韵的鱼韵五音分布:肤俯暮侮(唇音)、侣吕缕序汝舒旅渚珠序儒如须除徐趄雏躅绪取主刍处书褥需蜍暑伫聚诸女躇住著柱注署趣黍趣树澍楮(三等舌齿音)、土(一等舌音)、古(一等牙音)、语去锯举居驱车隅衢踞惧俱(三等牙音)、与宇余虚羽渝吁愉於雨禹许屿驭余(三等喉音),押入"支"的"鱼"主要是三等舌齿音和牙喉音,也有极个别的唇音、一等的牙音和舌音,但三等舌齿音和牙喉音占绝对优势。

　　鱼韵为主与支韵相押,其中鱼韵的五音分布:污符腑巫吴釜敷父诬武庑妩舞谟符脯母辅府雾(一、三等唇音)、注处絮署树所主虑聚澍女汝茹著恕吕暑曙伫住阻序儒绪舒书如厨褥趋铢珠除趋舒趣需须书雨疏濡殊躇侣(三等舌齿音)、土稌图补堵徒庐荼途杜怒都弩露(一等舌音)、语去遇午锯举语具居觑区隅鱼车衢区驹如衢俱驱隅裾袪躯据俱(三等牙音)、孤古苦(一等牙音)、祖组阻殂徂(一等齿音)、玙誉娱余与舆谀许腴渝屿羽榆与雨墟虚臾许寓余遇(三等喉音)、瑚呼(一等喉音)。与等立通押和鱼韵为从相押相比,鱼韵为主的鱼韵字分布更广,不仅有三等舌齿音、三等牙喉音和一等舌音,而且有一等喉音,一等牙音,一、三等唇音和一等的齿音,即遇摄一等全部参与与止摄相押。现代温州方言中,只有一等的舌齿音和唇音与止摄的读音相近,但喉牙音不相同或相近。

我们现在将历代温州方言中等立通押的鱼韵字与现代温州方音进行比较:

	符	驱	愚	书	隅	余	居	句	车	鱼	语	御	去	距	剧
温州:	əy	əy	əy	ʅ	əy	u	y	y		əy	y	y	y	y	y
瑞安:	u	y	y	əy	y	y	y	y	y	y	y	y	y	y	y
平阳:	u	y	y	y	y	y	y	y	y	y	y	y	y	y	y
永嘉:	u	ɥ	y	əy	y	u	ɥ	ɥ	ɥ	y	y	y	y	ɥ	y
乐清:	u	y	y	y	y	y	y	y	y	y	i	y	y	y	y
文成:	u	y	y	y	y	y	y	y	y	y	y	y	y	y	i

	据	渝	誉	宇	余	雨	豫	俱	与	歔	许	如	趋	舒	珠
温州:	y	u	u	u	u	u	u	y	u	y	y	ʅ	ʅ	ʅ	ʅ
瑞安:	y	y	y	y	y	y	y	y	y	əy	əy	y	əy	y	y
平阳:	y	y	y	y	y	y	y	y	y	y	y	y	y	y	y
永嘉:	ɥ	u	u	u	u	u	u	y	u	ɥ	ɥ	ɥ	y	ɥ	ɥ
乐清:	u	y	y	y	y	y	y	y	y	y	y	y	y	y	y
文成:	y	y	y	y	y	y	y	y	y	y	y	y	y	y	y

	须	书	绪	主	署	渚	著	树	趣	膂	吕	旅	虑
温州:	ʅ	ʅ	ʅ	ʅ	ʅ	ʅ	ʅ	ʅ	ʅ	əy	əy	əy	əy
瑞安:	əy	əy		y			y	əy		y		y	y
平阳:	y	y	y	y	y		y	y		y		y	y
永嘉:	ɥ	y	ɥ	ɥ	ɥ	ɥ	ɥ	ɥ	ɥ	əy	əy	əy	əy
乐清:	y	y	y	y	y	y	y	y	y	y		y	y
文成:	y	y	y	y	y		y	y		y		y	y

明代温州籍文士作品里,支鱼等立通押中,押入支韵的鱼韵字主要是遇摄三等的舌齿音和牙喉音,舌齿音大多读y、ɥ、əy、ʅ,牙喉音也如此,但有一部分读u,读u的,主要在温州,而在一些偏远的地方如文成、乐清,不论牙喉音还是舌齿音一律读y。在鱼韵为主与支韵相押中,除了三等音外,还有一等的牙喉音"孤古苦瑚呼",这些字在现代温州各地方音中均读u,这可能是这些字少,在一个韵段中入韵只有一个,一个u与多个y类音押韵还不至于

非常突兀。在宋、元两代中，一等牙喉音入韵的字比明代少得多。这是语音变化的原因，还是各时代用韵的风尚不同，不得而知，暂存疑。

支韵：枝仪陲彝疲涯驰规知施宜移匜离池随垂琦祁奇随为靡斯骑缡施欹卑罹支漪陁披䙰跂氏丽

脂韵：资追私悲湄饥夷绥咨维葵夔帷眉师谁耆咦迟逵绥彝蕤湄遗楣墀岷维壝

之韵：其颐期诗时思兹缁师熙辞嬉疑之嫠滋持贻芝丝澌兹诒兹词其而基疑

微韵：衣依辉闱飞威希归违晖辉围微欷晞机几肥稀

齐韵：霓稽迷瓈妻骊绨栖闺嘶泥鲵诋

鱼韵：如居蹰襦车书余茹舒除濡墟车与裾蜍疏琚诸於舆袪玙徐虚趄歔著誉茹

虞韵：区吁珠俱须趋驱躯渝敷趋榆诬巫俱腴谀隅殊刍需衢儒驹愚符娱雏铢蹰肤臾趣句

模韵：污图徂庐孤谟徒吴殂谟都途荼瑚呼稌

灰韵：颓摧杯

佳韵：牌

纸韵：倚侈委迩此氏是泚被尔纸绮蚁徙弥咫

旨韵：比死水履轨美示累旨指雉垒鄙揆痏毁簋矢匕视

止韵：子里趾使理祉崎史矣耳起仕喜祀已始涘苢士齿止俟纪已滓市似祀沚趾驶李杞里耻拟治恃

尾韵：扆伟尾

语韵：举语绪去阻旅距侣膂许野序处女吕渚黍汝楮屿伫署所庑

麌韵：雨主羽武府宇缕柱侮聚俯舞腑取禹树辅脯父妩釜

姥韵：古组祖补堵土午苦弩

荠韵：底体弟洗

海韵：海在改

马韵：舍畬野

厚韵：母

寘韵：寄易义睡荔戏智伪置避赐

至韵：瘁萃地媚遂致利至坠喟愧季器冀懿醉贰庇泪寐弃刺位次类瘖骥悴懯

志韵：意纪嗣志自事志禩试寺字吏值忌

未韵：气毅蔚畏贵渭

御韵：曙虑据踞恕觑絮豫御驭

遇韵：住雾寓澍具遇住注

暮韵：露怒暮

霁韵：系第计陛髻帝涕蒂罫契

祭韵：际励裔世蔽喙制艺袂滞

队韵：配内

代韵：爱态

废韵：废肺

候韵：踣

陌韵：剧

职韵：臆

叶韵：叶

1.2.4　清代支鱼相押

（1）周衣德·雨后望隔溪诸山69："之宜眉时岖期姿诗"

（2）李烶·孤屿吟1333："此齿滋渚峙纸起祀耳眦聚址耻史"

（3）宋恕·张楚宝丈招集竹居赋赠771："思意邃世蔚字袂地事至锐泗赐位比丽帜恣媚第卉富肆醉嗜季愧记志谊涕议睇气滞翅计"

（4）徐德元·前调357："砌醉底碎觑异字事"

（5）洪柄文·林神女489："紫止渚"

（6）李象坤·奠天栋叔囧卿64："寄苣异"

（7）王德馨·居辽念家中儿女28："岖亏孤珠梳臞殊躯无裾须如嚅娱濡车锥臾蹰余呼诸居襦扶吾于疏图乎诬区雏"

（8）宋恕·访南条文雄上人赋赠870："书知余初居"

（9）李象坤·探笋352："隅疏濡舒莩予畦臾"

（10）周衣德·九月望日雨24："雨土苦户恃补圃釜乳父午"

（11）李象坤·哭内352："侣许筥古累苦沮拒"

（12）王德馨·鹤骨箫歌11："许此"

（13）洪柄文·托三猪494："尔猪"

（14）李象坤·清尘阁诗358："晖须"

（15）释德立·申江行寄怀钱咏高处士："渚里"

（16）陈祖绶·巫山一片云·九日233："履树"

清代温州籍文士作品中支鱼相押的数量较少，共计16例，其中鱼韵为从押入支韵的有6例(1—6)、鱼韵为主押入支韵的有5例(7—11)、支鱼等立通押的有5例(12—16)。清代支鱼相押数量虽少,但通押的类型与宋、元、明是一致的。从通押的类型及数量的分配,清代支鱼通押也应当是鱼押入支,即鱼韵的主元音向支韵的主元音靠近。

周衣德(乐清)、李烶(乐清)、宋恕(平阳)、徐德元(乐清)、李象坤(乐清)、王德馨(永嘉)、洪柄文(瑞安)、释德立(瑞安)、陈祖绥(永嘉),作者遍及温州主要县市。

鱼韵为从押入支韵的情况中,鱼韵字的五音分布:岖觑(三等牙音)、渚渚聚(三等齿音)、富(三等唇音)、苢(三等舌音),主要是三等牙音和舌齿音,这与历代的情况是一致的。

鱼为主与支相押的鱼韵字的五音分布:无父扶荸釜诬圃补(一三等唇音)、沮侣笞初雏书蹰襦珠诸梳殊须如嚅濡疏乳舒(三等舌齿音)、土图(一等舌音)、岖居拒臞躯裾隅区吾车(三等牙音)、娱臾余於予雨午许(三等喉音)、呼乎孤户古苦(一等牙喉音),除了一等牙喉音外,其他音与现代温州方音读音基本相同。

等立相押的鱼韵字的五音分布:许(三等喉音)、猪须渚树(三等舌齿音)。仅有三等喉音和舌齿音,没有例外。

现在将古代温州方言中以鱼为主与支相押的鱼韵字在现代温州各地的读音进行比较:

	无	父	扶	荸	釜	诬	圃	补	沮	侣	初	雏	书	蹰	襦	珠
温州:	u	əy	u	əy	u		əy	əy	əy				ʅ		ʅ	ʅ
瑞安:	u	u							y				əy		əy	əy
平阳:	u	u	u	u		u	u		y	u	y		y			y
永嘉:	u	u	u				u		əy				ɥ	ɥ		ɥ
乐清:		u	u	u	u				y					y	y	y
文成:		u	u	u			y	y	y					y	y	

	诸	梳	殊	须	如	濡	疏	乳	舒	土	图	岖	居	拒	臞	躯
温州:	ʅ	ʅ	ʅ	ʅ	ʅ	ʅ	ʅ	əy	əy	əy	y	y				
瑞安:	y		əy	əy	əy	əy	əy		əy	əy	əy	y	y	y		
平阳:	y	u	y	y	y	y	y		y	y	y	y	y			
永嘉:	ɥ	ɥ	ɥ	ɥ	ɥ	ɥ	ɥ	əy	ɥ	ɥ	ɥ	ɥ	ɥ			ɥ
乐清:	y	y	y	y	y	y	y		y	y	y	y	y	y	y	y
文成:	y	y	y	y	y	y	y		y	y	y	y	y	y	y	y

	裾	隅	区	吾	车	娱	臾	余	於	予	雨	午	许	户	古	苦
温州:	y	y	y		y		u	u	u	y	y		y	u	u	u
瑞安:	y	y	y		y			y			y		əy	u	u	u
平阳:	y	y	y		y		y	y		y	y		y	u	u	u
永嘉:	ɿ	y	ɿ		ɿ			u			u		ɿ	u	u	u
乐清:	y	y	y		y			y			y		y	u	u	u
文成:	y	y	y		y		y	y		y			y	u	u	u

一等舌音及部分齿音读 əy、y、ɿ,这与其他的三等舌齿音和牙喉音的读音相同,而部分唇音字在温州地区可分为两类:温州城区有一部分唇膏音读 əy,如"父、补"两字;而其他唇音及在不同地区的唇音基本读 u,这说明唇音也是在不断分化的过程中。所以部分唇音和一等牙喉音能参与到与止摄相押,这与"父、补"两字的情况相同。

支韵:宜亏知

脂韵:眉姿锥

之韵:之时期诗

微韵:晖

齐韵:畦

虞韵:岖珠膢殊躯无须娱臾扶诓区雏须隅莩臾

鱼韵:梳裾如嚅濡车踞余诸居襦於疏书初余猪沮濡舒予

模韵:孤呼吾图乎

纸韵:此纸眦紫尔履

旨韵:比

止韵:齿峙起祀耳址耻史恃止

语韵:渚许莒拒筥侣

麌韵:聚雨釜乳父树

姥韵:土苦户补圃午古

荠韵:底

真韵:赐谊议翅寄累

至韵:遂地至泗位恣媚肆醉嗜季愧

志韵:思意字事帜记志异

未韵:蔚卉气

御韵:觑

霁韵:丽第涕睇计砌

祭韵：澨世袂锐滞

队韵：碎

宥韵：富

《音画字考》中,止、蟹摄三、四等的大部分合口字读音与遇摄的大部分字读音相同：

第二类,包括遇摄一等的舌音字,止摄和遇摄三等牙音、舌齿音的合口字：乌猗梳素数,威于委雨宇羽禹莩秽畏虚辉墟吁嘘许毁伟讳纬书苏舒虽水暑黍岁税庶吹粗炊趋区都赌堵土吐兔朱车锥珠租龟圭居佳且诸主鬼举嘴癸跬柱句桂贵季倨驻著除锤葵逮蜍储绪跪柱矩巨宁坠吕履类虑路露如谁儒树瑞遂余为愉畬位胃谓尉雨遗。

第十六类,包括止摄日纽部分字和模韵的疑纽字：二贰珥吾梧吴蜈鱼午五伍悟;蟹摄三、四等字与遇摄、假摄等个别韵字同：稽鼠杵绮世戏势舍徐蛇余齐蛴屿。

在现代温州话中,遇摄三等舌齿音的主元音为 ɿ,如诸姝朱诛珠主著驻注柱住蛀铸除锄础处舒输殊黍署数竖树如儒乳聚趋取娶需须絮序叙绪,而止摄的舌齿音多为 ɿ,见上。止摄部分合口喻纽字、齐韵的匣纽字、祭韵的喻纽字,如慧惠威维卫位畏胃谓等读 u;而遇摄的唇音字、牙喉音字大多读 u,如捕普夫肤符斧姑古股固顾枯苦库呼胡湖狐乌无武於余于愉与雨誉喻等。鱼韵的部分舌齿音读 ei,如猪煮鼠薯徐等;而止摄、蟹摄三四等的唇音、舌头音、半舌音和齐韵的齿音读 ei。遇摄三等牙音部分读 y,而止、蟹摄三四等的牙音的读音相同,为 y,如居拘驹举据锯巨拒距具惧区驱渠去虚嘘许愚遇寓、遇摄部分唇音和一等舌齿音读 əy,而至韵的"类"亦读 əy。自成音节 ŋ 有止、遇两摄的韵字,如儿耳二吴梧五悟娱。也就是说现代温州话中《广韵》止摄、遇摄部分读音是相同。在宋代,支鱼相押仅限于止摄与遇摄相押,除仅个别的蟹摄字押入遇摄,这说明虽然在宋代蟹摄正在向止摄语音接近发展,但各自的差别还较明显,还没有能与遇摄相押,而到了元代及其后,蟹摄的齐灰泰等一、三、四等韵开始与遇摄相押,但二等皆佳韵很少见到与遇摄相押,这同样说明二等皆佳韵与蟹摄一、二、四等的元音不同。德质部入声在元代开始与支鱼韵相押,到明代亦如此,这说明元代德质部的入声韵尾开始脱落,向阴声韵发展;在历代支鱼相押中,在鱼韵为从押入支韵的和等立通押中,主要是三等舌齿音和牙喉音、一等舌音和部分唇膏音,没有例外,但在以鱼韵为主与支韵相押中,主要的鱼韵字也与上述两种情况相同,但还有部分一等牙喉音,这一情形在明清比较明显,但总的入韵字不是太多,这可能是每一个韵段中,只有一个牙喉音字,不至于影响押韵的效果。

马韵的"也"在元代、"舍"在明代诗韵中,就读入止摄。

1.3 萧豪与尤侯互叶

1.3.1 宋代萧尤相押

(1) 薛季宣·春愁诗效玉川子 28693:"锼愁刍谋缪绸楼浮钩头牢绸忧柔虬尤喉不由周留休舟蠘游丘讴秋䅈眸头"

(2) 薛季宣·天闺铭 258/36:"求遥游"

(3) 夏元鼎·满江红 48:"老垢否斗友守浩酒"

(4) 周行己·祭张子充文 137/178:"旧茂否首表授纠救寿枢久友朽有就皱久偶守酒"

(5) 叶适·祭吕太史文 287/45:"就冒胄奏谬咎酎"

(6) 薛季宣·右赋巴丘 28722:"摇由"

(7) 刘安上·耘斋 138/3:"苗畴"

(8) 薛季宣·广汤盘铭 258/31:"高俦"

(9) 薛季宣·行吟 257/99:"摇由"

(10) 周行己·征妇怨 14359:"旧老"

(11) 叶适·朱娘曲 31215:"否好"

(12) 叶适·登北务后江亭赠郭希吕 31222:"好否"

(13) 释如珙·偈 41216:"浩啾"

(14) 林正大·括虞美人 2459"叟少"

(15) 薛季宣·八阵图赞 258/41:"后讨"

(16) 薛季宣·灵芝赋 257/49:"宝葆后道首"

(17) 俞德邻·鲁琛铭 357/382:"阜草"

(18) 刘黻·梅花赋 352/396:"昭招骚投遭敖高"

(19) 薛季宣·秋空辞 28698:"考口道"

(20) 释智朋·朝阳穿破衲 38540:"少了透"

(21) 周行己·祭刘起居文 137/180:"道好表教造授妙孝要讨奥漏有厚寿究悼救旧疚搅否"

(22) 叶适·陈叔向墓志铭 286/238:"富茂庙"

宋代温州籍文士作品中萧尤相押共 22 例,其中尤韵为主与萧韵相押有 5 例(1—5)、萧尤韵等立通押有 12 例(6—17)、萧韵为从与尤韵相押 5 例(18—22)。以萧入尤和以尤入萧及等立通押的数量看不出是萧韵向尤韵演变,还是尤韵向萧韵演变。

薛季宣(永嘉)、夏元鼎(永嘉)、周行己(永嘉)、刘安上(永嘉)、叶适(永嘉)、释如珙(永嘉)、林正大(永嘉)、刘黻(乐清)、释智朋(雁山),作者主要分布在永嘉和乐清两县。

以萧入尤的,其中萧韵字有一、三、四等字,而尤韵字有一、三等,即尤韵一、三等与萧韵一、三、四等分别相押;等立通押中,萧韵字有一、三等两等,尤韵是一、三两等,萧韵与尤韵的相押有一等押一等,也有三等押一等的;以尤入萧的,尤韵字有一、三等,而萧韵字有一、三、四等,即萧韵一、三、四等与尤韵的一、三等相押。两韵相押与各自的等没有关系。

我们现将等立通押十例中的韵字与现代方音进行比较:

	摇	由	苗	畴	高	侔	旧	老	否	好	浩	啾	叟	少	后	讨
温州:	iɛ	iau	iɛ	ieu	ə	ə	iau	ə	ə	ə	ə	ieu	ieu	iɛ	au	ə
瑞安:	yø	iau	ie	əu	ɛ	ɛ	iau	ɛ	ɛ	ɛ	ɛ	əu	əu	yø	au	ɛ
平阳:	yø	iau	yø	ieu	ɛ	ɛ	iau	ɛ	ɛ	ɛ	ɛ	ieu	au	yø	au	ɛ
永嘉:	yɔ	iau	yɔ	ieu	ə	ə	iau	ə	ə	ə	ə	ieu	ieu	yɔ	au	ə
乐清:	ɤ	au	ɤ	iu	ɤ	ɤ	au	ɤ	ɤ	ɤ	ɤ	au	au	ɤ	au	ɤ
文成:	yø	iau	ie	ieu	ɛ	ɛ	iau	ɛ	ɛ	ɛ	ɛ	ieu	ieu	yø	au	ɛ

在宋代温州籍文士作品中,尤萧相押,既有尤韵的细音与萧韵的细音相押(摇与由、苗与畴),也有尤韵的洪音与萧韵的洪音相押(高与侔、后与讨),有尤韵的细音与萧韵的洪音相押(旧与老、否与好、啾与浩),也有尤韵的洪音与萧韵的细音相押(叟与少)。在现代方音中,除了尤韵系的唇音部分变为ə外,其他洪音都读au、细音都读iau;而萧韵系除了一等读ə外,其他的都读iɛ,各地的音值虽不相同,但有一点是共同的,萧韵系都读单元音。从宋代押韵情况看,尤萧两韵的主元音应该相近。在中古音中,侯韵的拟音为əu、尤韵的拟音为iəu;豪、肴、宵、萧的拟音分别为ɑu、au、jæu、iæu。流摄与效摄的共同点是有一个元音韵尾u,两摄主元音虽不同,但流摄的主元音为央元音,这与ɑ、a、æ等主元音押韵应该是可以的。现代方音与宋代的押韵情况不能对应。我们还是看看元代的情况。

豪韵:牢遭敖高骚

宵韵:摇苗遥昭招

尤韵：锼愁谋缪绸浮绸忧柔虬尤不由周留休舟游丘秋䆀畴求啾

侯韵：楼钩头喉齁讴投

皓韵：老考道好浩讨造

巧韵：搅

小韵：少

篠韵：了表

有韵：否友守酒有寿疚首寿久守

黝韵：纠

厚韵：口后厚偶

号韵：奥悼

效韵：孝

笑韵：妙要

宥韵：旧授究救枢就皱

候韵：透叟垢斗漏茂

1.3.2　元代萧尤相押

（1）李孝光·送医师王宜往维扬146："周投瘳酬高谋收球"

（2）陈高·咸兴诗559："悠流矛聊叶力虬切霄思留切畴侯州刘仇猷谋周修秋"

（3）张天英·和陈伯良韵代荡子妇作394："酒斗小"

（4）李孝光·送熊括侍父至京师172："手鹅口负斗取首牖潞走受友蹂母咎绥柳道酒揉肘朽缶"

（5）高明·琵琶记·前腔164："后久走州佑扫有舅"

（6）李孝光·题铁仙人琴书安乐窝235："有保"

（7）林景熙·宾月堂赋11/33："缪照"

（8）张协状元·祝英台近93："梢候沼笑"

（9）高明·琵琶记·神仗儿91："耀照剖袍"

（10）高明·琵琶记·前腔93："表了招剖"

（11）高明·琵琶记·赚208："啤剖讨缟保"

（12）无名氏·白兔记·前腔61："讨缟口老熬"

元代温州籍文士作品中萧尤相押12例，其中以萧入尤的5例（1—5）、萧尤等立通押的2例（6—7）、以尤入萧的5例（8—12）。不论是以萧入尤的、以尤入萧的，还是等立通押，大多是一字杂入，旗鼓相当。以萧入尤的5例中，萧韵系一等字就有3例，一等字与尤韵系一、三等相押。陈高《咸兴诗》有两个萧韵系字杂入尤韵系,其给两字注音为"聊叶力虬切、霄叶思留切",这是否可以说明两点:一是萧韵系向尤韵系方向发展;二是元代温州话萧韵系三、四等字与一等字发展不平衡,一等字更与尤韵系接近。所以陈高需给两字做注音。注音是否可以说明这样的押韵在温州应为他人所认可。萧韵系应还有韵尾。

以萧入尤的,其中萧韵字有一、三、四等字,而尤韵字有一、三等,即尤韵一、三等与萧韵一、三、四等分别相押,但主要是一等字相押;等立通押中,萧韵字有一、三等两等,尤韵是三等,萧韵与尤韵相押有一等押三等,也有三等押三等的;以尤入萧的,尤韵字有一等,而萧韵字有一、三、四等,即萧韵一、三、四等与尤韵的一等相押。

李孝光(乐清)、陈高(永嘉)、张天英(永嘉)、高明(瑞安)、林景熙(平阳)、《张协状元》(永嘉)、《白兔记》(永嘉),作者分布温州主要县市。

元代温州方言中萧尤相押与现代温州方音还不能完全对应,因为只有萧韵一等的豪韵字与尤韵系的唇音字读音相同,都读 ə,豪韵字与同摄的其他二、三、四等字的读音也不同。

尤韵:周酬谋收球瘳悠流矛畴刘仇猷修秋蹂绶揉州

侯韵:投侯

豪韵:高袍熬

肴韵:梢

宵韵:霄招

萧韵:聊

皓韵:道保扫㘅讨缟讨缟老

小韵:小沼

筱韵:表了

有韵:酒手鹋负取首牖滫受友柳肘朽缶有久舅咎

厚韵:斗口走母剖后

笑韵:照笑耀照

宥韵:佑

候韵:候

1.3.3 明代萧尤相押

(1) 黄淮·圣孝瑞应诗3:"遥休"

(2) 逆川·赵州勘婆子5:"少口"

(3) 侯一元·寄题浦东别墅894:"亩好"

（4）黄淮·神龟诗5："庙茂"

（5）刘康祉·送刘长孙守备三江1063："猷裘筹秋符涛讴俦谋游"

（6）孔铎·友松堂为鲍士高先生赋126："久九偶友后苟有阜吼抱守斗寿受后厚酒柳否朽"

（7）朱谏·《二叟图》30："柳叟手吼厚取守后手斗久堡走薮九朽首保右腩口莠有酒友否讨狗瓿老"

（8）黄淮·祭亲家守约处士金君文359："寿究缪悼"

（9）赵廷松·朝阳楼赏月看花次朱荡南韵126："早扫少草否好酒老"

（10）张天麟·拟古1029："浩道草亩讨"

（11）王叔果·遣役修塘作168："小潦眇道沼扰倒稿亩考宝"

（12）何白·木父老兄以书抵予,云秋色甚佳,思与故人握手,一回相见一回老,殊念念也。予读之怅然,因足成篇,用寄木父212："老抱手渺矫倒鸟杪皛缟裒保饱扫宝草讨绕醥夭"

（13）朱谏·送平阳夏先生32："早渺草道槁表宝否倒扫巧了剖讨小眇"

明代温州籍文士作品中萧尤相押13例,其中萧尤等立通押4例（1—4）、以萧入尤的4例（5—8）、以尤入萧的5例（9—13）。在以萧入尤4例中,萧韵系一等字有3例,萧韵系一等字与尤韵系一、三等相押无碍;在以尤入萧5例中,唇音字为主的有4例,尤韵系唇音字与萧韵系相押有一、三等字,但观察其左右,主要是与一等字相毗连,如"草否好酒老"、"浩道草亩讨"、"倒稿亩考宝"、"宝否倒扫"、"剖讨"。在明代萧尤相押中,已露出与宋、元不同的发展趋向：一是萧韵系一等字与尤韵系更接近；二是萧韵系和尤韵系均有韵尾。

黄淮（永嘉）、逆川（瑞安）、侯一元（乐清）、刘康祉（永嘉）、孔铎（温州）、朱谏（永嘉）、赵廷松（乐清）、张天麟（永嘉）、王叔果（永嘉）、何白（乐清）,作者主要分布在永嘉、乐清和瑞安三地。

豪韵：涛

宵韵：遥夭

虞韵：符

尤韵：休猷裘筹秋俦谋游缪

侯韵：讴

皓韵：早扫草好老浩道讨倒稿考宝抱缟饱堡保槁

巧韵：巧

小韵：小潦眇沼扰矫杪绕醥渺

篠韵：鸟皛袅表了

有韵：否久九友有阜守寿受酒柳朽取手薮首右牗莠

厚韵：亩偶后苟吼斗后厚叟走口狗瓿

号韵：悼

笑韵：庙

宥韵：究

候韵：茂

1.3.4　清代萧尤相押

张元彪·岁暮吟寄芸墅1413："槁扫倒好早老皓抱小宝捣剖道"

清代温州籍文士作品中萧尤相押仅一例，为以尤入萧，与尤韵相押的萧韵系主要是一等韵字，而尤韵字是一等唇音字。张元彪为永嘉人，其生卒年分别是 1700 和 1749，为清朝前期的人。张元彪该诗的押韵与现代温州方音的情况基本吻合。这可以说明，萧韵系特别是一等字与尤韵系唇膏音字已合流，萧韵系的韵尾已脱落，而且与除唇音字外，与尤韵系相分离，萧韵系的一等与其他二、三、四等的元音相分化。

皓韵：槁扫倒好早老皓抱捣道

小韵：小

厚韵：剖

《音画字考》中，流摄部分唇音字与效摄一等字读音同。

第十五部，鏖奥蒿薅好高糕稿告靠褒保报哀剖刀倒到叨滔讨遭早灶操草嫂曹造唠劳牢老潦涝恼桃逃绹道盗道豪浩昊号浮蜉苯涪缶毛谋眸牟亩牡茂袍抱。

现代温州话与《音画字考》基本相同，读 ə，如亩牡浮剖谋否褒宝保堡报抱袍毛茂刀岛倒道具稻盗滔桃陶淘劳牢老遭早枣造劳草骚臊嫂膏糕考告豪好。而在历代诗韵中，除了流摄的部分唇音字如"否谋亩否茂剖"等字押入豪韵外，这些字还与效摄其他二、三、四等相押，而且流摄的非唇音字也与效摄字相押；效摄字也押入流摄。这说明效摄与流摄在历史上读音比较接近，而且两摄部分相同韵字的范围比现代要大一些。在宋代，萧尤韵主要是两韵系的主要元音相近，而且韵尾相同，所以两韵系相押，从等方面看不出主从相押，也看不出其语音取向；元代，陈高《咸兴诗》给两个萧韵系字注音与尤韵系相叶，这说明元代萧尤相押，主要是萧韵系向尤韵系靠拢，两韵系的主要韵尾均在，但萧韵系一等与二、三、四等的主元音的发展不平衡；明代萧尤相押已显示了与宋、元不同的情况,即萧韵系一等字与尤韵系相押数量显然高于其他等的韵字,但两韵系的韵尾应尚存;清代萧尤相押仅一例,张元彪为清朝前期人,虽只有一例,但其押韵与现代语音非常吻合,这说明在清朝前期,萧韵系的韵尾脱落,与尤韵系相分化,但尤韵系的唇音字与其他四音相分离,而与萧韵系一等字相合流,但萧韵系一等字与其他二、三、四等字的主元音亦分化。

1.4 歌麻相押

1.4.1 宋代歌麻相押

(1) 许景衡·庚子岁作 15511:"华涯嗟耶哦家何"
(2) 王十朋·游西岑遇雨 22601:"嘉涯花家霞麻髟蜗槎"
(3) 薛季宣·右启愤 28718:"花葩柯"
(4) 陈傅良·暮之春 29218:"嘉涯华家何"
(5) 释如琪·偈 41225:"差沙他"
(6) 薛季宣·祭外舅文 258/70:"遐娑霞"
(7) 陈傅良·暮之春 267/3:"嘉涯华家何"
(8) 刘黻·梅花赋 352/396:"奢家瑕阿魔嗟"
(9) 释智朋·偈 35825:"马掇大"
(10) 薛季宣·九奋 28718:"它瑕嘉何"
(11) 薛季宣·右行吟 28723:"沙波"
(12) 薛季宣·灵芝赋 257/49:"哗歌"
(13) 薛季宣·种竹赋 257/85:"柯加"
(14) 薛季宣·七届 257/86:"和华"
(15) 薛季宣·怨春风 257/95:"花葩何柯"
(16) 薛季宣·沈湘 257/100:"沙波"
(17) 叶适·祭内子令人文 287/75:"差多"
(18) 俞德邻·斥穷赋 357/283:"座哑"
(19) 薛季宣·启愤 257/94:"和它瑕嘉何"
(20) 刘黻·遂志赋 352/395:"沙罗他何"
(21) 陈傅良·祭朱处士文 268/321:"科多家磋摩何嗟讹阿"

宋代温州籍文士作品中歌麻相押共计 21 例,其中以歌入麻 9 例(1—9)、歌麻等立通押 9 例(10—18)、以麻入歌 3 例(19—21)。从外部特征看,看不出是以麻入歌,还是以歌入麻。

在以歌入麻的，我们先看歌韵、麻韵的五音分布：哦何何何阿蜗（喉音）、柯（牙音）、髟娑（齿音）、他大（舌音）、魔（唇音）；华华耶涯涯瑕涯霞遐花花霞（喉音）、嗟槎奢沙差嗟（齿音）、家嘉嘉家家家（牙音）、麻马葩拶（唇音）。两部相押，牙喉音字较多，且出现的频率也很高。

许景衡（瑞安）、王十朋（乐清）、薛季宣（永嘉）、陈傅良（瑞安）、释如珙（永嘉）、刘黻（乐清）、释智朋（雁山）、叶适（永嘉）、俞德邻（平阳），作者遍及温州各县市。

我们现在将等立通押的韵字与现代温州方音进行比较：

	座	瑕	嘉	何	沙	波	哗	歌	加	和	华	花	葩	差	多
温州：	o	o	o	u	o	o	u	o	o	u	o	o	o	o	əu
瑞安：	o	o	o	o	o	o	u	uo	o	u	o	o	ou	o	əu
永嘉：	o	o	o	o	o	o	u	o	o	u	o	o	o	o	əu
平阳：	o	o	o	o	o	o	u	o	o	o	o	o	o	o	u
文成：	o	o	o	o	o	o	u	o	o	o	o	o	o	o	u
乐清：	ou	ou	ou	ou	ou	u	ɯ	ou	ou	u	uɯ	uɯ	ɯ	ou	nu

除了乐清部分歌韵字与麻韵字的读音相同外，其他五地的歌韵字与麻韵字的读音大多不同，歌多读为 u，而麻韵多读 o。歌麻同音是汉语语音史中的一种古老的语音现象。中古麻韵字分别来源于上古的歌、鱼两部，从汉代开始，鱼部麻韵字即已归歌（罗常培、周祖谟，1958），汉代诗歌辞赋歌麻相叶很正常，这种状态一直延续到魏晋（丁邦新，1975），然魏晋诗人上去声用韵显示歌麻分用的趋势（周祖谟，1996）。梁至隋代歌麻完全分用（李荣，1961）。而温州古代方言中歌韵字的语音分化非常复杂，据郑张尚芳先生研究温州城乡竟有 11 种读法之多。其中最古老的读音当为 ai，如"个、饿"等。最常见的是 o 和 u。郑张尚芳先生指出复元音单化—前元音低化—低元音后移高化—高元音声化、前移、复化的连续过程。郑张尚芳先生认为 ai 是最老层（上古音），ε、a 是次老层（南北朝），o 是渐新层，u 是次新层。u 是从 o 后移高化而成，但 u 何时从 o 高化并完成这一音变，郑张尚芳先生没有给出一个确定的时间。宋代的温州用韵歌韵与麻韵，不论是等立通押，还是以麻入歌、以歌入麻，两韵相押无阻。这说明，宋代的歌韵字主要是读 o，尚未从 o 高化为 u。

歌韵：哦何柯它波他歌多阿

戈韵：髽蜗和娑科磋摩讹罗魔

麻韵：华嗟耶家嘉花霞麻槎葩瑕沙差哗加遐奢赊斜蛇夸遮雅鸦笳芽

佳韵：涯佳

马韵：马哑瓦者打

卦韵：画挂

祃韵：跨罅夏射下

个韵：大

过韵：座

（1）周行己·重游仙岩14382："赊华霞涯"

（2）许景衡·驻马诗15533："斜沙涯家"

（3）许景衡·寄题叶希圣申申亭15536："斜蛇涯家"

（4）许景衡·送吴师常15539："家槎他涯"

（5）许景衡·寄陈仲山15559："嗟花涯霞"

（6）许景衡·送商霖兼简共叔15572："夸遮家雅涯"

（7）许景衡·还自乐寿寄卢行之15575："家涯槎"

（8）林季仲·悼潘君秀才19952："家涯鸦笳"

（9）林季仲·次韵希父见寄19955："华家嘉涯"

（10）王十朋·宣和乙巳冬大雪次表叔贾元实韵22587："加华赊涯"

（11）王十朋·千叶红桃22641："佳花"

（12）王十朋·四日雪坐间有江梅水仙花因目曰三白22857："涯佳花"

（13）薛季宣·樊冈雨后弥望皆平芜绿草无复花矣28625："佳花沙芽"

（14）曹穑孙·贺新郎66："画瓦口跨罅夏挂射下哑者打"

上述十四例，说明宋代温州地区方言中部分佳韵字已与麻韵字合流，这也是通语韵系音变的反映。

1.4.2 元代歌麻相押

（1）李孝光·水调歌头948："歌多沱琶花挝涯车"

（2）张协状元·油核桃51："呵夜做话"

（3）高明·琵琶记·前腔换头177："架磨我下"

（4）高明·琵琶记·醉太平177："暇么罢堕"

（5）高明·琵琶记·绕池游196："卧妥果雅画咱"

（6）高明·琵琶记·二郎神197："破些寡娥"

（7）无名氏·白兔记·临江仙53："魔怕"

（8）无名氏·白兔记·普天乐120："马下挫大"

（9）李孝光·与朱希颜会玉山人家书其壁243："蛇霞家车哑茶挝花波嗟多何"

（10）郑昂·林处士幽居458："遮花家莎"

（11）张协状元·马鞍儿183："洒荷华"

（12）高明·琵琶记·前腔198："麻麻妈何"

（13）张协状元·油核桃51："家瓦我挂"

（14）张协状元·赛红娘86："嫁诈它"

（15）张协状元·乌夜啼156："下华假它"

（16）张协状元·望梅花170："呵瓜下"

（17）高明·琵琶记·普天乐102："妈家话饿锉"

（18）高明·琵琶记·前腔111："也挂舍他"

（19）高明·琵琶记·前腔换头176："怕差躲话"

（20）高明·琵琶记·前腔177："可家挂妈"

（21）高明·琵琶记·十二时196："也可下"

（22）高明·琵琶记·前腔换头198："堕茶靶沙"

（23）张协状元·太子游四门190："多多茶呵"

（24）高明·琵琶记·红衫儿176："何过些祸"

（25）张协状元·赵皮鞋161："它何打"

（26）高明·琵琶记·三换头110："锉家花堕何"

（27）高明·琵琶记·梅花塘144："价个何他"

（28）高明·琵琶记·啭林莺198："华他裹罗"

（29）高明·琵琶记·前腔199："话可大"

（30）李孝光·次三衢守马昂《书垒》韵225："歌多蛙戈呵磨倭禾傩啰酡"

元代温州籍文士作品中歌麻相押共计31例，其中等立通押9例（1—9）、以歌入麻14例（10—23）、以麻入歌8例（24—31）。歌麻相押有31例，但是主要来自《张协状元》《白兔记》《琵琶记》，三部南戏就有26例，南戏的口语性很强，包括用韵。三部南戏虽创作地为永嘉（今温州）、瑞安，但其演出或观众并非仅是温州、瑞安两地。因此，其用韵应为广大的观众接受。我们还是看看所有歌韵五音的分布情况：

磨破么波（唇音）、它他何多罗沱堕沱躲大妥酡傩啰（舌音）、锉挫莎（齿音）、歌戈挝我可饿娥果裹过个（牙音）、呵祸卧禾何倭荷挝（喉音），在元代，与麻相押的歌韵字五音俱全，其中舌音和牙喉音韵字较多，且频率较高。

郑张尚芳先生(1983)指出:"温州歌韵发展脉络已清楚,原来统一读 o(近似今绍兴话),唇音与合口字等先高化为 u,其他字再逐步跟上,随后出现 u 元音声化、复化、前移等现象。"我们再看元代的入韵的歌韵字,遍及开合口,且与麻韵字相押,元代的歌韵字应尚未高化为 u。

歌韵:歌多波何荷呵过呵它呵他娥酡

戈韵:沱挶莎祸锉堕罗戈倭禾儺啰魔

麻韵:琶花车蛇霞家哑茶嗟遮洒华些麻妈瓜差暇靶沙

佳韵:涯娃蛙

哿韵:我饿可

果韵:躲妥果裹

个韵:个大

过韵:磨么卧破挫

马韵:瓦下假打也雅寡马

祃韵:夜嫁诈舍价怕架

卦韵:话挂罢画咱

1.4.3 明代歌麻相押

(1) 刘基·九叹 277:"禾芽"

(2) 刘基·折杨柳 294:"鸦和"

(3) 刘基·渔歌子 707:"窠槎"

(4) 何白·感述 46:"沙家戈邪河何"

(5) 赵廷松·松涧 133:"下坐"

(6) 刘基·送龙门子入仙华山辞 282:"华葩髽"

(7) 刘基·老病叹 501:"花瘸芽牙戈差加耶哗"

(8) 刘基·鸡鸣一首赠宗文侄 390:"禾麻家"

(9) 刘基·遣兴 592:"讹花加涯"

(10) 黄淮·南康县知县致仕徐公墓碑铭 300:"途科华"

(11) 黄淮·竹庵处士吴公墓志铭 305:"家颇华遐差多歌嗟"

(12) 赵廷松·广德寺登高 237:"华家窝"

(13) 鲍嘉蕴·悼卓忠贞 735:"家他加赊鸦"

(14) 何白·勒遗爱 11:"家豜麻摩那"

(15) 侯一元·双节流芳颂 758:"嘉家麻和"

(16) 刘基·五杂俎 342:"果马下"

（17）朱谏·谢章千峰章青阳二先生惠柑35："驾夜舍射价咤下榭话罢大化谢卸罅"

（18）章纶·秋兴217："多禾蛇河歌"

（19）何白·隔谷歌12："华鹅罗柯何"

（20）何白·咏怀44："阿华葩霞砢柯娑"

（21）何白·程中权62："歌砢柯河波跎华"

（22）何白·因郝明府寄李太史本宁先生67："波峨霞它华阿葩颇何"

（23）姜伟·病愈柬钧大翁彭伯升兼黄全21："多过科差娑"

明代温州籍文士作品中歌麻相押计23例，其中歌麻等立通押5例（1—5）、以歌入麻12例（6—17）、以麻入歌6例（18—23）。不论是以麻入歌，还是以歌入麻，多以典型的主从相押出现，即只有一个韵字杂入。其中刘基有8例，何白有6例。

刘基（文成）、何白（乐清）、赵廷松（乐清）、黄淮（永嘉）、鲍嘉蕴（瑞安）、侯一元（乐清）、朱谏（永嘉）、章纶（乐清）、姜伟（永嘉），作者遍及温州主要县市。

明代温州籍文士作品中歌麻相押，歌韵韵字的入韵情况为：颇摩波颇那（唇音）、多他果大罗跎它（舌音）、鹅歌砢柯窠歌科戈过峨讹（牙音）、坐髟娑（齿音）阿何禾河和窝（喉音）。刘基《郁离子》云："东瓯之人谓火为虎，其称火与虎无别也。""火"为果韵字，"虎"为姥韵字，"火为虎"是说明东瓯之人果韵字读成姥韵字，果韵归并到姥韵。刘基所说的是上去声的情况，还是所有声调都是如此。因为明代歌麻相押共23例，其中刘基一人就有8例，但其歌麻相押，平声7例，上声1例。《广韵》模、歌、麻为三韵，温州历代方言中歌麻同韵是古音在后代的延续，模歌同韵应是的歌韵的发展与模韵合流，这应是后来的音变现象。据刘基记载和宋元诗文用韵可知，歌原与麻为一韵，现又与模为一韵，歌韵既与麻韵相押，又与模韵相押。这一现象如何解释：郑张尚芳先生认为读音的分化过程还在继续进行中，所以产生众多的两读现象和其他不稳定现象。其中两读现象往往是语音转变的先声阶段，它包括旧质新质两部分，可作为探索演变的来龙去脉的重要依据。我们认为郑张尚芳先生的观点是有道理的，歌韵在演变的过程中可能有两读现象，唯其如此，才有可既与麻韵相押，又与模韵相押。

歌韵：多歌他河那鹅柯何阿砢跎峨它波

戈韵：禾和髟戈讹窠科颇窝摩罗娑过科和

麻韵：芽鸦华葩花瘸芽牙差加耶哗麻家花槎遐嗟赊鸦蛇弝葩霞沙家邪

佳韵：涯

果韵：果

马韵：马下

祃韵：驾夜舍射价咤下榭化谢卸罅

个韵：大

过韵：坐

卦韵：话罢

1.4.4 清代歌麻相押

（1）宋恕·与李伯超太守同送东抚泗州杨莲帅擢任直督890："多歌蓑波牙"

（2）周衣德·周晚圃明府165："过何迦歌萝"

（3）黄式苏·石宗素少将五十生日奉呈五十韵233："我寡颇琐厦左瓦把扯轲舸马也坐颗雅者脞冶裹卵伙火野柁沱那堕瘫祸哑惰洒妥果夏荷可叵锁堁社弹假写泻舍下嘏罜"

（4）项瑨·壶中天·隆山浮图214："跨破坐裸坐火卧堕"

（5）张元彪·西海边磊堂村1413："罅坐和荷"

（6）宋恕·历下杂事诗895："家多"

（7）陈祖绶·壶中天·和王文夫韵248："者朵锁下坐社我也"

（8）徐德元·忆瑶姬·咏水仙花331："赊家涡罗沙加珂多"

（9）王理孚·高阳台·题《半樱填词图》125："槎涯家华蜗嘉琶霞"

（10）徐凝·岁暮行1212："瓦下坐"

清代温州籍文士作品中歌麻相押共10例，其中以麻入歌5例（1—5）、歌麻等立通押3例（6—8）、以歌入麻2例（9—10）。清代歌麻相押数量明显少于宋、元、明三代。

宋恕（平阳）、周衣德（永嘉）、黄式苏（乐清）、项瑨（瑞安）、张元彪（永嘉）、陈祖绶（永嘉）、徐德元（乐清）、王理孚（平阳）、徐凝（永嘉）。作者遍及温州主要县市。

与麻韵相押的歌韵字的五音分布情况：叵破波颇（唇音）、多朵萝堕柁沱瘫卵那惰裸罗妥堕（舌音）、蓑左琐坐锁脞坐）（齿音）、歌过果堁我舸珂可裹颗（牙音）、何伙火祸荷涡蜗卧和（喉音）。与麻韵相押的歌韵字五音俱全。合口字多于开口字，上去声字明显多于平声字。

歌韵：多歌波何珂

戈韵：蓑过萝涡罗蜗

麻韵：牙家迦赊沙加槎华嘉琶霞

佳韵：涯

哿韵：我轲舸柁沱那可觯

果韵：坐颇瑣左颗脞裹伙火堕祸惰果妥叵锁埵朵锁裸

马韵：瓦下寡把扯马也雅者冶野哑洒假

个韵：荷

过韵：破卧堕和

祃韵：厦夏社写泻嘏骂跨髁

《音画字考》中，仅少数的戈韵字与麻韵字读音同，如蜗哇娃华花巴芭吧爸瓜寡卦夸话琶爬鸦下哑可哿加家佳贾介嫁架驾假纱所马麻夏牙芽瓦迓砑斜睉茶查者。

现代温州话中，麻韵与戈韵的部分字的读音相同，为 o，如巴把坝爬怕麻马茶查差沙纱加嘉家佳假贾嫁架驾价下夏鸦牙芽涯雅哑瓜寡挂卦花划化画话坐搓蓑梭锁瑣。戈韵与麻韵同韵的只是戈韵的部分齿音字。而其他四音和歌韵与麻韵不同音。

温州籍历代文士作品用韵中，押入麻韵的不仅是戈韵字，而且有歌韵字；押入歌戈韵的，不仅是麻韵二等，而且有麻韵三等，自宋代，涯佳画打等字已押入麻韵。歌麻同韵，在歌模同韵中还可以得到进一步证明。

郑张尚芳先生指出："这些读法中 u、uɔ、oŋ 是从 o 变来的，ʉ、ʏu、øy 是从 u 变来的，归根结底它们都是从 o 韵分化来的，而且分化过程还在持续而没有结束，因此上述这些读法构成了一个歌韵的近期音变层。其中还可以分三个阶段层次：o 层、u 层、ʏu 层。ʏu 层是最新层，它的出现标志了近一个世纪温州音变化较大。"从温州历代诗文用韵可以看出：歌韵的分化是漫长的过程，特别是从 o 分化为 u。刘基时代"火"读为"虎"的现象应不是在刘基时代才有，记录某一语音现象具有滞后性。这一现象应为东瓯之人接受，但到清代虽然歌麻通押的数量要少得多，但歌戈两韵的韵字五音俱全，到清代歌麻通押还是为文士所接受。因为语音演变是先有部分字发生两读现象，然后扩及声韵相同的字。以后大部分字新读占优势，转入新音，一小部分旧读占优势的字则仍保留原样。温州歌戈韵字的演变，应是开口呼先变，到了清代，合口呼字多于开口呼字。

1.5 歌麻模相押

1.5.1 宋代歌模、麻模相押

（1）徐照·釜下吟 31402："菰锅和乌胡呼枯图觳嚅鲴乎蔬夫"

（2）王十朋·会稽风俗赋 280/120："迁波磨湖污渠涂蔬鱼蕖驱盱输吴舻諲曳湖腴都图无都呼娥胥庐朱居珠诛娱"

（3）叶适·蔡知阁墓志铭 286/230："科胪粗殊无扶娱书乌初"

（4）徐照·黄哺歌 31399："父祸所"

（5）徐照·废居行 31402："虏主祸"

（6）徐照·放鱼歌 31402："浦所吐俎鳙祸"

（7）刘黻·畏虎行 40696："斧苦户祸酺"

（8）薛季宣·大榕赋 257/86："怒柱所火斧矩顾数"

（9）叶适·代祭梁夫人文 287/72："播哺顾"

（10）陈傅良·族祭八一叔文 268/326："度步素圃顾助父慕怒数祚露诉布付著墓赴过暮措仆"

（11）薛溶·祭叔父季宣文 283/423："怙髓父子语所祸悟措据主诉雨"

（12）王十朋·会稽风俗赋 280/120："鹅赢徒多"

（13）王十朋·会稽风俗赋 280/120："火坐苦"

（14）薛季宣·信乌赋 257/63："祸过怒"

（15）释如珙·偈 41216："个数"

（16）释如珙·偈 41230："路卧过去"

（17）郑吾民·诸葛庐 45684："卧顾兔破"

（18）许景衡·祭忠文 143/124："过悟"

（19）薛季宣·感除赋 257/55："破处"

（20）叶适·祭妻母翁安人文 287/49："祸愬"

（21）叶适·祭中洲处士李公文 287/50："土祸"

（1）薛季宣·怀骚赋 257/52："家如"

（2）薛季宣·采薇歌 28711："下处"

（3）王埴·小蓬莱歌 42598："楚下"

（4）薛季宣·梁山歌 28712："下野御者所去"

（5）薛季宣·东首 257/96："斧下"

（6）薛季宣·记梦 257/98："下户"

（7）薛季宣·商辂铭 258/32："马武"

(8) 薛季宣·天閏铭 258/36："浒下"

(9) 薛季宣·本生赋 257/55："渎马"

(10) 陈傅良·修职郎吕公墓志铭 268/292："下母"

(11) 薛季宣·坊情赋 257/59："都华酥凫蘱"

(12) 薛季宣·七屈 257/86："湖霞叟"

(13) 薛季宣·七屈 257/86："凫鲈华壶菰如虞"

(14) 薛季宣·右赋巴丘 28722："处下户"

(15) 薛季宣·唐风赋 257/50："下古取"

(16) 薛季宣·信乌赋 257/63："忤主野"

(17) 薛季宣·雁荡山赋 257/67："下聚母"

(18) 薛季宣·七屈 257/86："武马牡"

(19) 薛季宣·启愤 257/94："辅侮户下"

(20) 薛季宣·哀韩大将军文 258/77："午下武父"

宋代温州籍文士作品中歌模相押共 21 例，其中歌押入模 11 例(1—11)、模押入歌 3 例(12—14)、模歌等立通押 7 例(15—21)。从歌模相押的数量及类型看应是歌押入模。刘基所说"东瓯之人谓火为虎"之"火"为喉音字，我们可以看出歌模相押的歌韵字主要有：波磨破播（唇音）、赢多（舌音）、娥过科个鹅（牙音）、坐（齿韵）、锅祸卧和火（喉音）。押入模韵的主要是戈韵字，即合口字，且以喉牙音为主。也就是说，刘基所说的现象应该由来已久。

麻模相押共计 20 例，其中麻模等立通押有 10 例(1—10)、以麻入模的有 10 例(11—20)，没有以模入麻的韵例，因此当为以麻入模。我们再看看以麻入模的麻韵字五音分布情况：马（唇音）、家（牙音）、者（齿音）、下华霞野（喉音）。押入模韵的麻韵字主要是牙音、喉音和唇音。

徐照（永嘉）、王十朋（乐清）、叶适（永嘉）、刘黻（乐清）、薛季宣（永嘉）、陈傅良（瑞安）、薛溶（永嘉）、释如珙（永嘉）、郑吾民（永嘉）、许景衡（瑞安）、王埴（永嘉），作者主要在永嘉、乐清和瑞安，特别是麻模相押 20 例中永嘉薛季宣就有 18 例。歌模相押与麻模相押中，歌麻模相押例未见。是否可以认为，在宋代，戈韵字有部分字特别是牙喉音已又有一读，与模韵字相近，而麻韵与模韵相押应是个人的用韵习惯，并不代表麻韵也向模韵靠拢，麻模的主元音比较相近。

我们现在将歌模等立通押的韵字与现代温州方音进行比较：

	个	数	路	卧	过	去	顾	兔	破	悟	处	祸	恶	土
温州：	ai	øu	əy		u	y	u	əy	əy		ʅ		əy	əy
永嘉：	ai	ʮ	ye		u	ʮ	u		u		ʮ	u	ʮ	ye
瑞安：	ai	øu	əy		u	y	əy	u			y		əy	əy
平阳：	ai	u	y		u	u	u	y	u		y		y	y
文成：	ai	u	y		u	u	u	y	u		y		y	y
乐清：	ai	y	y		u	y	u	y	u		y			y

"个"在温州各地方言中都是读"ai"韵,而且现在没有文读,歌韵读 ai,和灰韵、泰韵合口读法相同,这和一种古老的语音现象即古音学所谓歌微通转有关。(郑张尚芳1983)。但从宋代歌模相押中可以断定,"个"应该有文读,不然"个"与"数"没法相押;遇摄字尚未据等及声母等原因开始分化。有一点可以肯定,歌韵字在宋代已经有两读了,因为一方面歌韵与麻韵相押,见第四节,现在又与模韵字相押。因为在宋代以后的各朝中,这一现象一直延续下来。

歌韵：波娥鹅多

戈韵：锅和磨蠃科

麻韵：家华霞

鱼韵：蔬渠鱼胥居书初如葉

虞韵：嚅夫迂葇驱盱输臾腴朱珠诛娱殊扶无凫虞

模韵：菰乌胡呼枯图毂糊乎湖污涂吴舻呼都图庐徒胪粗乌都酥鲈壶菰

语韵：所鲈处语楚

麌韵：父主斧黼柱矩雨取主聚武辅侮斧

姥韵：虏浦吐俎苦户土古竮牡浒午

果韵：祸火坐

马韵：野者下马

个韵：个破

过韵：卧过播

遇韵：数付赴

御韵：去助著据御

暮韵：路顾兔悟怒恶哺度步素圃慕祚露诉布墓暮措仆怙悟

厚韵：母

1.5.2 元代歌模、麻模相押

(1) 张协状元·油核桃51："呵大顾过"

(2) 高明·琵琶记·啄木鹂 198:"妒和下巴"

(3) 无名氏·白兔记·金焦叶 14:"误挫"

(4) 无名氏·白兔记·青歌儿 121:"我过误"

(5) 李孝光·予早作,坐南户 360:"拿躯葅图"

(6) 李孝光·吴趋曲 82:"邪趋雏珠"

(7) 李孝光·昆山州重修学宫记 36/9:"华如"

(8) 李孝光·题画史朱好古卷 161:"炉愚枢朱珠肤株湖呼躇舟瑕台芽壶"

(9) 李孝光·洞神宫记 36/12:"社糈宇"

(10) 李孝光·昆山州重修学宫记 36/9:"下俎"

(11) 李孝光·瓶有粟 109:"户下"

(12) 李孝光·柬干彦明 113:"马写女"

(13) 李孝光·河流 119:"雨下"

(14) 郑东·题画山水歌 533:"骂蔗借护"

元代温州籍文士作品中歌模相押有 3 例,歌模麻三韵相押 1 例,主要是在三部南戏中,南戏的语言包括用韵应该是口语性很强,但也仅有 4 例,与模韵相押的歌韵字大多为牙喉音字,而模韵字主要是一等字;麻模相押有 10 例,其中李孝光一人有 9 例(李孝光为乐清人)。与麻韵相押的模韵字主要是三等字。

鱼韵:葅如躇瑕芽

虞韵:躯枢朱珠株肤趋雏

模韵:图炉愚湖呼壶

麻韵:拿华邪

语韵:糈女

麌韵:宇雨

姥韵:俎户

哿韵:我

马韵:社下马写

暮韵:护顾妒误

个韵:呵大

过韵:过和挫

祃韵:下巴骂蔗借

1.5.3 明代歌模、麻模相押

(1) 黄淮·圣孝瑞应赋 72:"呼歌"
(2) 黄一庄·子夜吴歌 926:"多无"
(3) 黄一庄·子夜吴歌 926:"何初"
(4) 王激·短发行 72:"湖波"
(5) 季应祁·谩成 926:"波无"
(6) 赵廷松·赠杨茶斋先生 132:"所堕"
(7) 项文蔚·虎溪桥 942:"度过"
(8) 陈仁卿·秋夜 1100:"数堕"
(9) 王叔果·除夕病中作 189:"我圃"
(10) 何白·哀江头 31:"苦祸"
(11) 何白·马居士墓铭 720:"果堵"
(12) 何白·武功文德颂 691:"过度"
(13) 柯荣·奉寿郡侯麻城周公歌 720:"破兔"
(14) 杜阳·赠王养素 969:"素顾卧饿"
(15) 王激·天仙子 98:"处误浦渡个过破路户卧"
(16) 刘基·杭州路重修三皇庙碑 230:"下祖"
(17) 章纶·丘陇 54:"舍语"
(18) 项维聪·江阴贰尹龙川施工像赞碑 124:"嘉古步辉"
(19) 黄淮·养蒙斋箴 77:"初途颇图"
(20) 刘懋功·仙坛歌 895:"无趋吴嵎都腴酺夫何殊徒驹芦雏奴瞿衢躯"
(21) 张天麟·隋苑 1030:"枯孤歔乌多"
(22) 章纶·旱后久雨 94:"苏河敷口歌"
(23) 王叔果·重庆四寿为少参谭公赋 45:"无和符"
(24) 王叔杲·送戴子鲁之宛陵 162:"涂过无"
(25) 何白·述政诗六首,赠邓田联仲司理迁广平郡丞 120:"图呼柯多讹锄臾颇何余吁"
(26) 侯一元·感怀 343:"刳徒枯乌多"
(27) 王激·蹇驴行 339:"莫路过"
(28) 朱谏·怀赵宏夫 32:"夫无壶驱珠和苏乌庐呼蒲都幡"
(29) 何白·武功文德颂 691:"图吁柯隅"
(30) 黄一庄·述作灶丁行 928:"去卧路"

(31) 黄一庄·述作灶丁行 928："诉故课"

(32) 金锡敦·石门废诗 1079："路度墓兔护过故慕"

(33) 王叔果·中秋赏月时寓给谏东华弟官舍 55："度迕晤故吐堕露诉路素慕"

(34) 王叔果·后觉上人自南雁山来访赋之 201："慕素顾卧雾互怖度暮赴"

(35) 王叔杲·祭舒继峰司寇 334："卧部路素睹"

(36) 王叔杲·祭诰封夫人戴氏 339："堕土女"

(37) 何白·拜皇命 8："斧旅楚左鹽羽组"

(38) 何白·哭泉篇 17："土户坐母妇侣伍虎缕左圉姥火府鼓伍旅汝户雨语"

(39) 何白·张子叔相 50："古土塵左雨"

(40) 何白·周服卿百花帐歌，为郝明府题 137："暮雾卧路"

(41) 何白·两华山房歌，赠兰阴祝无殊 139："句路怒去卧"

(42) 何白·杨木甫过宿山房，醉归堕会昌湖，作歌自伤，且嘲同舟金师拯之不力，戏成和章 183："处卧树怒注柱"

(43) 何白·仙门同中半树庵，木根达摩祖师高四尺，梵相奇占。一夕为人窃去，庵主吴晖之居士为惋惜，戏作一偈以解之 756："去住注弩何露慕污怒故固趣怖树处"

(44) 侯一麟·仙岩歌赠羽泉明府 51："部火父虎弩虎武侣组"

(45) 朱谏·和蒋学之白扇歌 5："火坐苦楮府土舞补母"

(46) 朱谏·题司赫弟《萱花图》17："苦母朵"

(47) 王激·送通家子赵仲修扶乃父榇归东瓯 137："父五火户"

(48) 王激·重过石门洞 1079："树惧去路破诉袴暮"

(49) 柯荣·赠族融公说法 756："土古父户我虎祖苦武雨缕语部普鲁睹努"

(50) 柯荣·文殊台晚眺歌 50："吐火父舞府"

(51) 侯一元·悼鹤小词 1436："舞古取语祸煮"

(52) 何白·同王赞夫丈往西村观瓜架 492："野履圃堵湑府吐户"

(53) 章玄应·次韵江南曲 339："火浦马"

(54) 陈文·舟次富春埠下怀胡大参 705："过波多如"

(55) 黄一庄·九日同龙溪王丈登虚丘山次韵 927："阿歌都"

(56) 张天麟·隋堤曲 1033："多和孤"

（57）王叔果·淮上与陈东冶王少冶梁月川分舟短歌赠之26："过芜波壶酡途歌阿何"

（58）王叔果·雨中过冯公岭77："萝过鲕波"

（59）王叔果·吴翁晋别余归吴兴，感念畴昔，为赋长句以赠157："湖多过"

（60）柯荣·侯君霖招饮舟中赠梅姬1079："涯蛾罗阿莎歌多都跎娑赊酡波何"

（61）季应祁·自适139："孤凫跎歌何"

（62）王毓·奏事赴京137："倭苏河都阿"

（63）虞原璩·荷钱17："波和炉"

（64）孔铎·至瓜州过坝51："波晡河多何"

（65）章玄应·戏马台928："和模何"

（66）何白·饮酒47："峨阿摩娑柯蔬波歌何"

（67）项乔·元夕寓同安示子侄498："何吾多"

（68）王叔果·芳洲歌为院判袁君赋66："那路卧"

（69）何白·黄居士以棕鞋见赠182："座涴路"

（70）章玄应·阻风51："过暮拖贺大堕簸磨卧坐"

（71）王激·舟至青阳喜同年韦宗尹756："午破舸俎坞砢圃堕橹姥怍左伍锁可古"

明代温州籍文士作品中歌模相押共计68例，其中等立通押15例（1—15）、以歌入模32例（51—19）、以模入歌18例（54—71）；又模麻等立通押3例（16—18）、以麻入模1例（52）、以模入歌麻1例（53）。从押韵的数量及类型可以看出当是以歌入模，即歌韵的主元音向模韵的主元音靠拢发展。

黄淮（永嘉）、黄一庄（瑞安）、季应祁（瑞安）、赵廷松（乐清）、项文蔚（永嘉）、陈仁卿（永嘉）、王叔果（永嘉）、何白（乐清）、柯荣（永嘉）、杜阳（平阳）、王激（永嘉）、刘基（文成）、章纶（乐清）、项维聪（永嘉）、刘懋功（永嘉）、张天麟（永嘉）、王叔杲（永嘉）、侯一元（乐清）、朱谏（永嘉）、金锡敦（永嘉）、侯一麟（乐清）、柯荣（永嘉）、章玄应（乐清）、陈文（瑞安）、王毓（乐清）、虞原璩（瑞安）、孔铎（温州）、项乔（永嘉）。作者遍及温州主要县市。

我们现在来看看等立通押中的歌韵字的五音分布情况：歌我过果饿个（牙音）、多堕（舌音）、何祸卧户（喉音）、波破（唇音），押入模韵的主要是牙喉音和唇音及舌音。

再将典型的等立通押的韵字与现代温州方音进行比较：

	呼	歌	多	无	何	初	湖	波	所	堕	度	过
温州：	u	ɦu	əu	u	u	əu	u	u		əu	ɦy	u
瑞安：	u	u	əy	u	u		u				ɦy	u
平阳：	u	u	u	u	u	u	u				y	u
永嘉：	u	u	əu				u				əy	u
文成：	u	u	u	u	u	u	u				y	u
乐清：	u	u					u	u			y	u

	我	圃	数	堕	苦	祸	果	堵	过	度	破	兔
温州：		u	ɿ	əu	u	u	u	əy	u	əu	əy	əy
瑞安：		u			u	u	əy	u	əy	əy	u	əy
平阳：		u	u	u	u	u	y	u	y	u	y	
永嘉：		u	ɿ		u	u	əy	u	əy	əy	u	əy
文成：		u	u		u	u	y	u	y	u	y	
乐清：		u	y		u	u	y	u	y	u	y	

歌韵的"多"字，也就是舌音字、模韵系的初度数堵兔，也就是舌齿音字在明代应该尚未从 u 分化，但歌韵的元音高化还尚未完成，因为歌韵不仅与模韵相押，而且与麻韵相押。

鱼韵：初如锄余蔬湑

虞韵：无趋㠀腴夫殊驹雏瞿衢躯歔敷蕉符臾驱珠凫吁隅

模韵：呼途图都酺徒芦奴吴枯孤乌苏壶鋪湖涂吁刳枯庐蒲晡模吾

歌韵：歌波多何阿河波酡柯蛾跎峨

戈韵：颇过和萝讹罗莎婆嶓摩

麻韵：赊嘉

佳韵：涯

语韵：所女旅楚侣圄汝语煮

麌韵：斧羽缕府雨麈柱父虎武府舞

姥韵：户圃睹土鹽组伍虎姥鼓苦古堵弩坞俎楮补五午圃橹忤祖普鲁睹努吐浦

哿韵：我左舸砢可

果韵：坐火祸果朵锁

马韵：下舍野马

御韵：去处趣

遇韵：数赴句树注住驽惧

暮韵：路莫故度素顾墓兔护慕误浦渡迕晤吐露诉雾互怖暮怒污固怖裤

个韵：饿个破那扡大簸

过韵：过堕卧课座贺磨

候韵：部母

有韵：妇

1.5.4　清代歌模、麻模相押

（1）侯思柄·卧病1284："居书庐何"

（2）项维仁·叨叨令·题竹129："顾处哥诉"

（3）王德馨·咏史13："主处许拒取俯侮羽府伍扈吕祸语"

（4）徐德元·西江月·题周草窗《绝妙好词选》271："珠谱娥语"

（5）徐德元·齐天乐·晚棹284："莫处雾误火渚鼓许"

（6）前人·过庐陵香城山，谒文丞相墓70："座墓露寓堁务吐护路富顾祚曙慰暮住仆怒呼数座句固诉慕"

（7）李象坤·邑学生湛因王君圹志铭318："峨多波阿歌何徂柯河磨"

（8）洪柄文·纸鸢坠466："戈辜柯沱何"

（9）王理孚·百字令人24："污火过唾我破騀和"

（10）彭镜清·卜算子·惜别178："数破卧做"

（11）林齐鋐·小游仙诗："火补"

（12）洪柄文·搭九台500："火古"

（13）洪柄文·逼罢市505："户火"

（14）林元炯·宝林寺踏雪1446："沙赊华污花"

（15）孙锵鸣·题吴春波军门小照185："武舞暑女下"

清代温州籍文士作品中歌模相押共13例，其中以歌入模6例（1—6）、以模入歌3例（7—9）、等立通押4例（10—13）；模麻相押2例（14—15）。清代歌麻相押有11例，与歌模相押的数量相当。入韵的歌韵字五音分布情况：何火祸和卧河何阿（喉音）、歌哥娥峨柯我騀柯戈过堁（牙音）、座（齿音）、多唾沱（舌音）、破磨波（唇音）。与模韵相押的主要是歌韵牙喉音，而与麻韵相押的歌韵字五音俱全，且较均衡，歌韵系列从 o 高化为 u，主要是从牙喉音开始的。在现代方音中，同类声母条件的字常常不是同时一起变，如"躲懦左挫"o—u—y 时，"朵挪锁坐"还读 o 韵；"婆破磨魔"u—øy 时，同类的唇音字"波玻颇播"还留在 u 韵，可能的后面这些字因某种原因发生两读或从中选择保留了旧读。（郑张尚芳，1983）

侯思柄（乐清）、项维仁（温州）、王德馨（永嘉）、徐德元（乐清）、李象坤

(乐清)、洪柄文(瑞安)、王理孚(平阳)、彭镜清(瑞安)、林齐鋐(瑞安)。作者遍及温州各县市。

鱼韵：居书

虞韵：珠

模韵：庐徂辜孤污

歌韵：何峨多波阿歌柯河哥娥沱何

戈韵：磨戈

麻韵：沙赊华花

语韵：处语吕拒许女醹羟楚暑

麌：主取俯侮羽府宇雨娶父抚鹉怃栩武矩舞

姥韵：补伍谱渚鼓古户土午怙补岵苦祖忤橹五浦鲁瞽吐

哿韵：我左

果韵：火祸

马韵：下

御韵：处曙

遇韵：数树寓住句

暮韵：顾诉扈莫雾误籚簿墓露务护路祚暮仆怒呼固诉慕

个韵：破骒

过韵：卧做过唾和座堁

厚韵：母

有韵：妇

宥韵：富

《音画字考》中，果摄与遇摄的读音相同，如阿乌洿污倭婀梭疏唆蓑娑锁琐素拖扫多躲初楚脞挫佐夫呼敷莩趺诃呵虎炎伙辅抚鸬府俯父付货富赋讣歌孤姑戈过沽古鼓果股贾裹过故顾固科寡枯柯苛轲苦库课裤波玻谱补布皤铺颇浦普破婆菩部步模摩磨摸母某墓徂助座奴努怒罗鲁虏和无何湖河符胡荷弧父武户祸妇负侮贺附雾和互徒陀驼沱跎於于雨宇禹谀。

在现代温州话中，歌戈韵字与遇摄字的读音相同的情况，可分为三类：

u 类，阿歌哥科颗课何河荷和禾贺波播玻颇锅过果裹火伙货祸窝捕部普墓夫肤符斧辅孤古估股鼓故固顾枯苦库裤呼湖胡狐壶虎户护乌梧武余于榆与雨裕喻。

əu 类，大多躲舵堕惰驼驮妥罗锣箩螺左梭奴怒鲁橹助锄素初楚梳疏数。

əy 类,波婆破磨魔补布步谱浦夫符扶浮府俯傅父富妇负都堵肚妒度渡口徒途涂图屠土兔卢炉露路祖粗醋苏酥诉务雾驴吕缕虑鱼。

《音画字考》中一类音在现代温州话中分为三类,即从《音画字考》到了现代方音,这一段时间温州方音发生了巨大的变化,在历代诗韵中,果摄与遇摄相押,不仅有一等模韵,还有三等的鱼、虞韵,这与《音画字考》的情形相一致。而《音画字考》之后,果摄根据声类而与遇摄的韵字重新分合,即歌韵字部分的韵字根据声类发生了复元音化,歌韵系的牙喉音及部分唇音与遇摄一、三等的牙喉音和部分唇音读 u,歌韵舌齿音与遇摄的舌齿音读 əu,歌韵部分唇音与遇摄一、三等的舌齿音读 əy。əu、əy 均是从 u 发展而来,发生这一现象的时间是从《音画字考》之后。而且二等的麻韵也与遇摄相押,这说明,在《音画字考》之前,麻韵与歌戈韵关系很密切,与模韵也相押;歌韵的主元音向模韵靠拢,即果、假、遇三摄的主要元音相同或相近。

1.6 尤侯与鱼模相叶

1.6.1 宋代尤侯与鱼模相叶

(1) 王十朋·会稽风俗赋 280/120:"素顾茂"
(2) 叶适·林夫人墓志铭 286/222:"妇武后"
(3) 叶适·代祭梁夫人文 287/72:"度堵母"
(4) 戴栩·族祭教忠弟令合宜人文 308/223:"妇楚组务"
(5) 薛季宣·唐风赋 257/50:"后雨侮"
(6) 薛季宣·七屈 257/86:"孤夫侯夫"
(7) 徐照·黄哺歌 31399:"哺母"
(8) 俞德邻·代祭祖龚常卿文 357/388:"午母"

宋代温州籍文士作品中鱼模与尤侯相押只有两种方式:以尤侯入鱼模和等立通押。押入鱼模的尤侯韵字主要是唇音字和部分喉音字"侯后後"。唇音字主要是"茂妇母"。从押韵的类型可以判断当为尤侯入鱼模。

宋代通语尤侯部分唇音字已归入或正在变入鱼模部,这既是通语演变,但同时也是温州方言的特点,因为唇音字押入鱼模部宋代温州地区有6例,但温州地区不仅有唇音字,而且有非唇音字。尤侯部非唇音字押入鱼模部却比较罕见。据研究,江西诗韵有9例(北宋4例、南宋5例),今赣方言中余干话"鱼尤"同音可为印证(陈昌仪,1993),福建文士用韵有12例,今闽南话尤侯部非唇音字有 u 韵的白读,可押鱼模(刘晓南,1999),四川诗文用韵35例,数量最多。宋人袁文《甕牖闲评》指出,苏轼韵文《参寥子真赞》的韵脚富口武过语五中有两个奇怪的读音,一是"口"(厚韵),一是"过"(过韵),两字押入鱼模部。

为什么侯韵一等字可读为模韵一等字?刘晓南先生(2012)认为这是古音的遗留。上古音"侯—屋—东"相配,如果东部的韵基拟测为 uŋ,则侯部主元音合理的拟测当为 u。由于演变空间的发展不平衡,地处西部的四川,侯部一部分字,演变速度远远滞后于中原官话,上古侯部的古音残存,从而成为四川口语中的底层。上述三地均为方言现象。

我们认为刘晓南先生的推测是有道理的,这不仅仅是四川方言的成因,也可以用于其他偏僻的地区。宋代尤侯部非唇音字押入鱼模部主要是一等侯韵的喉音字,这也与四川方音特点相同。

虞韵:夫

模韵:孤

侯韵:侯

语韵:楚

麌韵:武雨侮

姥韵:堵午组

有韵:妇

厚韵:后母後

暮韵:素顾度哺

候韵:茂

遇韵:务

1.6.2 元代尤侯与鱼模相叶

(1)高明・琵琶记・前腔 55:"姑扶暮夫付富母负"

(2)高明・琵琶记・香遍满 135:"母苦殂妇"

(3)无名氏・白兔记・江儿水 122:"诉母妇"

(4)李孝光・莲花嶂 105:"鱼家鹭休"

(5)李孝光・羽林曲 87:"裘珠刘侯酬"

(6)李孝光・莲花嶂 105:"酒侮"

(7)李孝光・原田 121:"驹牛"

(8)李孝光・洞神宫记 36/12:"树守"

元代温州籍文士作品中尤侯与鱼模相押,其中三例(1—3),主要是尤侯部的唇音字,这是与通语演变一致的现象,另有五例(4—8),主要是尤侯部的非唇音字,而且是属于一个人的,即乐清籍的李孝光。入韵的尤侯韵字主要是：侯休（喉音）、裘牛（牙音）、刘（舌音）、酬守酒（齿音）。而现在乐清音尤侯韵的读成 u 的只有两个字：头、豆。其他的读成 au、iau。元代温州方音尤侯部的主要元音应仍然是 u，尚未变成复元音化。

鱼韵：鱼

虞韵：扶夫珠驹

模韵：姑殂

麻韵：家

尤韵：裘刘酬牛休

侯韵：侯

麌韵：树侮

姥韵：苦

有韵：负妇守酒

厚韵：母

遇韵：付

暮韵：暮诉鹭

宥韵：富

1.6.3 明代尤侯与鱼模相叶

（1）吴万里·杯羹叹 729："殂楚母"

（2）朱谏·芳洲为永嘉袁宗乔作 761："父土亩"

（3）朱谏·题《守器侄慨萱图》6："母苦"

（4）朱谏·芳洲为永嘉袁宗乔作 18："父土亩"

（5）张璁·梦 349："游舟鸥刍忧楼"

明代尤侯与鱼模相押 5 例，其中尤侯部的唇音字有 4 例，非唇音字的仅 1 例。张璁为永嘉人。

虞韵：刍

尤韵：游舟鸥忧

侯韵：楼

语韵：楚

麌韵：父

姥韵：殂土苦

厚韵：母亩

1.6.4 清代尤侯与鱼模相叶

（1）王之照·洞仙歌 140："候舞豆瘦绣皱"

（2）孙衣言·贺新郎·友人赠菊数盆置之墙下，珠有秋思155："雨九柳酒手口候绣久瘦叟友"

（3）孙锵鸣·东风第一枝·立春159："又甃缕手兽瘦后绣"

（4）王松岳·金缕曲·题《芙蓉孽》乐府170："处语谱露寓具数慕雨手柱"

（5）蒋叔南·谒闽子墓394："苦诉受"

（6）李象坤·奠王龙翁银台文330："受父"

清代温州籍文士作品中尤侯与鱼模相押，主要是非尤侯部的唇音字，没有一个唇音字。其中尤侯杂入2例、鱼模杂入尤侯的3例、等立通押的1例。两部相押的尤侯部韵字：候友又后（喉音）豆柳（舌音）、瘦兽叟绣皱酒手久受口（齿音）、甃九（牙音）。除了唇音字外，其他各音都存在。唇音在现代方音中已与鱼模部相同，这说明在清代尤侯部的主元音与鱼模部主元音是相近的。

语韵：处语

麌韵：舞雨缕数雨柱父

姥韵：谱苦

有韵：九柳酒手久友受

厚韵：口后

遇韵：寓具

暮韵：露慕诉

宥韵：绣皱瘦又甃兽兽

候韵：候豆瘦

《广韵》流摄部分唇音字转入遇摄是通语的演变，温州也不例外。在《音画字考》中，"富"与"付同赋副呼"等同音，"母"与"模摩磨某墓慕暮"等同韵。现代温州话中，"亩茂"与"褒宝刀岛道劳牢老早草扫高好号"等效摄一等字同韵，为ə；"母"与"暮墓雾"等遇摄一等分唇音字同韵，为o，"妇负富"等与"婆破磨补府父赌肚妒度途图土兔露苏素务"等遇摄、果摄的部分字同韵，为əy。但在历代用韵中，押入遇摄的不仅是流摄的部分唇音字，如"亩母妇茂富"等字，而且有非唇音字，如"後侯后守裘刘酬酒牛休游舟鸥忧楼候豆皱九柳手口绣久叟友又甃兽瘦受"，而这些字在温州话中读au、iau，与ə、o、əy等音相距较大；在《音画字考》中，流摄只与流摄的字同韵，未见与他摄同韵，如：忧悠幽有友幼久九韭休朽丘凑投豆邹走偷透斗瓯讴后佝吼句沟苟口周洲咒酒秋抽丑收首手兽守秀流丢柳头酬揉宙受寿由油尤又右侯候牛偶纽愁求球旧叟娄漏等。这说明了历代诗文用韵的尤侯与鱼模相押与现代方音不能对应同,反映了在《音画字考》之前尤侯部非唇音字与鱼模部的主要元音相近,但不知是何种原因导致了这两部元音发生了巨大的变化,从而形成了今天的局面。

二、阳声韵

2.1 真文与寒先相押

2.1.1 宋代真文与寒先押韵

（1）王十朋·答毛唐卿虞卿借昌黎集 22588："难韩殚郸端叹温残曼澜观欢看玕"

（2）王十朋·徐丞生日 22599："翻残村澜"

（3）王十朋·次韵表叔余叔成示儿 22615："然言姸肩贤愆孙焉年联昏便传原"

（4）王十朋·交韵万先之读庄 22618："言肝存间论"

（5）王十朋·别宋孝先 22619："孙源温论澜言尊先间拳篇然缘年"

（6）王十朋·和韩秋 22668："轩奔言前餐编千酸眠年"

（7）王十朋·黄池对月 22886："看盆寒官"

（8）王十朋·题蒋元肃蕴仁堂 22944："难欢官丹兰温端安殚冠"

（9）释从瑾·颂十三 23406："船眠村"

（10）陈傅良·送任虞卿教授江阴 29261："端宽寒敦"

（11）叶适·寄题钟秀才咏归堂 31225："宽吞论"

（12）徐照·登东宝山僧舍 31391："滩关翻温盘安繁官喧餐烦"

（13）刘黻·董孝子行 40696："肝难完艰安存宽残颜元欢繁宣"

（14）林正大·括难忘 2455："天连川缘峦欢还颜喧关昏山"

（15）林正大·括沁园春 2456："焉泉天鲜悬穿吞年言"

（16）夏元鼎·沁园春 49："前然天田冠闲还魂"

（17）刘安上·祭十七嫂方氏文 138/14："年存孙勤门恩言旋焉贤川痊原天然安迁肝"

（18）许景衡·迁庙祝版文 143/126："偏艰存安"

（19）林季仲·祭诸葛通直文 179/134："难官尊贤言旋然间编钱椽焉缘山观颜妍筵连延传年天宣"

（20）林季仲·祭察院弟文 179/137："昆艰官寒船难论阑酸樊专存泉"

（21）王十朋·祭令人文 280/209："年娆捐遭焉然难涎钿官论先钱专传迁旋泉缠眠先天然怜前冤田阡原"

（22）薛季宣·余仲美墓志铭 258/61："山樊孙年贤坚"

（23）叶适·林正仲墓志铭 286/225："阡新贤"

（24）叶适·赵子容任温州司法终日看册子而事自理又新廪储粮功利可传也为赋读书行 31222："管损满"

（25）王十朋·点绛唇 1352："满远院晕恨见论"

（26）薛季宣·东首 257/96："恨面闷见燕"

（27）许景衡·朱君文拉游净明寺因迓张宰诗 15507"嶡蹇寒管坂喘祖远悃板转散展晚"

（28）许景衡·和杨时可赠吴子厚 15517："遁恨奋隽论叹半办宴粲翰段缓汉"

（29）卢祖皋·水龙吟 2410："远懒暖晚减散院见恨"

（30）林正大·括酹江月 2442："晚远畔倦玩恨愿尽"

（31）陈傅良·祭吕大著文 268/320："叹旦乱传贯畔倦变汉翰断论献晏辨算散按炭恨煽健判远段恨盼"

（32）薛季宣·哀韩大将军文 258/77："汉散论"

（33）薛季宣·自释赋 257/60："堰见门"

（34）薛季宣·右去郢 28720："恨面闷见燕"

（35）王十朋·先君子去世五十日孤某入四十友室睹平生遗迹哀号痛哭绝而复苏既而书四十字以寄罔极之思 22609："存尊棺恩"

（36）王十朋·刘府君挽词 22646："恩存园泉"

（37）王十朋·吴宗教惠西施舌戏成三绝 22951："孙酸尊"

（38）许及之·跋宋朝老再和陶渊明归去来辞 28295："恩官扪"

（39）薛季宣·还返释言 28651："干翻根论"

（40）叶适·送冯傅之 31206："门昏论源痕翻鲲攒干吞温观燔浑坤奔藩根湍"

（41）陈傅良·闻叶正则阅藏经次其送客韵以问之 29241："门昏论存源痕翻鸥攒干吞温观燔浑坤奔藩根湍"

（42）叶适·送吕子阳自永康携所解老子访余留未久其家报以细民艰食急归发廪赈之 31232："门端尊昏痕盘吞孙根浑翰鞍存乾漫难"

（43）俞德邻·兰溪叟 42395："昏盆奔村村门存难癍官冠酸寒"

（44）刘安上·代祖母祭八叔文 138/13："人存贤亲言勤敦根旬昆先旋堧痊泉原尊"

（45）许景衡·沈君墓志铭 143/108："迁孙人"

（46）许景衡·代人祭弟文 143/119："恩存昏棺昆存言"

（47）王十朋·祭贾府君文 280/206："门昆闻存言敦全孙园原恩温婚奔樽"

（48）王十朋·祭六姑文 280/201："人三尊存言仁安全孙焉恩亲颜存"

（49）叶适·忠翊郎武学博士蔡君墓志铭 286/170："身恂文欣贤亲陈均驯彬沦因伸"

（50）叶适·朝请大夫主管冲佑观焕章侍郎陈公墓志铭 286/270："孙存銮璠温奔尊原昏文"

（51）叶适·中大夫直敷文阁两浙运副赵公墓志铭 286/328："暾棺原群坟存"

（52）叶适·祭戴詹事文 287/63："尊官源骞"

（53）叶适·祭朱文昭文 287/65："延存村论门昏温轩魂"

（54）钱文子·祭周公必大文 302/57："人臣醇尊循门泯新愍还然怜文闻存樽"

（55）刘黻·明堂赋 352/393："恩云源年"

（56）刘黻·梅花赋 352/396："纷闻春寒新屯"

（57）叶适·答李制置 31237："远满衮"

（58）周行己·五月二十日晚自天寿还呈秦少章 14361："愿圈钝寸论绻困健饭坌遁"

（59）王十朋·读东坡诗 22856："昆韩"

（60）薛季宣·刘复之哀荣辞 28714："民仙"

（61）周无所住·玄牝颂 39700："根传"

（62）俞德邻·猫燕行 42413："官门"

（63）徐玑·瑞鹤催令 19："孙温门轩船天"

（64）王十朋·谒颜鲁公祠文 280/228："川存"

（65）王十朋·肩舆铭 280/150："肩亲"

（66）薛季宣·雁荡山赋 257/67："云仙"

（67）薛季宣·广汤盘铭 258/31："坤全"

（68）叶适·故知广州敷文阁待制薛公墓志铭 286/335："传存"

（69）叶适·朝议大夫秘书少监王公墓志铭 286/366："渊存"

(70) 叶适·祭高永州文 287/53："门贤"

(71) 陈傅良·祭孙谏卿文 268/324："棺吞"

(72) 叶适·送方书记兼简府主 31215："满衮"

(73) 叶适·题五畏斋 31223："满本"

(74) 薛季宣·自释赋 257/60："鲜远"

(75) 陈傅良·祭薛常州先生文 268/313："损眼"

(76) 许景衡·按田南乡夜过翁岭 15521："眼篆远遁"

(77) 许景衡·祭都司令人文 143/123："善阃"

宋代温州籍文士作品中真文与寒先相押计77例,其中真文入寒先34例(1—34)、寒先入真文24例(35—58)、等立通押19例(59—77)。两部相押的数量是比较大的。从押韵的数量看,应是真文入寒先占优势。

王十朋(乐清)、释从瑾(永嘉)、陈傅良(瑞安)、叶适(永嘉)、刘黻(乐清)、徐照(永嘉)、林正大(永嘉)、夏元鼎(永嘉)、刘安上(永嘉)、许景衡(瑞安)、林季仲(平阳)、薛季宣(永嘉)、卢祖皋(永嘉)、许及之(永嘉)、俞德邻(平阳)、刘安上(永嘉)、钱文子(乐清)、周行己(永嘉)、周无所住(永嘉)、徐玑(永嘉)。作者遍及温州各县市。

我们现在将典型等立通押的韵字与现代温州方言进行比较:

	昆	韩	民	仙	根	传	官	门	川	存	肩	亲	云	坤	全
温州:	aŋ	y	eŋ	i	aŋ	y	y	aŋ	y	ø	i	aŋ	yoŋ	aŋ	y
瑞安:	aŋ	eŋ	ie	aŋ	yø	yø	aŋ	aŋ	ø	ø	aŋ	yŋ	ie	aŋ	yø
平阳:	aŋ	ø	eŋ	i	aŋ	yø	ø	aŋ	yø	ø	i	aŋ	ø	aŋ	
永嘉:	aŋ	y		ie	aŋ	y	y	aŋ	y	ø	ie	aŋ	ioŋ	aŋ	y
文成:	aŋ	ø	eŋ	ie	aŋ	y	y	aŋ	y	ø	ie	iaŋ	əŋ	aŋ	yø
乐清:	uaŋ	ø	eŋ		aŋ	yɛ	uɤ	aŋ	ye	ø		aŋ			

	传	存	渊	贤	棺	吞	衮	满	本	鲜	远	损	眼
温州:	y	ø		aŋ	i	y	ø	aŋ	ø	aŋ	i	y	ø
瑞安:	yø	ø	yø		yø	ø	aŋ	ø	aŋ	ie	yø	ø	ɔ
平阳:	yø	ø	yø	i	ø	ø	aŋ	ø	aŋ	i	ø	ø	ɔ
永嘉:	y	ø	y	ie	y	y	ø	aŋ	aŋ	ie	y	ø	a
文成:	yø	ø	yø	ie	ø	ø	aŋ	ø	aŋ	ie	y	ø	ɔ
乐清:	yɛ	ø	ø	ø	aŋ		ø				yɛ	ø	

上述典型等立通押中,只有川存、传存、渊存、棺吞、鲜远大致符合现代方言的押韵标准,其他的都不符合。昆韩、民仙、根传、官门、肩亲、云仙、坤

全、门贤、满衮、满本、损眼大多是一个阴声韵，一个是阳声韵。但从语音史的发展看，一是阳声韵演变为阴声韵在宋代就完成是不符合史实的，二是宋代它们就相押，而到近现代反而不相押，这是语音的发展。这应当是近现代才发生的变化。因此，我们认为，宋代它们相押，《广韵》的山、臻二摄主要是寒、桓、仙、先与真、谆、元、魂、痕主要元音发展相同，而韵尾没有变化，这就导致两摄的主要的韵元相同或相近，从而造成两个不同摄相押。我们再看看元代的押韵的情况。

寒韵：难韩殚郸叹残澜看玕肝餐寒丹兰安干攒翰鞍乾滩难

桓韵：端观欢曼棺酸官冠湍宽盘漫完瘢峦銮院

山韵：间关艰山闲

删韵：颜还

仙韵：然㳀联便传拳篇缘泉千船仙悁连川鲜穿旋堰痊迁偏钱椽筵延专全捐遭涎缠仙

先韵：贤先前编眠年肩天悬田妍娫钿眠怜阡坚渊

元韵：翻言焉原源园轩燔藩繁烦喧元宣樊冤蟠鶱

真韵：民人亲仁身陈彬因伸新臣泯

谆韵：旬恂均驯沦醇循春

文韵：闻云文群坟纷

欣韵：勤欣

魂韵：温村存尊孙昏论昆盆扪门鲲浑坤敦魂樽𣊹屯

痕韵：恩奔根痕吞

谈韵：三

旱韵：衵散懒

缓韵：管满缓暖

潸韵：板

产韵：眼

狝韵：鲜喘转展隽篆善辨

铣韵：宴

轸韵：尽

阮韵：远堰圈绻饭巘蹇坂晚

混韵：损衮本遁遁悃阃

豏韵：减

翰韵：汉散叹粲翰旦晏按炭

换韵：半段畔玩乱贯断算判

裥韵：办盼

线韵：倦传变煽

霰韵：见燕面献

愿韵：愿健

恨韵：恨

问韵：晕奋

恩韵：论闷钝寸困垒

2.1.2 元代真文与寒先押韵

（1）孔文卿·一枝花·禄山谋反529："门栈安残叹间天眼"

（2）孔文卿·一枝花·禄山谋反·梁州529："关限暗弯阑阑颜温寒间番儹惯罕餐"

（3）章嘉·风潮赋32/130："年田千先忳元掀迁门烟"

（4）李孝光·白翎雀88："人贤天年前垣仙年"

（5）史伯璇·沁园春·谢州尹岳侯作埭76："缠近偏然年番欢间前"

（6）何岳·无旦557："千安盆欢"

（7）陈高·出门132："村间园繁原翻叹丸安言"

（8）陈高·杂诗153："敦难荃湍存山"

（9）陈高·感兴139："园恩寒患论言"

（10）金翼·钓鱼图（癸集下）1256："年官昏翻天滩川田冠传"

（11）张协状元·花儿143："元悬钱文"

（12）李孝光·行则有车送李德章侍尊父入京师114："阪本铉愆远"

（13）高明·琵琶记·前腔37："劝辨婚选"

（14）李孝光·贺梅296："寒门魂繁"

（15）徐淮·石门洞瀑布478："门奔盆澜"

（16）陈高·闲居132："园樽言安繁门喧"

（17）陈高·感兴137："根魂环存缘完论"

（18）雪山禅师文信·题赵彦徽画（补遗）983："孙论抟"

（19）李孝光·梦先君182："欢盘恩魂"

（20）李孝光·行则有车送李德章侍尊父入京师114："船姓仁邻"

（21）雪山禅师文信·题云林竹（补遗）982："仑端门弯"

（22）张协状元·刮鼓令88："欢满盘乱门分樽樽"

（23）史伯璇·西江月·为孙寿祖："滚满"

元代温州籍文士作品中真文与寒先相押总共 23 例,其中真文押入寒先 13 例(1—13),寒先押入真文 5 例(14—18),两部等立相押也是 5 例(19—23)。从相押的数量上看,就是真文部押入寒先部占优势。真文押入寒先的主要是痕魂韵字,也就是一等痕魂韵字与寒先部的韵相近。

孔文卿(平阳)、章矗(平阳)、李孝光(乐清)、史伯璇(平阳)、何岳(平阳)、孙高(永嘉)、高明(瑞安)、《张协状元》(永嘉)、徐淮(永嘉)、雪山神师文信(永嘉)、金翼(乐清),作者遍及温州主要县市。

我们现在将古代温州方言等立通押的韵例与现代温州方音进行比较:

	欢	盘	恩	魂	船	姓	仁	邻	仑	端	鸾	盘	乱
温州:	y	ø	ø		y	eŋ	iaŋ			aŋ	ø	ø	
瑞安:	yø	ø	ø	ø			aŋ			ø	ø	ø	
平阳:	ø	ø	ø			eŋ	aŋ			ø	ø	ø	
永嘉:	y	ø	ø		y	ieŋ	aŋ			o	ø	ø	
文成:	yø	ø			eŋ		aŋ			ø	ø	ø	
乐清:	uɤ	ɤ			eŋ	aŋ	aŋ				ɤ		

	门	分	樽	滚	满
温州:	aŋ	aŋ		aŋ	
瑞安:	aŋ	aŋ	aŋ		ø
平阳:	aŋ	aŋ	aŋ		ø
永嘉:	aŋ	aŋ	aŋ		ø
文成:	aŋ	aŋ	aŋ		ø
乐清:	aŋ	aŋ			ø

虽不是典型的等立通押,但都是一边是变为阴声韵,另一边变为后鼻音阳声韵,但根本不可能变为同韵相押。但是元代的真文与寒先相押,这与宋代的情形是一致的,那有可能魂元变为与寒桓仙先相近,到了近现代才有部分与寒桓分道扬镳。

寒韵:安残叹阑儧餐寒澜干难湍

桓韵:欢盘丸完鸾端

删韵:颜环

山韵:间关弯山

仙韵:千迁船仙缠偏然缘荃挦钱愆

先韵:天年田先烟贤前悬

元韵:番元繁垣园言喧原元

真韵：仁邻人

文韵：分

欣韵：掀

魂韵：门温忳魂奔盆樽村存论敦仑孙婚

痕韵：根

缓韵：满

产韵：眼栈限

狝韵：辨选

铣韵：铉

阮韵：远阪

隐韵：近

混韵：本滚

翰韵：罕

换韵：乱

谏韵：惯患

愿韵：劝

劲韵：姓

勘韵：暗

2.1.3　明代真文与寒先押韵

（1）刘基·龙虎台赋274："蟠尊扪盘屯"

（2）刘基·钧天乐312："坤根煎"

（3）刘基·江城子663："昏魂坤阍崙漫媛论"

（4）刘基·忆王孙子665："昏寒痕孙门"

（5）黄淮·陈处士宗逸甫墓志铭281："民存振新昆蟠安门榛"

（6）黄淮·祭外叔父宁七处士杨公文357："门亲沦闻纭援恩温尊欢分焚"

（7）黄淮·祭翰林检讨温州府儒学教授潘先生文358："存樽酸"

（8）叶琳·赠王养素先生969："门根存园论猿餐垣骞豚魂痕蟠源屯孙"

（9）阙名·新月1013："昏痕看"

（10）章纶·何氏一心堂73："门伦存原恩飨言埙温翩奔昏孙敦"

（11）章纶·中元夜感怀243："元魂言樽郸"

（12）何白·述政诗六首，赠邓田联仲司理迁广平郡丞120："门神权垠因仁晨民温"

（13）何白·恒叔斋中逢徐伯搢，伯搢善鼓琴135："论昏关恩"

（14）何白·昆阳人物考颂 695："臣人鳞恂君璘宣鸾焉观温根言"

（15）侯一麟·太府张公诔 325："尊輴元藩温繁屯新神仁亲身垠真循纯贫旻人耘云困嚚滨氛群闻均民存恩贤天缠延翿"

（16）侯一麟·祭彭江皋文 327："人亲屯珍新宫民闻尘身旻洵仁园敦巾闲存魂观烟风昆门泉贤民"

（17）侯一麟·祭瓯东公文 328："捐贤帇宣先尊言藩恩存论惇门尊沦"

（18）刘琏·秋日旅怀 3："原残根存论猿"

（19）王毓·野寺烟霞 312："村门园痕椠"

（20）虞原璩·屏川旧隐 135："门村湍论"

（21）王毓·恒淡轩为州郡判王侯作 243："园轩根烦盘"

（22）孔铎·题曲阜世袭知县咏归亭 695："温繁存原敦喧垣言论樽旋坤昆孙尊门谖奔源恩"

（23）柯荣·送郑孟镐还闽 969："津辰尘濒冤弦邻亲陈参竣论人珍沦谖"

（24）侯一元·读鸽赋赋 23："存翻鸢安蹯轩"

（25）侯一元·日初升赋 761："喧盆占"

（26）刘基·双鲤堂歌为唐侍仪赋 384："鲜温"

（27）刘基·旅兴 478："言愆奔屯然篇妍怜"

（28）刘基·江城子 653："寒魂看珊关难残竿"

（29）黄淮·题神乐道士曹定观凌虚楼 8："宽观昏鸾山攀玕间还"

（30）黄淮·志养堂为郭文郁赋 14："根恩言宣年还萱前弦贤偏骞帇"

（31）黄淮·赠指挥佥事李公墓碑铭 322："难艰丸源恩谖"

（32）黄淮·祭礼部侍郎良夫蒋公文 435："垣连瑗敦先筵然邅年存篇偏坚言喧天骞绵田迁痊沿渊援泉焉旋奠前"

（33）陈谦·张孝子端 615："孙温翰墙原官艰安患残间完愆嗔元渊澜捐魂冤昏酸坤恩难年"

（34）吴荃·图书 634："玕蟠坤"

（35）金翼·钓鱼图 648："年官昏翻天滩川冠传"

（36）刘光亨·灯下 1026："寒酸欢昏"

（37）王叔果·题瑞邑胡君《竹屿卷》63："竿孙寒看"

（38）王叔果·春日游仙岩喜门径改新 175："观蟠尊檀"

（39）王叔果·山中缭碧园亭修复喜竣同儿蕴游眺 193："樊湍垣翩缘观桓欢参叹存孙繁谖"

（40）王叔果·兵宪蔡公作亭於华盖山登览赋之亭名大观即通志所载江山一览故址 206："端观澜垣论"

（41）何白·塘上行 16："坚翻澜湍间恩援寒难残兰鸾玕营论端弹肝"

（42）何白·哭泉篇 17："年间还因人璠兰鸾冤亲叹"

（43）何白·拟鲍明远行路难 22："烟轩端拳缘然篇巅鲲飧川尊玄言门年"

（44）何白·咏怀 44："尊刓颜班间"

（45）何白·感述 46："寒温煎诠迁先前"

（46）何白·陈公衡明府服除北上，以书招予，不果往，赋寄四章 52："寒艰敦闲欢关叹"

（47）何白·自通玄洞至梅雨潭 83："湍观翰端关天盘环湲寒玕鸾魂寰"

（48）何白·李本宁太史甫柏台诗，其柏为太史先方伯公手植 102："轩蜷暾全颠连攀阡筵存宣"

（49）何白·王与敦文学每遇辄称予诗宜布枣、深愧荒谬，无以仰副来雅，赋此志谢 104："还繁顽澜删燔园源言敦山"

（50）何白·祭郑司马昆岩先生 474："焉然埏言坚研先偏全圆涓筌宣传骞贤园天孪墘轩荪巅泉玄联盘敦迁辕笺干闲尊筵闉毡旋馆川存啴餐穿澶尊原烦丸屯吞关探孱膻奔剸先权圜南旃蕃燃山严墩歼蹲前魂安温门掀橡镌编诠删铅剗间蜒刊根刓年顽樊僤阡旃谖沿冠寒澜乾阗延肩痊咽论恩廛填捐端垣渊官冤铨愆奸烟眠援藩艰绵悬殚鲜源兰捃芊耕悁篇荃蜷"

（51）何白·送黄刘中入楚寄陶虎溪 510："骞然蠋编存毡渊馆沿贤篇"

（52）项乔·京中送乡人 494："寒安拚"

（53）侯一麟·太府讴歌卷 39："贤弦圆焉言门温存然偏乾"

（54）侯一麟·赠程山人 40："尊存门轩钝贤巅传蟠桓"

（55）侯一麟·春游康氏园歌 49："村繁喧泉弦连然年"

（56）侯一麟·哭仲兄文 329："连年全然剜天怜孙骞论存昆"

（57）卓敬·宝香 11："宽阑寒浑"

（58）林碧·哭弟："乾欢盆寒难"

（59）王毓·和黄仲刚韵："泉盘安喧尊"

（60）王激·东泉诗："陜根团"

（61）王激·送钱宠夫归南洲草堂："痕村盘根温"

（62）柯荣·相逢行："旋筵弦鲜闉轩埏然恩敦贤门勤"

（63）侯一元·以诗代书示儿917："寸窜乱"

（64）何白·登镇淮楼,寄怀杨木父、王昭粹、邵少文、柯茂倩91："远辨鄢槿眼产卷偃烜本铉胬浅展寋遣撰褊卷散洒巘返伴藓懒跣典衍简坂茧苑琏琬挽善趼免短缅晚"

（65）王激·秋日与赵文夫游竹川叙旧："黯短眼浅远盏损晚"

（66）刘基·寄赠怀上人510："卷巘浅键畈报本悃忏暖谖限踠眼垦晚"

（67）黄淮·祭翰林检讨温州府儒学教授潘先生文358："殿羡见变论困践"

明代温州籍文士作品中真文与寒先相押共有 67 例,其中寒先押入真文的有 25 例(1—25)、等立通押的 1 例(26—26)、真文押入寒先的 41 例(27—67)。从押韵韵的数量可以看出,当为真文部押入寒先部占优势。

刘基（文成）、黄淮（永嘉）、叶琳（瑞安）、阙名（ ）、章纶（永嘉）、何白（乐清）、侯一麟（乐清）、刘琏（文成）、王毓（永嘉）、虞原璹（瑞安）、孔铎（温州）、柯荣（永嘉）、侯一元（乐清）,作者遍及温州主要县市。从真文押入寒先看来,主要是一等的痕魂韵字,除了痕魂韵字主要只有少数的真韵字,如"嗔人亲因拚"等五字。

先看看现代方言的情况：

	寒	看	难	残	竿	寒	魂	关	难	残	痕	村	盘	根	温
温州：	y	ø	a	a	y	y	y	a	a	a	ø	ø	ø	y	y
瑞安：	ø		ɔ			ø	ø	ɔ			ø	ø	ø		
平阳：	ø		ø			ø	ø	ɔ	ø	ø		ø			
永嘉：	ø	ø	ø	ø	ø	aŋ	ø								
文成：	ø		a		a			ɔ		ɔ		ø	ø		
乐清：	ø	ø			uɣ								uɣ	uɣ	

除了温州话有三个元音,即 y、a、ø 外,其他的都是两个元音,ø 可以发展为 y,但不论如何,它们在明代两摄都可以押韵,这说明它们的主元音是相同的,这应是在明代之后才发生的语音的变化。

寒韵：寒看难残竿玕安翰澜滩餐飧矸檀叹兰弹肝干啴膻僤乾奸殚阑櫋

桓韵：蟠盘漫宽观鸾蟠丸欢酸官完冠湍桓端剜挛劗刊剜团奡

删韵：珊还攀患营颜班环寰顽删圜

山韵：关山间艰闲羼

仙韵：煎鲜愆然篇偏胼连筵筵然邅绵迁痊沿泉旋捐川传翩拳缘诠蜷全阡权埏涓筌埂毡旋馆穿澶燃橡铅谸蜓沿延痊廛铨芊悁荃蠋烻鄢

先韵：怜妍年前弦贤先坚天田渊奠烟巅玄颠研联笺阗镌编肩咽填眠耕弦跹

元韵：言媛宣萱骞源谖援垣喧骞焉原元冤嫣翻园猿源埙樊垣璠轩湲燔圆辕烦蕃谖藩轓鸢

真韵：民振新门亲嗔因人神仁晨臣鳞璘身真贫旻嚚滨珍尘巾津辰尘濒邻陈

谆韵：沦伦恂循纯困均洵惇踆

臻韵：榛

文韵：闻纭分焚君耘云氛群

欣韵：掀勤

魂韵：尊屯扪坤温奔魂昏坤阍苍论孙门存昆樽敦豚鲲飧暾荪墩蹲阍钝村浑

痕韵：根痕恩垠吞

覃韵：参探南

咸韵：黯

严韵：严

盐韵：歼

东韵：宫风

添韵：占

旱韵：懒

缓韵：暖短伴

潸韵：撰

产韵：限眼盏产简

狝韵：践辨卷展遣褊卷浼藓衍琏善免缅

铣韵：铉跣典茧

阮韵：㜎浅踠晚远楗偃烜蹇返坂苑琬挽

混韵：本悃忖损

很韵：垦

翰韵：窜散

换韵：乱

谏韵：赧

愿韵：键畈

恩韵：寸论困

霰韵：殿见变

线韵：羡卷

2.1.4 清代真文与寒先押韵

（1）凝·秋夜偕董生过黄燕及1215："欢阑存蟠弹"

（2）天锡·瞻岩215："尊孙屼桓蟠湍繁苏"

（3）徐凝·秋夜偕董生过黄燕及172："欢阑存蟠弹"

（4）宋衡·一剪梅·清明寄勤甫五弟183："难看山湲温昏论原"

（5）曾谐·临江仙·题王仲兰德馨哀词172："寒昏干痕魂酸"

（6）王德馨·族母翁太孺人九旬贞寿19："官传婚端专团宣难篇残餐单宽屯椽焉迁前年怜然贤寨绵天完延拳翰看"

（7）徐德元·一萼红·咏木桃花333："寒昏妍痕看魂酸鸾"

（8）李象坤·杂诗1270："韩冠尊存安"

（9）陈祖绶·荔枝香近·王文夫大令元綎，见示与令兄墨卿倡和旧作，怅感宦况，因填此阕答之245："管断口短稳衮怨伴"

（10）项瑢·木兰花195："浅转恨缓汗半"

（11）张元观·呼龙耕烟种瑶草图1439："仙巅缘泉边钱眠蜓烟弦川坤田鞭翩然鲜莲怜绵年前肩悬筦渊铅天"

（12）项瑢·台城路·季父北上，饯别196："晚换燕羡卷浅断怨恨捻线满"

（13）项瑢·念妈娇·房棂上有四彩绡美人，为拂尘误碎其一196："婉断恨恋浅面遍唤"

（14）陈祖绶·鹊桥仙·七夕224："汉恨半段"

（15）洪柄文·长相思·题画兰451："兰难栏樽看寒"

（16）徐炯文·季孙宿118："山闻颜艰"

（17）柯荣·伤歌行1001："天鋋燔繾埏泉全旋痊眠坚先惢川廛严阗前焊泫联连烟炎船千边填昏权南叹桓韀延蕃遭年传然贤偏田"

（18）黄式苏·舟行二旬，始抵杉溪，途中所见，纪之以诗109："转断畹辨犬茧算返远赧满缓馆堰晚稳浅伴脘短悍喘衍祖饭伞暖坦限牖罕遣懒捻饯潸浣眼"

（19）张元观·陪钱太史游仙姑洞1440："盘魂猿痕蟠"

（20）黄绍箕·浣溪沙·自临清折而西入卫河，两岸村落稍稀，而居人益朴静169："门丸孙源"

（21）宋恕·孝陵765："寒原痕难豚"

（22）徐德元·国香慢·咏素心兰346："尘烟荪云桓均痕氤"

（23）孙锵鸣·胡小玉大令惠寄邛杖，以诗为谢201："门敦源观"

（24）李象坤·杂诗1270："昏轮伸魂酸峦"'

（25）孙锵鸣·和逊学翁食沙噗诗，用《涉斋集》韵178："瞒根"

（26）徐德元·虞美人355："眷恨"

（27）洪柄文·矶碗窑501："碗稳"

（28）洪柄文·盗坟案505："恨案"

古代温州籍文士作品中真文部押入寒先部为18例（1—18），寒先部押入真文部为6例（19—24），等立通押为4例（25—28）。押入寒先部的主要是魂痕韵的一等字，三等只有"闻"一个字。押入真文部的主要是寒先部一等字，四等字仅"烟"字。

来看看现代温州方言的情况：

	欢	阑	存	蟠	尊	孙	岏	桓	湍	繁	苏	阑	弹
温州：	y		ø	ø	ø	ø		ø			ø	y	a
瑞安：	yø	ɔ	ø	ø		ø					ø	ø	ø
平阳：	ø		ø	ø		ø		ø			ø	ø	
永嘉：	y		ø	a	ø				ø		y		ø
文成：	yø	ɔ	ø	ø					ø				
乐清：	uɤ		ø	ø							uɤ		ø

从押韵的角度可以看出，温州古代方言真文部与寒先部相押，主要是两部的一等字相押较多，只是在清代的押韵与现代温州方言不相一致，这应该是晚清以后两部的演变。

寒韵：阑弹难看寒干残餐单翰兰栏韩安叹

桓韵：欢蟠盘岏桓酸湍丸官团宽完颧观冠峦瞒端

山韵：山艰

删韵：颜

仙韵：传专篇橼迁然绵延拳仙缘泉钱川翩然鲜绵铅鋋缠堧全旋痊悁廛焯连船千权延邅偏

先韵：前年怜贤天妍烟巅边眠蜓烟弦田鞭莲怜肩悬筵渊坚先阗泫联填田

元韵：猿繁湲原源原宣焉搴燔鞬蕃

真韵：尘氤伸

谆韵：均轮

文韵：云闻

魂韵：存魂尊孙荪温昏论门豚婚屯敦樽坤

痕韵：痕根

覃韵：南

盐韵：炎

严韵：严

旱韵：袒伞坦懒

缓韵：管断短伴缓满馆脘暖浣

产韵：限眼

潸韵：潸

狝韵：转辨喘衍遣饯

铣韵：衮犬茧牑

阮韵：怨碗浅晚婉畹返远堰饭

混韵：衮稳

翰韵：案汗悍汉

换韵：半换唤算伴段

谏韵：赧

霰韵：燕面遍

线韵：羡卷线恋眷转

恨韵：恨

捻罕

《音画字考》中，《广韵》的臻摄一等魂韵、痕韵、三等元韵的部分字与山摄一等寒韵、桓韵、三等仙韵和四等的先韵部分字同韵，如温渊宛鸳蜿远稳苑怨昏婚欢铉奂焕绚官观冠棺馆管贯裸专捐娟卷川穿铨诠痊劝串宣萱选元愿完园猿员垣桓魂丸玄缘悬缓浣全泉旋船传拳孙飧酸荪损算安恩鞍按案根柑干杆感敢扞看刊罕汉尊攒端敦墩短断吞村参忖寸窜潘泮半盘伴瞒曼馒漫寒翰旱岸汗窝乱嫩团敦屯段钝遁存蹲玩。

在现代温州话中，《广韵》的臻摄一等魂韵、痕韵、三等元韵的部分字与山摄一等寒韵、桓韵、三等仙韵和四等的先韵部分字的关系可分为两类：

一类是 ø，山摄一等寒韵、桓韵与臻摄一等痕韵、魂韵的部分字同韵：半伴拌潘盘判瞒幔刊看罕汉端短断锻团暖乱钻酸算蒜款玩盆嫩痕恩敦墩盾钝吞屯论尊存寸损孙。

一类是 y，山摄一等寒韵、桓韵、三等仙韵和四等先韵与臻摄一等痕韵、魂韵、三等元韵的部分是同韵：干肝赶寒韩汉旱安鞍岸专砖转篆传椽船喘软官观冠管琯欢唤焕完丸碗婉捐卷绢圈全权拳劝券旋玄悬选揎冤渊员圆缘原源元袁园猿辕援愿怨根昏婚荤魂温瘟稳。

在温州历代用韵中，山摄与臻摄的关系主要表现为山摄一等寒韵、桓韵、三等仙韵、四等先韵与臻摄的三等元韵、一等痕韵、魂韵相押，这与《音画字考》和现代温州话是一脉相承的，但历代用韵中与现代温州话等不同的是山摄的二等山韵、删韵和臻摄的三等文韵、欣韵、真韵、谆韵也参与其中，虽然次数少，韵字也少，但确实存在，这说明二等山韵、删韵和三等文韵、欣韵、真韵、谆韵与一等寒韵、桓韵、痕韵、魂韵等的主要元音是比较接近的，这与现代温州方言的情况不同。

2.2 东钟与真文相押

（1）叶适·梁父吟 31217："文崇"

（2）释如珙·偈 41217："人峰"

（3）释如珙·偈 41217："人通风"

（4）释如珙·天目和尚赞松源和尚像永长老请赞 41228："真宗龙"

（5）释智朋·偈 35823："尊重恩"

（6）无名氏·白兔记·蛮牌令犯 26："门红踪"

（7）无名氏·白兔记·金井水红花 36："中穷门送浓梦"

（8）刘基·青罗山房歌寄宋景濂 368："东通鸿空胧风中檬攻茏蓬穹氄桐隆红君虹汎梦漴躬峒"

（9）王光蕴·秋夜半山庵侍叔父旸谷后桥二公 880："穷云分闻"

（10）章纶·过燮岭访同宗吴氏，遇雪留饮，吟以赠 189："宗元源温重"

（11）朱谏·县西郑尚行过访 19："同尘"

（12）侯一麟·祭彭江皋文 327："人亲屯珍新宫民闻尘身旻洵仁园敦巾闲存魂观烟风昆门泉贤民"

（13）周衣德·左近访渔郎洞不得 267："昏梦真秦人"

（14）朱镜物·小游仙 1470："峰从云"

（15）周衣德·远浦归帆 333："虫稳"

来看看现代温州方言的情形如何：

	文	崇	门	红	踪	穷	云	分	闻	昏	梦	真	秦	人
温州：	aŋ	oŋ	aŋ	oŋ	oŋ	yoŋ	yoŋ	aŋ	aŋ	aŋ	oŋ	aŋ	aŋ	aŋ
瑞安：	aŋ	oŋ	aŋ	oŋ	oŋ	iøŋ	yŋ	aŋ	aŋ	aŋ	oŋ	aŋ	aŋ	aŋ
平阳：	aŋ	oŋ	aŋ	oŋ				aŋ			oŋ	aŋ	aŋ	aŋ
永嘉：	aŋ	oŋ	aŋ	oŋ		iøŋ		aŋ			oŋ	aŋ	aŋ	aŋ
文成：	aŋ	øŋ	aŋ			iøŋ	əŋ	aŋ			aŋ	aŋ	aŋ	aŋ
乐清：	aŋ		aŋ			oŋ	aŋ					aŋ	aŋ	aŋ

现代温州方言中，真文部大读 aŋ，东钟部读 oŋ，yoŋ 韵包括《广韵》的谆韵、文韵、东韵三等和钟韵的部分字，如遵笋准春唇蠢顺润闰均钧君军俊群薰勋熏循旬巡训云晕韵运熨中忠衷终仲众冲虫宠荣融容熔弓宫穹雄，oŋ 韵包括通摄的大部分字，如冬董懂冻栋洞铜同桐童瞳筒桶统痛农脓浓龙笼拢陇棕宗综总烷匆葱丛松宋崇茸公工功弓宫巩孔控轰烘宏弘红鸿翁蓬蒙梦风丰峰冯凤奉。而历代用韵中，"人真尘秦亲珍新民身旻巾" 属真韵、"文云分闻" 属文韵、"尊门温昏稳屯敦存魂昆" 属魂韵、"恩" 属痕韵、"元源" 属元韵、"洵" 属谆韵，这些字不仅有文韵和谆韵字，还有真韵、魂韵、痕韵等，这说明在历史上与通摄韵相近的臻摄字要比现代臻摄字范围要大。

2.3 东钟与江阳互押

（1）戴栩·捕蝗回奉化泊剡源有感 35111："风丛空幢厖降窗龙从蛮雄憧峰钟容"

（2）林正大·括水调歌头 2445："江撞摐淙泷双窗杠"

（3）王十朋·会稽风俗赋 280/120："邦风"

（4）王十朋·辞文宣王庙文 280/232："邦容"

（5）王十朋·祭戴履道文 280/205："江从"

（6）薛季宣·周鼎铭 258/33："邦从"

（7）薛季宣·七届 257/86："容风降中"

（8）刘黻·秋心 40688："长伤窗床裳芳"

（9）叶适·再过吴江赠僧了洪 31202："颃扛当常邦茫张量方塘"

（10）叶适·后端午行 31212："邦扬"

（11）林正大·括水调歌 2451："阳江湘长翔光洋忘"

（12）周行己·蔡君宝墓志铭 137/163："邦阳强昌臧扬堂伤乡藏"

（13）周行己·段公度哀词 137/174："阳芳长徉光翔行皇央浆康荒降良伤忘"

(14) 王十朋·会稽风俗赋 280/120："养项鳏网掌"

(15) 薛季宣·鄂墟赋 257/58："亡荒方常王厐"

(16) 薛季宣·雁荡山赋 257/67："梁窗仓藏阳床"

(17) 薛季宣·故通判临江军事王公墓志铭 258/59："邦冈藏长疆"

(18) 叶适·师立斋铭 286/130："当降"

(19) 刘黻·明堂赋 352/393："方窗将张"

(20) 薛季宣·唐风赋 257/50："东通房重"

(21) 薛季宣·唐风赋 257/50："翔钟容行风龙"

(22) 薛季宣·麦秀歌 28711："宫塘通亡雍宗颛中霶"

(23) 释如珙·偈 41216："尚孔"

(24) 释如珙·达磨大师赞 41227："空量"

(25) 刘安上·祭亡兄左史文 138/11："从同江床降枫"

(26) 王十朋·民事堂赋 280/151："堂忘仓殃荒常防亡粮肠廊狂重庸伤藏黄良当穰强康堂荒偿凉糠纲详伤羊王"

(27) 薛季宣·祭吕郎中文 258/69："江从觞臧黄方章忘商香亡伤常详章滂飨"

(28) 薛季宣·金龟赋 257/61："常行光隆丰方"

(29) 薛季宣·七届 257/86："亢藏刚方从亡常量疆堂亡当"

(30) 薛季宣·唐风赋 257/50："行从"

(31) 叶适·朝请大夫提举江州太平兴国宫陈公墓志铭 287/35："仓邦庸"

(32) 李孝光·张葵斋所藏《江山风雨图》："龙蓉枫江翁几峰"

(33) 张协状元·福清歌 119："凰房郎双"

(34) 高明·琵琶记·普贤歌 99："当忙棒"

(35) 高明·琵琶记·前腔 100："养棒长"

(36) 高明·琵琶记·太师引 206："伤裳状庞"

(37) 李孝光·天台谣送人还山 147："桑芒通旁羊苍裳潢方芳窗章狂霜光宫生笙"

(38) 李孝光·韩别驾旧宅 158："坊祥冰藏从幢蓬忙穰傍方风抗蒙隍墙堂觑功躬生平床中恙良恒偿扬响殃彰空璋浆香皇昌庆强"

(39) 李孝光·谢山人诗卷为鹤阳外祖题 170："傍唐长窗昌霜章扬明江厐笙鸣荒盲光滂成宫"

(40) 李孝光·原田 121："同壤"

(41) 刘基·祀方丘颂 217："宗同从邦賨容"

（42）刘基·拟连珠258："从龙邦"

（43）黄淮·澄庵章处士墓志铭327："宗从邦终封同逢"

（44）侯应宾·停雨诗989："蒙江窗从"

（45）王叔果·通政溪桥翁像赞400："容降冲穹"

（46）何白·结客少年场行20："鞖弓中东丰蓬同雄双龙风鸿工宫"

（47）何白·饮酒47："棕镛丰双空峰蒙"

（48）何白·因郝明府寄李太史本宁先生67："空虹风梦濛宫虫中邦崇容钟东"

（49）何白·同王用敬过宿王赞夫渚浦别墅时予将有卜邻之约76："峰窗公同东松风功重鸿通踪"

（50）何白·仁暨南交颂427："终风江冲降功"

（51）黄淮·平安南颂71："疆邦"

（52）释智斋·历代纪事碑铭77："广讲"

（53）周旋·聚奎堂赋67："章光方煌常昌昂行祥芒潢明璋王张彰康唐扬邦凰长襄量阳廊望纲当徨刚梁墙锵芳浆生翔场跄徉皇双良苍"

（54）周旋·梅花赋74："芳刚香降光阳傍堂"

（55）刘基·次韵和石末公见寄五绝612："穰容"

（56）黄淮·神龟诗5："隆王"

（57）黄淮·河清诗15："通淙东踪降冲撞泷濛逢堂光中雍戎寰融充冬封镕空虹风蓉宫钟从童聋衷容重功浓幢瞳恭工隆宗同穹庞丰桐砻究宗"

（58）黄淮·驺虞颂70："恭堂"

（59）宋恕·江行杂咏773："空江"

（60）宋恕·历下杂事诗895："唐降芳"

（61）李象坤·漕河曲378："舱帮"

（62）张兰·喜迁莺·题《江干春钱图》116："融胧东匆唱畔中风"

来看看现代温州方言的情形：

	江	从	长	伤	窗	床	裳	芳	东	通	房	重
温州：	uɔ	oŋ	i	i	yo	yo		cɤ	oŋ	oŋ	uɔ	yo
瑞安：		oŋ	ie		yo	yo			oŋ	oŋ		yo
平阳：	o	yo	ie				o		oŋ	oŋ	o	
永嘉：		oŋ	ɜi				uɔ	ŋo	oŋ	oŋ	cɤ	
文成：	uɔ	yo	iɛ	iɛ			uɔ	oŋ	o		uɔ	yo
乐清：		oŋ			yw	uw	o	ŋo	oŋ	o		yw

自宋代开始,温州籍文士作品中通摄与江摄和宕摄相押,从数量上看,清代温州籍文士作品中最少。在历代温州籍文士作品的用韵中,江摄与通摄相押,江摄与宕摄相押,通摄与江摄、宕摄相押。在现代温州话中,《广韵》江韵字读 uɔ 或 o,如帮邦庞港杠江讲降项巷,而通摄部分字读 yɔ,如浓纵从诵颂钟种重肿恭供共恐凶胸勇涌踊用,而其他通摄字读 oŋ 和 yoŋ。而历代温州籍文士作品的用韵中,与江韵相押通摄字不仅有冬韵、钟韵,还有东韵,这要比现代温州话的范围要大得多。

《音画字考》中,汪荒恍康光江缸刚纲釭讲港广降绛仓苍沧桑当汤倘皇黄凰惶郎唐堂塘央香箱相想向昌腔张姜障长凉量良亮量常象上羊扬痒降同韵。

现代温州话江摄部分字与宕摄同音,为 uɔ,如帮邦榜棒旁庞忙茫方芳妨防放当党挡当荡汤堂唐塘躺狼浪赃葬脏仓苍桑刚缸杠糠抗杭昂江讲降项巷庄装壮创光矿黄蝗汪亡网忘旺。从历代用韵可以看出,自宋代江韵就已与阳韵等合流了,到现代都是如此;而江阳韵与通摄的部分字主元音相同,这一特点到现代也是如此,且这一特点也是自宋代就已形成了。

2.4 阳唐与庚清押韵

在宋代温州话中阳唐与庚清二部相押的有 4 例:
（1）释如珙·寄宝藏主 41231:"明常宁青"
（2）释如珙·偈 41229:"营量"
（3）薛季宣·文王操 28711:"王祥明"
（4）薛季宣·感除赋 257/55:"洋嬴行病"

在元代温州话中阳唐与庚清二部相押的有 4 例:
（1）李孝光·赠岳仲远 180:"长中明鸣荒平"
（2）李孝光·莲叶何田田 85:"央生"
（3）鲁时中·首阳山 485:"常亡明"
（4）张协状元·西地锦 27:"行肱"

在明代温州话中阳唐与庚清二部相押的有 18 例:
（1）刘基·梅颂 215:"阳羹"
（2）刘基·述志赋 266:"光英"
（3）刘基·述志赋 266:"阳生"
（4）刘基·吊泰不华元帅赋 270:"长纕横明殃"
（5）黄淮·题《乔木图》为杨少傅乃祖赋 5:"阳征"
（6）黄淮·皋陵茔田诗为杨洗马赋 12:"煌箱常尝阳耕场香彰洋祥臧"

章忘光乡"

（7）黄淮·卢处士贵复甫墓志铭299："姜量详章彰荒忘望长亡伤昂堂张量芒芳臧箱常苍昌行庆岗扬"

（8）黄淮·信宜知县林君墓志铭341："臧庆"

（9）黄淮·故弘道徐君哀辞366："明长"

（10）张璁·纪时309："乡肱方"

（11）何白·哭泉篇17：汤囊羹伤望生乡肠

（12）何白·门有车马客行21："阳箱亡裳阳凉横狼粮苍量傍量傍伤"

（13）何白·咏怀44："光明桑翔常荒伤"

（14）何白·程中权62："桑翔长伤傍鸣忘唱光杭"

（15）何白·甘露园诗,为何仁仲银赋72："堂行霜阳瀼明郎簧房梁扬塘舫康忘"

（16）何白·司理高公祖见示翩翩之什,盖绎诗人"翩翩者雏"之义而作也,奉呈一首125："行翔刚唐光乡疆阳将章芳方王皇明良彰煌细"

（17）侯一麟·奠郡伯张公文332："诚城阳疮张棠章萌行长徉"

（18）柯荣·哭幼女行："殇生"

清代温州话中未见阳唐与庚清二部相押的例子。

庚韵：明行平鸣生羹英横

耕韵：耕萌

清韵：营嬴征诚城

青韵：宁青

登韵：肱

劲韵：病

敬韵：庆

东韵：中

来看看现代温州方言的情况：

	明	常	宁	青	营	量	王	祥	明	洋	嬴	行	病
温州：	aŋ	i	iaŋ	eŋ	oŋ	i	yo	i	aŋ	i	iaŋ		eŋ
瑞安：	eŋ	iɛ	iaŋ	eŋ	ioŋ	iɛ	yo	iɛ	eŋ	iɛ		eŋ	eŋ
平阳：	eŋ			eŋ					eŋ				eŋ
永嘉：	eŋ		iaŋ	ieŋ	ioŋ	iɛ	yo	iɛ	eŋ	iɛ	iaŋ		eŋ
文成：	eŋ			eŋ		iɛ		iɛ		iɛ			eŋ
乐清：	eŋ			eŋ			o	a	eŋ	a	an		eŋ

在现代温州方言中,阳唐韵字大多读阴声韵,而庚清韵字大多读阳声韵,二者不可能押韵,也就是说二者的主元音不相同。与庚清韵相押的只有阳唐韵,未见江韵字。在清代阳唐与庚清二部相押未见。在《音画字考》中,部分梗摄字与宕摄字同韵,如横衡蝗彭澎氓甍萌盲猛艋等,而现代温州话中,宕摄极个别字与梗部分字同韵,为 ie,如盲两。阳唐韵如蚌彭膨棚萌猛孟冷争睁撑生甥省更羹庚耕梗耿更坑横硬,而历代用韵中,阳唐韵字比现代要多得多,现代极个别宕摄韵字可能是宕摄与梗摄相分离后部分残存。

2.5 东钟与庚清押韵

(1) 释如琪·临济大师赞 41227:"明宗"
(2) 叶适·梁父吟 31217:"钟耕"
(3) 薛季宣·诚台瓦鼓诗 28707:"铜性"
(4) 许景衡·祭都司令人文 143/123:"荣穷"
(5) 王十朋·会稽风俗赋 280/120:"兄容"
(6) 李孝光·昆山州重修学宫记 36/9:"躬朋"
(7) 无名氏·白兔记·梁州序 67:"风令"
(8) 黄淮·中秋遇雨 175:"笼中容纵咏从永"
(9) 章纶·寄青田致仕洪主事 84:"同朋"
(10) 何白·大中丞喻公筹海楼颂 692:"公东宫风雄庸衡同功封"
(11) 李象坤·清尘阁诗 358:"重咏"

现代温州方言的情形如下:

	明	宗	铜	性	躬	朋	笼	中	容	纵	从	永	重	咏
温州:	eŋ	oŋ	oŋ	eŋ	oŋ	oŋ	oŋ	oŋ	yoŋ	yoŋ	oŋ	oŋ	yoŋ	yoŋ
瑞安:	eŋ	oŋ	oŋ	eŋ		oŋ	oŋ	oŋ	ioŋ	ioŋ	oŋ	ioŋ	ioŋ
平阳:	eŋ	oŋ	oŋ	eŋ		ioŋ								
永嘉:	eŋ	oŋ	oŋ	ieŋ	oŋ	oŋ	ioŋ							
乐清:	eŋ	oŋ	oŋ		oŋ	oŋ	oŋ				ioŋ	ioŋ		ioŋ

庚清韵有一部分字在宋代始就与东钟部同韵,但在宋代温州诗词韵中,除了"荣兄"两字外,尚有"明耕性"三字,这说明宋代温州方言中庚清部与东钟部同韵的要比现代温州方言要多一些。

庚韵:明荣兄衡

耕韵:耕

登韵:朋

劲韵：性令

梗韵：永

敬韵：咏

《音画字考》中，部分梗摄字与通摄影字同韵，如倾顷充芎宗松永咏泳中忠弓垌肩炯中风峰朋棚琼营荣萤縈隆笼同洞红宏。

在现代温州话中，oŋ 韵中除了通摄外，还有部分梗摄字，如宏朋崩等，yoŋ 韵中除了通摄外，还有部分梗摄字，如荣琼兄永咏泳。而历代用韵中，除了荣兄永咏外，还有明衡耕性等，相同的部分，说明自宋代开始荣兄永咏等字已演变与通摄合流了，而明衡耕性等字读音则与现代不同，这也说明自宋代始，温州方言中梗摄与通摄相融合时，其范围比现代要稍大一些。

2.6 寒山与谈咸互叶

宋代温州方言中寒山与谈咸两相押的仅 8 例：

（1）林景熙·赠泰霞真士求雨之验 43490："旱坎"

（2）释如珙·偈 41216："槃蓝"

（3）释智朋·偈 35822："黯圆"

（4）释智朋·偈 38532："线焰见"

（5）王十朋·二郎神 1351："卷半浅面遍艳颤漫岸苑恋剪"

（6）林季仲·倾杯乐 2："馆扇浅款点转算婉"

（7）许景衡·祭丁二丈文 143/118："娫潜"

（8）薛季宣·武陵行 28703："散判间泛"

元代温州方言中寒山与谈咸两部相押的 22 例：

（1）孔文卿·一枝花·禄山谋反·三煞 530："汗安斑弹范环乾"

（2）孔文卿·一枝花·禄山谋反·二煞 530："雁鞍山散看犯拦"

（3）郑洪·题张士厚四时仕女 1303（二集下）："阑涵"

（4）文质·虎丘宴集送郯九成，分赋吴王城 598："甸滟"

（5）张协状元·望远行 40："险遭辇愿"

（6）张协状元·胡捣练 50："店看"

（7）张协状元·锁南枝 57："贱满念"

（8）张协状元·鹤冲天 81："员脸面眷"

（9）张协状元·孝顺歌 96："欠添转还"

（10）张协状元·雁过沙 151："缘脸闪元"

（11）张协状元·添字尹令 101："剪添遣元"

（12）张协状元·添字尹令 101："浅脸缘饯"

（13）张协状元·门虼麻 137："元嫌涟年"

（14）张协状元·哭梧桐 169："寒险乱面"

（15）张协状元·哭梧桐 170："贱闪遍面"

（16）张协状元·过绿襕踢 186："汴选闪面斩浅搵"

（17）张协状元·浆水令 209："涟鞭厌悭煎泉"

（18）张协状元·浆水令 209："缘言圆眷坚鹣"

（19）无名氏·白兔记·集贤宾 70："年闪遍圆"

（20）无名氏·白兔记·月云高 74："遍遍点见远"

（21）无名氏·白兔记·黑麻序 86："官全添年"

（22）无名氏·白兔记·尾声 87："眷年鹣"

明代温州方言中寒山与谈咸两部相押的 24 例：

（1）赵廷松·题白坪卷 102："岩山关"

（2）赵廷松·竹园寿图 144："庵翰"

（3）赵廷松·叶瑞峰太史像赞 481："髯然玄天筵骞迁贤颠悬编"

（4）黄淮·神龟诗 5："滇岩"

（5）柯荣·伤歌行 1001："天铤燔缠堰泉全旋痊眠坚先愆川尘严阗前燀泫联连烟炎船千边填昏权南叹桓鞭延蕃遭年传然贤偏田"

（6）柯荣·赠刘冠军长孙出镇三江歌 1003："羡剑遍"

（7）章纶·为浦溪修桥作庙道人赋 91："山澜涵间寰岸滩难叹颜还儇闲艰鳏"

（8）王叔果·祭李太夫人 390："渊田先骈娟宣倦翩联仙全蠲天旋瞻筵虔"

（9）王叔果·戒杀生箴 396："天然前全焉厌怜迁泉煎鲜捐千诠贤言"

（10）王叔果·孟春初入山 17："岚山间关颜湾攀还"

（11）王叔果·祭宋阳山大理 329："全年源诠传言渊廉悬嫌圆旋镌连捐爱原天湲谖"

（12）张璁·秦瑞安宅瑞莲歌次韵 261："健蔓憾"

（13）张璁·阳月二十九日长至自寿 362："三担惭餐"

（14）侯一麟·读史 43："远蔓券宪劝艳靥睍贱"

（15）侯一麟·行路难 60："险晚"

（16）季应祁·抬阁小景："天帘"

（17）章玄应·便水驿次韵沈提学壁题："便占"

（18）章玄应·便水驿次韵沈提学壁题："浅染"

（19）朱谏·原宪贫19："宽芟桓玗端残欢间安寒澜观坛看关"

（20）朱谏·书墨池赵谦夫扇面9："山间岩"

（21）朱谏·陪邑尹林西庐先生谒宋代状元王梅溪墓13："山岩还班间"

（22）王激·鹤氅歌赠刘叔正："愿遍艳片见忾"

（23）柯荣·赠刘冠军长孙出镇三江歌："羡剑遍"

（24）侯一元·祭屠尚书文751："范简"

清代温州中寒山与谈咸两部相押的21例：

（1）徐德元·菩萨蛮295："帘眠"

（2）徐德元·燕归梁279："衾连粘纤"

（3）徐德元·玉宫春280："间颜间憨"

（4）宋恕·赠俞恪士824："艰山凡间"

（5）宋恕·题馆森袖海所携《今人诗录》831："凡间"

（6）宋恕·寄怀吴君遂889："年南篇船"

（7）王之照·洞仙歌141："旦半散唤换憾"

（8）王鹗·送沈棐亭同年之官云梦1312："鲜廉年贤"

（9）王德馨·十五夜同内子看月9："缘然年捐檐贤仟巅纤偏怜厌眠"

（10）李象坤·奠天栋叔冏卿64："欢连淹"

（11）李象坤·奠天栋叔冏卿64："然鬋坚"

（12）李象坤·奠林任翁相国文66："欷觍"

（13）李象坤·感时十六首92："安南"

（14）李象坤·文林郎浙江温州府推官刘君墓志铭320："蟠焉言燃天贤官偏前廉镌旋南阡韩"

（15）李象坤·奠林任翁相国文66："凡三攀函寰腔删山寒岘观岚翻端挽"

（16）李象坤·啄木鸟350："贤然筵边纤干钳翩连咽蜓天桓"

（17）李象坤·奠王龙翁银台文330："南欢"

（18）李象坤·制海云歌为贺将军赋355："源南恬川"

（19）李象坤·书车351："远衍犇犬辨骞辗卷棬畎裔浅忝俭珍遣"

（20）李象坤·山庄杂咏375："鉴粲"

（21）李象坤·海上谣377："鬋船"

现代温州方言的情况如下：

	散	判	间	泛	店	看	岩	山	关	艰	山	凡	间
温州：	ø	a	ai	ø		a	a	a	a	a	a	a	a
瑞安：	ø	ɔ	iɛ	ø	ɔ	ɔ	ɔ	cu	ɔ	ɔ	ɔ		
平阳：	ø			yø	ø	ɔ	ɔ	ɔ			ɔ	ɔ	ɔ
永嘉：	a	a			a	a	a	a	a	a	a	a	a
文成：	ø	ɔ		ɔ		ɔ	ɔ	ɔ		ɔ	ɔ		ɔ

在宋代温州籍文士作品中，咸摄押入山摄的字较少，-m尾与-n尾各自独立，二者的界限尚未泯灭，但咸山摄有合用现象的出现，到元代，特别是口语较强的南戏《张协状元》《白兔记》中，二摄相押明显增多，说明二摄的韵尾已趋同，明、清也应如此。

《音画字考》中，二摄合流，但又分为不同类。

第六类，主要包括山咸两摄的三、四等字，如先鲜显狝险铣宪献扇天颠烟薆焉奄厌淹粘染占尖坚苦肩瞻詹犍键检展剪见钱战剑牵阡签寒浅遣篇偏扁鞭边扁变便卞棉绵眠免勉面偭连莲廉濂帘辇恋练年钱铃件俭田畋填贤延艳见炎檐前然燃善贱善。

第七类，主要包括山咸两摄一等牙喉音的合口和三等舌齿音、牙喉音的合口字，如远怨蜿菀欢铉奂焕官观冠棺脘贯颧灌专蜎卷川穿铨筌犬劝串宣喧元芫阮完猿园员援垣桓丸玄悬缓浣院全泉船旋还传椽权篆倦。

第八类，主要包括山咸两摄一等开口和合口的唇音、舌音、喉音，如安菴按案柑干肝感敢绀堪看砍款侃坎蚶罕汉攒端短断碫贪参窜潘判泮半盘漫曼墁寒翰邗汗旱捍岸岚鸾娈乱男南嫩团抟覃昙潭断段玩。

第十七类，主要包括山咸两摄的二等韵、三等韵的唇音和一等舌音、喉音的部分，如宽嵌涧瞰关惯黯弯湾翻反返饭板扮赞餐粲滩坦毯丹耽胆旦担榄懒山三珊散念栈站坛檀弹谈谭惨瘗淡澹蛋惮兰蓝烂缆颜顽雁咸闲涵限牵繁凡帆犯范晚万换饭幻办攀盼。

现代温州话中，山咸两摄合并后也分为四类，分别为：

i类，主要是山咸两摄三、四等字，如沾粘毡展占战缠蝉扇陕善然染然鞭编边贬遍变辨篇偏片棉绵免面点典店殿天添甜田填年念廉帘连怜莲脸练恋兼尖兼歼肩笺坚检剪渐剑践件建见谦迁千牵潜钳乾前浅欠仙鲜铅先嫌贤弦险显线宪献淹腌烟炎盐檐阎严延言研沿掩演厌艳谚砚燕咽宴。

y类，主要是山咸两摄一等牙喉音和三等舌齿喉音的合口字，如柑甘干竿感敢杆赶寒韩汉旱安岸按案专砖转篆传川传椽船串官冠管馆贯灌欢唤焕完丸碗婉惋捐卷泉全权劝犬宣旋玄悬选揎冤渊员缘原源元袁园猿援远院愿怨。

a 类，主要是山咸两摄二等韵和一等韵开口的舌齿音，如班斑颁板般搬板扮办攀盼蛮慢漫曼帆番翻凡烦矾反返犯范耽担丹单淡旦但蛋弹滩谭谈檀弹毯坦炭叹难蓝兰栏拦览懒滥暂餐惭残灿三站栈搀铲产忏杉衫山删函喊监奸减碱简鉴舰铅咸衔嫌闲陷岩颜雁关惯宽还环换顽晚。

ø 类，主要是山咸两摄一等唇音和舌音合口及部分牙喉音，如半伴拌潘盘判瞒幔贪潭坛探南男参蚕惨堪刊看含罕汉庵暗端短断段缎团暖鸾乱钻酸蒜款玩。

在宋代，王十朋《二郎神》、林季仲《倾杯乐》、元代《张协状元·胡捣练》《张协状元·锁南枝》、无名氏《白兔记·黑麻序》、明代张璁《秦瑞安宅瑞莲歌次韵》押韵与现代温州方言字韵的分类不尽相同外，其他的韵例与《音画字考》和现代方言的分类基本吻合，这可以说明，现代温州方言中山咸两摄的分合关系，自元代始就已初步确定。

2.7 真文、庚清与侵寻互叶

2.7.1 宋代温州方言中真文与侵寻相押的计 11 例：

（1）王十朋·琵琶亭 22881："深音巾"
（2）陈德翔·和邻僧韵 32224："吟侵真沉"
（3）陈龟年·游净社寺 32224："云阴吟心"
（4）释智朋·偈 35824："今金闰"
（5）释智朋·偈 35829："恩心"
（6）叶适·西江月 2123："神钧问心论枕"
（7）薛梦桂·浣溪纱 3136："林魂温恨分昏"
（8）林季仲·祭德和弟文 179/136："人尘群心"
（9）王十朋·会稽风俗赋 280/120："仁淳今"
（10）王十朋·祭潘先生文 280/188："身人仁湮群新贫辛滨邻文珣陈勤臻神宾亲甚巾"
（11）释如珙·偈 41217："林身"

来看看现代温州方言的情况：

	深	音	巾	吟	侵	真	沉	云	阴	心	金	闰
温州：	aŋ	iaŋ	iaŋ	iaŋ	aŋ	aŋ		yoŋ	iaŋ	aŋ	iaŋ	yoŋ
瑞安：	aŋ	iaŋ	iaŋ	iaŋ	aŋ	aŋ	aŋ		iaŋ	aŋ	iaŋ	iaŋ
平阳：	aŋ	iaŋ	iaŋ	iaŋ	aŋ	aŋ	aŋ	ne	aŋ	iaŋ	ən	

永嘉：	aŋ	iaŋ	iaŋ	aŋ	aŋ	iaŋ	iaŋ	aŋ	iaŋ
文成：		iaŋ	iaŋ		aŋ	aŋ	iaŋ		iaŋ
乐清：	aŋ	iaŋ	aŋ		aŋ		aŋ	iaŋ	aŋ	aŋ

除了温州方言云、闰两字读音为 yoŋ 外，其他的均读为 aŋ、iaŋ，这与宋代诗文用韵是一致的。

2.7.2 宋代温州方言中庚清与侵寻相押的计 5 例：

（1）王十朋·荔 22844："星心"

（2）孙元卿·与钱孝先游洞霄 31432："声清阴旌争生征行晴嵘生声"

（3）刘黻·赋林氏集云庵 40707："行侵心林"

（4）潘逊·春日郊行 891："阴深情侵"

（5）林正大·括水调歌头 2449："冰凝陵情金吟灵音"

来看看现代温州方言的情况：

	星	行	侵	心	林	阴	深	情
温州：	eŋ	aŋ	aŋ	eŋ	iaŋ	aŋ		eŋ
瑞安：	eŋ	aŋ	aŋ	eŋ	iaŋ	aŋ		eŋ
平阳：	eŋ	aŋ	aŋ	eŋ	iaŋ	aŋ	ɔŋ	
永嘉：	ieŋ	aŋ	aŋ	eŋ	iaŋ	aŋ		eŋ
文成：	eŋ	aŋ	aŋ	eŋ	iaŋ			eŋ
乐清：	eŋ	aŋ	aŋ	eŋ	iaŋ	aŋ		eŋ

现代温州方言中，"林"仍读 eŋ，不仅如此，"兵品淋临吝"等都读 eŋ，这说明在宋代始 -m 尾与 -ŋ 尾已渐相融合。

庚韵：生行嵘

耕韵：争

清韵：声清旌征晴情

青韵：星灵

蒸韵：冰凝陵

侵韵：金吟侵心音阴林

2.7.3 宋代温州方言中庚清与真文相押的计 12 例：

（1）林季仲·和梁守饯诸贡士 19966："京英精新衡名荣程"

（2）薛季宣·箕子操 28711："亨邻"

（3）释如珙·偈 41217："停生村"

（4）释智朋·偈 35829："昏明"

(5) 林正大·括沁园春 2442："名肩情听罂生醒真蛉"
(6) 林正大·括朝中措 2450："尘盈魂城兄"
(7) 林正大·括江神子 2460："城情青缨零邻尊亲罂醒"
(8) 林正大·括临江仙 2461："生情并清频成"
(9) 周行己·包端睦忠孝传 137/157："灵明亲辰英"
(10) 陈傅良·宜人林氏墓志铭 268/277："人荣铭倾"
(11) 戴栩·祈雨祝文 308/226："春成"
(12) 叶适·梁父吟 31217："隐兴"

现代温州方言的情形如下：

	亨	邻	停	生	村	昏	明	春	成	隐	兴
温州：	eŋ	eŋ			aŋ	eŋ	yoŋ	eŋ	iaŋ	iaŋ	
瑞安：		eŋ		eŋ		eŋ	eŋ	eŋ	iaŋ	aŋ	
平阳：		eŋ		eŋ		eŋ	eŋ	eŋ			
永嘉：		eŋ		eŋ		eŋ	eŋ		iaŋ		
文成：		eŋ		eŋ		eŋ	eŋ				
乐清：				uaŋ	eŋ	eŋ		eŋ	iaŋ	aŋ	

现代温州方言虽然与明代温州籍文士作品中的韵例不完全相合，但现代温州方言真文部与庚清部有同韵之处，如奔本分针恨心崩登邓能明读 aŋ，今金巾锦欣音宁京荆竟劲轻兴英婴迎读 iaŋ，拼宾贫频聘闽敏邻正称成声精等读 eŋ，这说明在宋代时真文与庚清同韵的范围要比现代方言要多一些。

庚韵：京英衡荣生明兄亨
耕韵：罂
清韵：程城成精清情名倾盈缨
青韵：停听青醒并铭扃蛉零灵
证韵：兴
真韵：新邻真尘亲罂人频辰
谆韵：春
魂韵：村昏魂尊
隐韵：隐

2.7.4 宋代温州籍文士作品中真文、侵寻与庚清相押的计 1 例：
俞德邻·菱茗赋 357/281："颖醒岭笋品骋恳"
静韵：颖岭骋

迥韵：醒

准韵：笋

很韵：恳

寝韵：品

2.7.5　元代温州籍文士作品中真文与侵寻相押的计6例：

（1）张协状元·临江仙183："襟音人"

（2）张协状元·太子游四门190："亲您损贫"

（3）高明·琵琶记·满庭芳芳51："辰人分襟"

（4）李孝光·白翎雀88："君心沦人麟"

（5）李孝光·送人271："巾人深滨"

（6）无名氏·白兔记·三月海棠93："顿认奔襟"

现代温州方言的情形如下：

	襟	音	人	辰	分	襟	君	心	沦	麟	巾	深	滨
温州：	iaŋ	iaŋ	aŋ	aŋ	aŋ	iaŋ	yoŋ	aŋ			iaŋ	aŋ	aŋ
瑞安：	iaŋ	iaŋ	aŋ	aŋ	aŋ	iaŋ	yŋ	aŋ			iaŋ	aŋ	
平阳：	iaŋ	aŋ	aŋ	aŋ	aŋ		aŋ				iaŋ	iaŋ	
永嘉：	iaŋ	iaŋ	aŋ	aŋ	aŋ	iaŋ		aŋ	aŋ	aŋ			
文成：	iaŋ	iaŋ	aŋ	aŋ	aŋ	iaŋ		aŋ	aŋ	iaŋ			
乐清：	aŋ	iaŋ	aŋ	aŋ	aŋ			aŋ			aŋ	aŋ	aŋ

元代温州籍文士作品中真文部与侵寻部与现代温州方言基本一致，这说明在元代两部的韵尾 – m 与 – n 尾相合了。

2.7.6　元代温州籍文士作品中庚清与侵寻相押的计7例：

（1）张天英·钱塘怀古次高则诚韵386："平阴临林"

（2）李孝光·嘉树为郑氏义门作126："淫庭"

（3）张协状元·四换头106："心惺清盈"

（4）张协状元·吴小四132："诚心名音寻"

（5）张协状元·秋江送别177："金轻冷生"

（6）无名氏·白兔记·前腔63："寻仃"

（7）无名氏·白兔记·胡捣练109："明音"

现代温州方言的情况如下：

	平	阴	临	林	心	惺	清	盈	金	轻	冷	生
温州：	eŋ	iaŋ	eŋ	eŋ	aŋ	eŋ	eŋ	iaŋ	iaŋ	iaŋ		

瑞安：eŋ iaŋ eŋ eŋ aŋ eŋ eŋ iaŋ iaŋ iaŋ
平阳：eŋ iaŋ eŋ eŋ aŋ eŋ eŋ iaŋ iaŋ iaŋ
永嘉：eŋ iaŋ eŋ eŋ aŋ eŋ ieŋ ieŋ iaŋ iaŋ
文成：eŋ iaŋ eŋ eŋ aŋ eŋ eŋ iaŋ iaŋ iaŋ
乐清：eŋ iaŋ eŋ eŋ aŋ eŋ eŋ aŋ aŋ aŋ

现代温州方言有与元代押韵一致的，如"金轻"，读 iaŋ；也有不相一致的情况，如"平阴"，读 eŋ、iaŋ；还有既一致也不一致，如"心清盈"，读 aŋ、eŋ、iaŋ，这说明同一韵内再按声类再分化，这从元代就开始了。

庚韵：平生明

清韵：清诚盈轻

青韵：庭仃冷惺

侵韵：临林心寻金阴音淫

2.7.7　元代温州籍文士作品中庚清与真文相押的计46例：

（1）李孝光·洞神宫记 36/12："生萌京文星君"

（2）李孝光·择木为娄所性作 107："陵矰仁"

（3）李孝光·河流 119："敬仁"

（4）李孝光·嘉树为郑氏义门作 126："行训"

（5）李孝光·寄宪使本斋王公 184："滨城身"

（6）李孝光·嘉树为郑氏义门作 126："昆敬"

（7）李孝光·赠林泉生兄弟 193："征情行倾人嘤身莺"

（8）史伯璇·代送张权府 66："君文臣芬勤能云滨"

（9）张协状元·满庭芳 2："庭声惊名成名因听"

（10）张协状元·出队子 54："人名门"

（11）张协状元·五方鬼 54："鸣神狩惊"

（12）张协状元·五供养 55："人名尽门"

（13）张协状元·水调歌头 96："神迍身名"

（14）张协状元·孝顺歌 96："贫兵冷京"

（15）张协状元·尹令 99："令闷京"

（16）张协状元·四换头 106："嗔轻等生"

（17）张协状元·四换头 106："紧成名程"

（18）张协状元·赚 107："京行君粉"

（19）张协状元·呼唤子 107："人情京贫"

（20）张协状元·尾声 107："命明闷"

（21）张协状元·门黑麻 111："平臣俊人瓶"

（22）张协状元·刮鼓令 177："辛程"

（23）张协状元·刮鼓令 178："生人"

（24）张协状元·太子游四门 190："郡神行"

（25）张协状元·一枝花 203："人请命"

（26）高明·琵琶记·前腔 143："零辛熏人"

（27）高明·琵琶记·前腔 230："勤辛庭"

（28）无名氏·白兔记·孝南枝 127："人灯倖人"

（29）无名氏·白兔记·前腔 127："零荣人"

（30）无名氏·白兔记·剔银灯 131："停引春"

（31）无名氏·白兔记·前腔 131："定亲屯春"

（32）无名氏·白兔记·香罗带 118："因零人因"

（33）无名氏·白兔记·前腔 118："因民零旬"

（34）无名氏·白兔记·番鼓儿 102："迸影阵程"

（35）无名氏·白兔记·孝顺歌 75："人醒身迸"

（36）无名氏·白兔记·锁南枝 82："鸣明人冰"

（37）无名氏·白兔记·三学士 71："承人分昏"

（38）无名氏·白兔记·前腔 72："情人文昏"

（39）无名氏·白兔记·前腔 71："人平人"

（40）无名氏·白兔记·尾声 72："人明"

（41）无名氏·白兔记·水底鱼 67："平人"

（42）无名氏·白兔记·前腔 47："群筋径坤"

（43）无名氏·白兔记·前腔 47："群声信云"

（44）张协状元·醉落魄 106："定稳病"

（45）无名氏·白兔记·前腔 62："定准病"

（46）高明·琵琶记·月云高 182："近尽影奔贫"

现代温州方言的情况如下：

	生	萌	京	文	星	君	人	名	尽	门	辛	程	勤	庭
温州：	iɛ	iɛ	iaŋ	aŋ	eŋ		aŋ	eŋ	aŋ	aŋ	aŋ	eŋ	iaŋ	eŋ
瑞安：				aŋ	eŋ		aŋ	eŋ	aŋ	aŋ	aŋ	eŋ	iaŋ	eŋ
平阳：			iaŋ	aŋ	eŋ		aŋ		aŋ	aŋ	aŋ	eŋ		eŋ
永嘉：			iaŋ	aŋ	ieŋ		aŋ	eŋ	aŋ	aŋ	aŋ	ieŋ	iaŋ	eŋ

文成：　　　　iaŋ　aŋ　eŋ　yəŋ　aŋ　　　aŋ　aŋ　aŋ　eŋ　iaŋ　eŋ
乐清：　　　　aŋ　　　aŋ　eŋ　aŋ　aŋ　eŋ　aŋ　aŋ　aŋ　　　eŋ

现代温州方言与元代押韵有的一致，如"京文"，主要元音及韵尾读 aŋ，有的不一致，如"生萌京"，读 iŋ、iaŋ，"人名"与"勤庭"，分别读 aŋ、eŋ，这说明在元代温州籍文士作品中庚清与真文两部有一部分读音是相同或相近的，发生分化应该是后来才产生的。

庚韵：生京行惊鸣狞惊兵明平荣

耕韵：萌嘤莺

清韵：城征情倾声成名轻程

青韵：星庭听冷令瓶零停醒

蒸韵：陵冰承

登韵：矰能灯倰

等韵：等

梗韵：影

耿韵：倖

静韵：请

诤韵：迸

敬韵：敬命病

径韵：定径

2.7.8　元代温州籍文士作品中真文、侵寻与庚清相押的计 8 例：

（1）晋悬·王承务德政碑铭 59/270："名成清平珉更争生霆明城宁亭衿深新旌评心青"

（2）张协状元·荷叶铺水面 96："心门定萦"

（3）张协状元·四换头 106："恩听心音"

（4）张协状元·绛罗裙 107："恁闷揾诚明"

（5）张协状元·黄莺儿 131："令心名人"

（6）张协状元·吴小四 132："零情音人听"

（7）无名氏·白兔记·前腔 71："嗔心争庭"

（8）无名氏·白兔记·入赚 62："恁恩命"

现在将现代温州方言与古代温州籍文士作品中真文、侵寻和庚清相押的情况进行比较：

	心	门	定	紫	令	名	人	零	情	音	听
温州：	aŋ	aŋ	eŋ		eŋ	eŋ	aŋ	eŋ	eŋ	aŋ	eŋ
瑞安：	aŋ	aŋ	eŋ		eŋ	eŋ	aŋ	eŋ	eŋ	aŋ	eŋ
平阳：	aŋ	aŋ	eŋ		eŋ	eŋ	aŋ	eŋ	eŋ	aŋ	eŋ
永嘉：	aŋ	aŋ	eŋ			eŋ	aŋ	eŋ	ieŋ	aŋ	eŋ
文成：	aŋ	aŋ	eŋ		eŋ	eŋ	aŋ	eŋ	eŋ	aŋ	eŋ
乐清：	aŋ	aŋ	eŋ		eŋ	eŋ	aŋ	eŋ	eŋ	aŋ	eŋ

真文与侵寻已合流，但与庚清没有一例相同，但现代方言中有一部分字庚清韵字与侵寻、真文的读音相同，如"崩灯等邓能棱增曾层明"读 aŋ，"宁茎京荆经景警劲境竟轻庆兴形刑应鹰樱英婴蝇影营萤"读 iaŋ。这说明在元代温州籍文士作品中庚清与真文、侵寻同韵的范围比现代温州方言要大。

庚韵：平甿更生明评

耕韵：争

清韵：成清情城诚旌紫名

青韵：亭庭霆零令宁青听

敬韵：命

侵韵：心恁音衿深

真韵：新人嗔

魂韵：门恩

文韵：揾

恩韵：闷

2.7.9 明代温州方言中真文与侵寻相押的计 9 例：

（1）刘基·旱天多雨意呈石末公 521："阴文焚闻"

（2）王名世·同冯太史游小西天 978："森深人"

（3）王叔果·石磬铭 397："滨人音"

（4）王叔杲·赠张文洲司理入判京兆 37："郡近蕴荫"

（5）张璁·恭和圣制 357："心新"

（6）侯一麟·送项叔定自南雁游西湖 61："心林滨"

（7）姜伟·次梅秉玉梨花月韵 9："云神春深人"

（8）孔铎·奉和任中书题松送项主事致仕："森新音吟侵"

（9）侯一元·相逢行赠徐东山 397："人伦亲辰林心魂论"

2.7.10 明代温州方言中侵寻与庚清相押的计 4 例：

（1）李阶·题四喜图 782："名评霖生"

（2）刘琏·瑞粟歌1："成霖生英徵"

（3）孔铎·送汤先生归平阳397："经京音荣迎"

（4）叶尚高·即事274："深钦心琳明"

庚韵：名评生京荣迎明

清韵：成　英

青韵：经

蒸韵：徵

侵韵：霖音深钦心琳

2.7.11　明代温州方言中真文与庚清相押的计16例：

（1）刘基·吊诸葛武侯赋357："民明"

（2）刘基·夜听张道士弹琴499："门冷鸣"

（3）黄淮·圣孝瑞应赋72："云零"

（4）黄淮·圣孝瑞应赋72："仁明征承"

（5）黄淮·杂咏119："萍根芬辰宾珍"

（6）黄淮·赠礼部给事中武公墓碑铭297："缨真征荣扃名承"

（7）释本昼·一剪梅3428："分平成生僧凭灯身"

（8）孙昭·天柱峰845："真明情瀛"

（9）孙绍贤·赠陈学博升任巴东955："行生平滨"

（10）王叔果·半山赋1："灵旻溟明清经桢蒸荆情英青缨名鸣澄亭贞形登耕荣萍膺零盟"

（11）何白·哭泉篇17："城声停鸣云平程膺冥成并"

（12）何白·饮酒47："民因成瀆贫辰尘论"

（13）黄淮·神龟诗5："运竟"

（14）黄淮·寿萱439："运庆"

（15）赵廷松·祭亡女哀词435："樵正"

（16）黄一庄·子夜吴歌926："并尽"

现在将现代温州方言与明代温州籍文士作品中的押韵情况进行比较：

	民	明	门	冷	鸣	仁	征	承	真	情	瀛
温州：	eŋ	aŋ	aŋ		aŋ	eŋ	aŋ	eŋ	eŋ	aŋ	iaŋ
瑞安：	eŋ	eŋ	aŋ		eŋ	eŋ	eŋ	eŋ	eŋ		
平阳：	aŋ	eŋ	aŋ		eŋ	eŋ	eŋ	eŋ	eŋ		
永嘉：		eŋ	aŋ		eŋ	eŋ	eŋ	aŋ	eŋ	eŋ	

文成：eŋ eŋ aŋ　　eŋ aŋ eŋ eŋ aŋ eŋ eŋ

乐清：eŋ eŋ aŋ　　eŋ aŋ eŋ eŋ aŋ eŋ eŋ

虽然明代温州方言庚清与真文相押,但与现代温州方言不相一致,现代温州方言虽有庚清与真文同韵之处,但上述韵字不在相押范围之内,这说明明代庚清与真文同韵的范围要大于现代方言。

庚韵：明鸣荣平生行荆英盟

耕韵：耕

清韵：征缨成情瀛清名贞城声程

青韵：冷零萍肩灵溟经棂青形停冥并

蒸韵：承凭蒸澄膺

登韵：僧灯亭

迥韵：并

敬韵：竟庆

劲韵：正

2.7.12 明代温州方言中真文、侵寻与庚清相押的计1例：

(1) 王叔果·半山赋1："菁声冰冷馨云砰襟称生铭"

文韵：云

庚：生

耕韵：砰

清：菁声

青韵：冷馨铭

蒸韵：冰称

侵韵：襟

2.7.13 清代温州方言中真文与侵寻相押的计6例：

(1) 李象坤·奠周际翁中丞文65："沉辰辛文"

(2) 徐乃康·赠瑞安刘琴渔上舍403："阴岑心琴襟寻参簪珍音神钦"

(3) 周天锡·圆明寺1306："林心身音"

(4) 宋恕·乌龙潭诸葛公祠769："支曛分坟吟"

(5) 王德馨·咏史13："心钦臣循任珍伦身今仁伸囚深人"

(6) 徐乃康·会稽王子献孝廉著有《醉庵砚铭》,余杭王芝仙属题502："真今"

2.7.14　清代温州方言中侵寻与庚清相押的计8例：

(1) 金晓·秋夜凉1507："行惊情深"

(2) 陈祖绶·画春堂·雪后和王文夫韵252："音晴禽寻俜吟"

(3) 徐乃康·古歌行502："馨心"

(4) 李象坤·奠林任翁相国文66："岑生"

(5) 李象坤·邺城歌355："生深"

(6) 李象坤·旸湖篇355："甥林"

(7) 李象坤·奠周际翁中丞文65："京倾心升"

(8) 李象坤·旸湖篇355："襟城"

庚韵：行　惊京　生甥

清韵：情晴　城　倾

青韵：俜　馨馨

蒸韵：升

侵韵：深音禽寻吟心岑林襟

2.7.15　清代温州方言中真文与庚清相押的计25例：

(1) 林齐鋐·小游仙诗252："新景"

(2) 宋恕·杂感764："惊民兵迎声"

(3) 宋恕·燕都篇784："春薪人因凭憎呻新扃"

(4) 宋恕·读钱伯吹《题北斗化身图诗》有感791："生因"

(5) 宋恕·赠松林上人810："彬津因身名伦民京春滨沦神精仁城清瀛轻秦辛英"

(6) 李象坤·奠周际翁中丞文65："清庭冰亲"

(7) 李象坤·奠王龙翁银台文330："盟缙"

(8) 李象坤·奠王龙翁银台文330："申惊"

(9) 李象坤·闽南道中349："春情尘闽榛人亲鸣"

(10) 李象坤·清尘阁诗358："人倾"

(11) 李象坤·山庄杂咏375："人耕"

(12) 李饮冰·千秋岁·润琴词学113："令径病政认性兴证润咏"

(13) 张振夔·梅子黄时雨·听蛙137："竟影病醒命郑隐省"

(14) 王之照·洞仙歌139："镜靓鬓晕称映"

(15) 王之照·洞仙歌140："映定劲顷趁胜"

(16) 孙衣言·贺新凉·红叶156："动鬓暝径井冷静更并永影省"

(17) 孙锵鸣·买陂塘·九日登陶然亭作159："影信顷凭整景听省暝

醒准"

(18) 宋恕·燕都篇 784："俊胜病震"

(19) 徐德元·烛影摇红 283："净逞静隐并骋境醒"

(20) 徐德元·菩萨蛮 295："近静"

(21) 徐德元·前调 314："境问领鬓进印影证"

(22) 徐德元·曲游春·人日林大恒轩见访因倚此解 330："引黪冷饼省并酊暝"

(23) 洪柄文·窝窃贼 505："警讯"

(24) 李象坤·奠王龙翁银台文 330："颖引"

(25) 李象坤·奠王龙翁银台文 330："晋命"

	新	景	惊	民	兵	迎	声	清	庭	冰	亲	俊	胜	病	震
温州：	aŋ		iaŋ	eŋ	eŋ		eŋ	eŋ	eŋ		aŋ	yoŋ	eŋ	eŋ	aŋ
瑞安：	aŋ		iaŋ	eŋ	eŋ		eŋ	eŋ	eŋ		aŋ	yŋ	eŋ	eŋ	aŋ
平阳：	aŋ		iaŋ	aŋ	eŋ		eŋ	eŋ	eŋ		aŋ		eŋ	eŋ	aŋ
永嘉：	aŋ		iaŋ		eŋ			eŋ			aŋ		eŋ	eŋ	
文成：	aŋ		iaŋ	eŋ	eŋ		eŋ	eŋ	eŋ		aŋ		eŋ	eŋ	
乐清：	aŋ		aŋ	eŋ	eŋ		eŋ	eŋ	eŋ		aŋ		eŋ	eŋ	aŋ

除了"惊"韵母读 iaŋ 或 aŋ 外，未见一字韵母有读 aŋ 音的。这说明清代温州籍文士作品中庚清与真文同韵的范围要比现代大，现代温州方言的分韵是在近现代才产生的。

庚韵：惊兵迎生京英盟鸣

耕韵：耕

清韵：声精城清名瀛轻倾顷

青韵：扃庭暝

蒸韵：凭冰

登韵：憎

梗韵：景省影警

静：井静整逞领饼颖

迥韵：醒酊

敬韵：病命竟咏镜更

诤韵：净迸

劲韵：令郑政性靓映劲

径韵：径定并

证韵：认兴证称胜

董韵：动

真韵：新民薪人因彬津身呻新滨神秦辛亲缙申尘闽榛晕

谆韵：春伦沦

轸韵：引

准韵：准

吻韵：韵

隐韵：隐近

震韵：鬓趁信震印讯晋

稕韵：润俊

问韵：晕问

2.7.16 清代温州籍文士作品中真文、侵寻与庚清相押的计5例：

（1）释德立·寄赠白花高海帆居士次子祥法弟韵258："阴春生"

（2）李象坤·代烶侄祭大兄文332："生人凭亲民心存辛"

（3）李象坤·奠林任翁相国文66："青人龄心林冥"

（4）徐德元·前调·忆梦314："阵认恨禁印进问磬"

（5）王理孚·瑞鹤仙·用黄澹翁韵128："枕整井尽省景问稳"

庚韵：生

青韵：青龄冥

蒸韵：凭

梗韵：省景

静韵：整井

诤韵：进

径韵：磬

侵韵：阴心林

寝韵：枕

沁韵：禁

真韵：亲民辛人

谆韵：春

魂韵：存

混韵：稳

震韵：认阵印

问韵：问尽

恨韵：恨

《音画字考》，臻、深、梗、曾四摄分为四类：

第一类，主要指梗摄二等韵：杏幸坑倖荇亨哼更庚鹒胘梗耿生笙牲甥省争铮烹横衡彭氓猛行橙硬。

第九类，主要指臻摄三等的合口韵齿音、牙音、喉音：熏薰勋壎训洵询荀恂峋舜浚峻瞬春椿蠢君均钧遵谆屯逡竣肫准俊畯骏唇纯醇巡驯旬顺润裙群菌窘盾云匀耘芸缊煴允陨闰晕运韵愠。

第十一类，主要包括深、臻两摄的唇音和边音、曾、梗两摄三四等的唇、舌、齿音：青清称请骋逞精徵睛旌蒸侦贞晶井整拯正政症证升政星声醒猩惺省性圣厅艇挺町丁钉玎汀顶订鼎定娉兵冰宾彬滨嫔濒丙炳柄平频苹坪苹贫屏凭病明民泯珉鸣闽名鸣闽敏闵命成情承城诚丞仍静净乘林邻鄰鳞麟淋琳嶙溧廪吝蔺躏亭庭廷婷停定。

第十四类，主要包括音臻、深、曾、梗四摄三等韵和一等韵及臻摄三等合口的唇音：因阴姻茵骃咽璎撄嫛英莺蝇引影隐颖郢饮倖印荫映应孕引欣兴心辛新申绅伸呻深琛参森身僧审沈信沁巾金今京警荆经禁景境锦胫径真针珍津致溱蓁砧振枕轸进振震镇曾增憎甄亲寝侵卿钦轻庆登等井分纷氛芬芬粉煴昆崑鹍鲲绲棍喷奔本很坤肯困恨能臣沉忱陈秦朕阵层曾盈淫寅刑形型人仁神寻晨忍尽甚任慎壬银垠迎宁吟认迎伦纶沦芹禽近妗劲胜疼邓文纹蚊闻焚浑汾刎闻混文门们闷体笨。

在现代温州话中，《广韵》臻、深、梗和曾四摄合并后又重新分合为四类：

aŋ韵，主要包括魂韵的唇音、牙音、舌音，文韵的唇音，真、侵韵的舌齿音、痕韵的牙音，登韵的舌、齿音等：奔本笨喷门闷分芬纷坟粉粪奋愤份森针珍真枕诊疹镇阵振震沉陈尘晨臣趁衬参深身申伸审婶渗甚肾慎人仁任刃跟根恳垦啃肯痕很恨津浸进晋尽侵亲秦寝心辛新薪信敦顿吞轮滚棍昆坤捆困昏浑混魂温文蚊纹闻问寻讯迅崩登邓腾誊藤能棱增曾赠曾层恒明。

iaŋ韵，主要包括深、臻、梗、曾四摄三、四等的牙喉音和半舌音：人仁忍刃认今金襟禁巾斤筋锦紧仅谨近劲钦琴禽擒勤芹欣衅音阴因姻殷吟淫银寅饮引隐印宁茎京荆惊经景警颈境竟镜敬劲卿轻庆兴形刑应鹰樱莺英婴缨蝇迎盈赢影营萤孕。

eŋ韵，主要包括深、臻两摄的唇音和边音、曾、梗两摄三四等的唇、舌、齿音：贞侦宾拼贫频品民闽敏悯临林淋邻鳞盟征蒸正整证症郑称承呈成城盛秤声剩声绳胜圣仍冰兵秉丙饼病并凭平评坪萍瓶明鸣名铭命丁钉顶鼎订钉定听厅汀亭停廷庭艇挺陵凌菱灵铃零领岭令另精晶睛井静净清青情请星腥猩醒性姓。

iɛ 韵,主要指梗摄二等韵：萌猛孟冷争睁撑生甥牲省更羹庚耕梗耿更坑横硬。

《音画字考》中的第一类与现代温州话的 iɛ 韵大致相当,第十四类与 eŋ 韵大致相当,第九类、第十一类与 aŋ 韵、iaŋ 韵有重合交叉,也有不吻合之处。但不管如何,除了庚摄二等韵部分字之外,现代温州话中,aŋ 韵与 iaŋ 韵可以押韵,即魂韵的唇音、牙音、舌音,文韵的唇音,真、侵韵的舌齿音,痕韵的牙音,登韵的舌、齿音与深、臻、梗、曾四摄三、四等的牙喉音、半舌音的主要元音和韵尾相同,而 eŋ 韵中,既有曾、梗两摄三四等的唇、舌、齿音,也有深、臻两摄的唇音和边音,也就是说,不论是 aŋ 类,还是 eŋ 类,臻、深、梗、曾四摄可以押韵。

历代用韵中,真文与侵寻相押,这说明 -m 尾与 -n 尾合流的演变,庚清分别与真文、侵寻和一个韵段中庚清与真文、侵寻同时相押,这同样反映了 -m 尾与 -n 尾合流,同时,也说明在历史上温州话中 -n 尾与 -ŋ 尾之间复杂分合关系。

2.8 宕摄与山摄

（1）叶适·陈待制挽诗 31276："边茫全"
（2）余永森·相见欢 120："塘飏裳岸凉莺"
（3）林齐铉·湖山秋兴 1194："船长颠传前"

寒韵：岸

仙韵：船传全

先韵：颠前边

阳韵：长飏裳凉莺

唐韵：塘茫

现代温州话中,阳韵字除唇音（韵母为 ɔu）外,大多数字韵母为 i,不论是唇音字,还是非唇音字,均由阳声韵脱落韵尾 ŋ,而变为阴声韵；唐韵的韵母为 uɔ；山摄三、四等的开口呼韵母为 i,而合口呼为 y,"岸"韵母为 y。按现代温州话的读音看,除了"长"与"颠前"可以相押外,其他的都不押。但事实上,在古代温州话中这三例均相押。这只能说明,现代温州方言的读音分化是近代才完成的,而不是自古而然。宕摄与山摄相押,只有这两种可能,即两摄的韵尾均脱落变为阴声韵,或一摄与另一摄韵尾相合流,但主要元音应是一致的。

三、入声韵

3.1 质没与末薛相押

宋代温州籍文士作品中质没与末薛相押的计26例：

（1）许景衡·忆昨15511："越阔窟豁律缺雪别月发烈忽说咽设阙辙脱"

（2）林季仲·有客19944："歠月窟绝"

（3）林季仲·送真歇禅师19945："八发别切诀灭缺鳖阔列决拙抉彻刹颓没渴舌说阅伐豁末辙粤歇月"

（4）王十朋·毛虞卿见过22608："节歇发泼列蕨觖撷舌忽别"

（5）王十朋·左原记异22658："绝活出"

（6）王十朋·左原记异22658："绝屈洁"

（7）王十朋·天申节放生22948："物术乙室一笔杀湿失缺隰邑逸活阔叶匹必吉蛭质日"

（8）王十朋·黄牛庙22872："峡缺绝血烈楬合说别竭石一迹色力直德"

（9）释从瑾·颂古23405："没瞎雪"

（10）陈傅良·赴桂阳道中喜晴书事29237："雪橇月说别拙啜出绝折蕨决杰结"

（11）徐照·石屏歌为潘隐父作31395："骨窟抹"

（12）卢方春·陟驼巘39383："折洁说歇热结血舌出"

（13）陈淳祖·看云39405："出日一术失说"

（14）俞德邻·甲戌六月十四日月食过半七月十四日抵广信月岩有感而作42394："月缺出"

（15）释智朋·偈35828："热窟"

（16）刘安上·诚斋铭138/2："菱月物辍"

（17）许景衡·祭人母氏文143/121："绌没"

（18）王十朋·何提刑墓志铭280/169："杰錾出悦黜达述轧发列节疾一灭"

（19）王十朋·祭姑丈季公佐280/184："灭忽"

（20）王十朋·会稽风俗赋280/120："一室日结笔烈牒月别述出物"

（21）薛季宣·哀白鹇赋 257/84："绝出洁"

（22）薛季宣·周永巷箴 258/26："烈出"

（23）薛季宣·哀韩大将军文 258/77："列出节"

（24）叶适·省斋铭 286/130："发月说没绝阙别越"

（25）俞德邻·斥穷赋 357/283："拙辙没喝"

（26）俞德邻·止斋铭 357/384："失磔"

现在将现代温州方言与宋代温州籍文士作品中质没韵与末薛韵进行比较：

	绝	活	出	没	瞎	雪	列	节	月	缺
温州：	y		y	ø	a	y	i		i	y	y
瑞安：	yø		yø	ø	a	yø	ie			yø	yø
平阳：	yø		yø	ø	ø	ø	yø			yø	yø
永嘉：	y		y	ø	a	y	ie		y	y	y
文成：	yø		ø	ø	ø	yø	iɛ		yø	yø	yø
乐清：	yɛ		yɛ	ɤ	a	yɛ					yɛ

现代温州方言中除了二等的"瞎"韵母读 a 韵外，其他字的韵母都读 y、i 韵或 yø、ø、ie 韵，这说明阳声韵真文与寒山相押，它们的入声也在一起押韵，它们的主元音也在合流，但与现代方言不同的是二等韵也尚未分化。

曷韵：渴达喝

末韵：阔豁脱末泼活抹茇辍

鎋韵：刹瞎

黠韵：八杀

薛韵：缺雪别烈说设辙蹩绝灭鳖列拙彻舌阅辙折热绁悦啜

屑韵：咽切诀决抉节觖撷洁结杰血

月韵：越月发阙歇伐蕨竭

质韵：律乙室一笔失匹必吉蛭质日逸疾

术韵：出术黜述

物韵：屈物

没韵：窟忽没骨軏

缉韵：湿隰邑楫

陌韵：磔

昔韵：石迹

职韵：色力直

德韵：德

合韵：合

叶韵：叶

洽韵：峡

贴韵：颊牒

説橇

元代温州籍文士作品中质没与薛末相押的计3例：

（1）顾华·水西亭581（癸集上）："末骨月"

（2）朱希晦·比述（二集下）1312："雪出月歇"

（3）李孝光·同靳从矩县尹宿雁山天柱院198："啮揭缺穴出掣舌虺橛蝶月雪裂结蘖别悦橛嵲"

末韵：末

薛韵：雪掣舌裂蘖别悦

屑韵：缺穴虺结嵲

月韵：月歇揭橛橛

术韵：出

没韵：骨

帖韵：蝶

明代温州籍文士作品中质没与薛末相押的计49例：

（1）刘基·松阳周处士冰壶歌367："阙血"

（2）刘基·戏为雪鸡篇寄詹同文382："骨雪"

（3）刘基·秋怀395："实疾蟀烈瑟橘日"

（4）刘基·杂诗416："血辍骨铁"

（5）刘基·秋夜感怀柬石末公申之465："阔月闼发窟伐筏越达阙歇斡遏"

（6）刘基·伐寄生赋271："末伐屑骨"

（7）刘基·敬斋箴222："灭出术昵"

（8）黄淮·送翰林诸公扈从北京，分得月字韵6："谧物列阙溢出逸哲紱杰越洁术忽击别屑彻吉发跸遏郁蘖阔栉渴悦弼律烈月"

（9）黄淮·念昔游123："节绝列折蛰澈阔滑掇缬出血洁舌揭设轫轧咽遏八发撷结悦热切灭歇鹞碣缺说橛刹辍发谒啜栗蕨窟雪没捩拙别末掣屑越烈决撒辙月"

（10）黄淮·龙马歌371："日质匹雪"

（11）黄淮·陈母汪氏安人墓志铭328："节洁晰夺列羞发勃越"

（12）王毓·风飘纱巾歌641："折雪辍突"

（13）黄采·送罗司务之南京686："热别出"

（14）侯一元·九日拟登郭公山以寸不果因过适园楼酬舍弟813："节灭辙折苗悦别"

（15）刘康祉·寿杨木夫先生六秩1069："隔杀骨质索客契越出列白笔拙慄怵毕"

（16）张璁·霁山书屋歌285："雪出骨绝"

（17）何白·平南海19："血蹶越栿垤嵊穴抉噛突发月刮灭"

（18）何白·哭泉篇17："渴出竭穴灭"

（19）何白·咏怀44："别发雪灭末屑忽筈没"

（20）何白·瓯江晓发51："发戛月晰渤"

（21）何白·阳谷洞81："晰灭绝窟折脆阙揭别渀没屑垤烈碣节忽劣"

（22）何白·瀫水祝无殊夏日过访渚浦山中，晚同避暑东邻竹下，夜归墨畬堂坐月，晓过王氏别业观荷，分韵得四首87："没闭樾月浌设渀雪晢烈"

（23）何白·江楼晓起，望海上日出，适接徐廷珍比部手书，并示近作及新撰《雁山志》成104："末绝掇渤"

（24）何白·道存上人东游吴门，雅习周公瑕、王伯公二先生，兹有天台、雁荡之游，该余山中，因以长句为赠，并讯王、周二丈130："月雪碣没"

（25）何白·同朱在明、张邦粹、王季中宿仙岩清晖楼，晓起寻梅雨潭、雷门、龙须瀑、憩休粮、伏虎二庵，登绝顶望海上诸山作133："出活忽窟"

（26）何白·同朱在明、张邦粹、王季中宿仙岩清晖楼，晓起寻梅雨潭、雷门、龙须瀑、憩休粮、伏虎二庵，登绝顶望海上诸山作133："月没骨达"

（27）何白·太白楼读王恒叔诗，慨然有作，因忆天台旧游，刘忠父、陈大期皆化有异物，时恒叔以司谏外补粤西观察142："窟突粤血"

（28）何白·邵少文投以长句，乞予作画，口占奉答142："绝忽裂雪"

（29）何白·羸马行150："橛缬抉雪秣没骨歇"

（30）何白·和王昭文《梦仙歌》，赠刘卫卿，卫卿通古篆印章187："渴渤月灭骨"

（31）何白·乞王明元临《圣教序》歌190："雪泼骨"

（32）何白·色波楼歌，赠郑孟仁194："月雪没"

（33）何白·三川过杜拾遗故宅200："出骨渤阙裂热决咽月雪戛灭铁节切折蜺鹘樾说晰绝洁窣沫缬阅发鞨抉屑揭活杰契血羯越囷结发纥达别

州碣"

（34）何白·夜饮龙君御官署中,醉后放歌寄君超长公,时君超来,有书相闻209："辙阙窟铁绝灭"

（35）何白·西台反招辞,登严滩白云原吊谢皋羽219："出灭"

（36）何白·闻杜鹤林大将军阵亡514："月发没杰烈八鹘杀阔拔血裂"

（37）何白·武功文德颂691："浙粤窟"

（38）周旋·何侍郎五马图90："阙绝滑"

（39）王激·与孙太初游灵隐孤山太初乘小舟归南屏："骨雪出别"

（40）柯荣·中秋杞里山楼对月与孙子幹拈月字："咄发月缺竭揭窟樾"

（41）侯一元·崛山四寿赋25："达骨悦洁"

（42）黄淮·妾薄命125："妾雪"

（43）王钦豫·百字令105："雪楫结咽折别热啜"

（44）何白·拟鲍明远行路难22："楫别"

（45）何白·天乐颂426："说越楫劣没沴铁节末穴绝咽竭歇灭澈月"

（46）朱谏·酒戒29："业跌竭歇没月发髪八拔竭活说阔"

（47）何白·阿弥陀佛484："说佛月摄舌别涉楫法结"

（48）王光·道上立别翁晋兄为赋："别越月潏切绝裂蹀"

（49）侯一麟·对月怀金峰戴翁36："月雪切楫"

现在将现代温州方言与明代温州方言中质没与末薛相押进行比较：

	骨	雪	日	质	匹	热	别	渴	出	竭	穴	灭
温州：	y	y	e	ai	i	y	y	y	y	y	y	i
瑞安：	yø	yø	ie	ɛ	ie	yø	ie	yø	yø	yø	yø	ie
平阳：	ø	yø	e					e	yø	yø	yø	yø
永嘉：	y	y	iai	ai	ie	ie	ie			yø	y	
文成：	yø	yø	a		yø	ie	yø	ø	yø	yø		
乐清：	uɤ	yɛ				uɤ	yɛ	yɛ		yɛ		

现在温州方言中除了"质"读 ai 韵外,其他的都读 y、i 韵,这与明代温州方言的押韵是一致的,主要是山摄入声三、四等和臻摄一等和三等。

曷韵：阔达遏渴辖遏谒栝

末韵：阔筈斡末掇夺活秣泼咄拔沫

鎋韵：刹

黠韵：滑轧八杀戛

薛韵：雪烈灭列哲杰别彻蘖绝折澈舌设悦热说拙掣撤辙晰热辍啜劣洌裂浙晰

屑韵：血铁屑洁切节缬咽撷结鵁缺揳决鳖契垤臬穴抉嚙刮沵闭蚬玦纥沵跌

月韵：阙月发伐越歇谒揭碣樾蕨蹶竭粤橛钺阀鞨羯髪

质韵：实疾瑟日昵谧溢逸吉跸弼禅栗质匹毕慄笔

术韵：蟀橘出术苗怵滴

栉韵：栉

物韵：物紼郁佛

没韵：骨窟忽勃突浡脆鹘窣屼

陌韵：客白

麦韵：隔

锡韵：击

铎韵：索

缉韵：蛰妾楫

业韵：业

叶韵：摄涉

乏韵：法

帖韵：蹀

清代温州方言中质没与薛末相押的计 16 例：

（1）徐凝·述怀 1209："樾末没越骨阔卒"

（2）张元彪·岁暮寄怀侯夷门 1413："月别忽血雪越"

（3）孙衣言·霓裳中序第一·茉莉别种有名宝珠者 154："屑热屑叶月阙绝别箧茀蝶骨说"

（4）项瓘·瑞鹤仙·玉簪花 212："拂拨骨滑折洌雪洁月绝"

（5）陈祖绶·洞仙歌·和王啸牧生日韵,时乙巳十月十日,恭逢慈圣万寿庆节 254："劣雪绝月骨节"

（6）梅调元·观灯行 1242："彻绝节爇缀越悦掣热捷雪洁结勃咽列血屑咄"

（7）徐凝·述怀 134："樾末没越骨阔卒"

（8）孙锵鸣·送苏赓堂师观察河南即题《学海堂春饯图》168："发缺膝室活末阒阕芴遏窟蒟钺密烈穴阙夺血卒越列毕猝谒愒骨莘疾忽溢孛绝失达哲脱说辍黻必谧虺勃伐实月出一述术辙雪憩阔勿渴悦郁粤拂伐契辣节怭鳖輆"

（9）徐乃康·和金岱峰广文雪兰诗，即用原韵404："雪悦掣毕必节实屑栗一室绝渴吉笔出结荜"

（10）徐凝·行路难1211："侠越"

（11）张元彪·度大庾岭谒唐丞相曲东公祠1412："脱抹袯割达阔蘖泼集钵辣囥活末掇"

（12）周长浚·满江红·江心寺同黄信侯游上方感怀123："栘绝辙说碣栟裂月"

（13）李象坤·雁荡山卧云大师塔铭325："摄辙裂爇捏出烁折愒别澈绝嵲灭"

（14）王理孚·满江红·王仲平自塞外摄明妃墓影见寄，却题124："叠兀骨铗窟阙缺绝"

（15）顾讷·秋蕊香·玉簪花134："叶月滑折雪发立袜"

（16）徐凝·西湖春日行1212："发出"

现代温州方言与质没和薛末相押的情况比较：

	樾	末	没	越	骨	阔	卒	月	别	忽	血	雪	劣	绝	节
温州：	ø	ø	y	y			y	y		y	y		y	y	
瑞安：	ø	ø	yø	yø		yø	ie	yø	yø	yø	yø		yø	yø	
平阳：	ø	ø		ø			yø	ø	yø		yø	yø			
永嘉：	ø	ø		y			y	ie	y	y	y		y		
文成：	ø	ø	yø	yø	ø		yø	ie			yø			iø	
乐清：	ɤ	ɤ		uɤ				yɛ	yɛ		yɛ	yɛ		yɛ	

现代温州方言与清代温州方言中的质没和薛末相押是相同的，其元音主要是ø、yø 或 ie、uɤ，主要是山摄入声一、三、四等和臻摄一等和三等。

曷韵：囥遏达渴辣鲅蘖

末韵：末阔拨咄活夺脱抹袯割泼钵活

黠韵：滑

薛韵：别雪热绝说折洌劣彻爇缀悦掣热列蘖烈愒哲说辍辙悦裂澈灭

屑韵：血屑洁节结咽屑缺穴契节毳捏嵲

月韵：樾越月阙发铖谒伐粤碣袜

质韵：膝室密毕荜疾溢失必谧虱实一毖栗吉笔

术韵：述术出

物韵：茀拂芴黻勿郁

没韵：没骨卒忽勃窟猝孛兀

叶韵：靥叶捷

贴韵：箧蝶侠摄叠铗

缉韵：集楫立

药韵：烁阆憩

在阳声韵中，真文、寒山相押是温州历史方音的特点。入声韵也与阳声韵相呼应，臻、山两摄的入声也相押。

《音画字考》中，臻、深、山、咸四摄的入声同韵的可分为三类：

第六类，主要包括山、咸、臻、深摄三、四等字：歇胁谒厌咽节接颉浃楫哲蛰切窃揭挈契匹必驲苾笔别灭密蜜立苙列烈栗慄冽律率裂业热昵孽臬孽聂杰辙彻澈偈撤碣竭叶挟侠协舌捷涉折。

第七类，主要包括山、臻两摄一、三等合口字：褐曷遏血忽笏惚辖骨割葛拙黜决啜馁觖苗蹶厥抉撅出苗屈窟雪月悦樾阅穴粤绝。

第八类，主要包括山、咸、臻三摄一、三等字：述术刷合蛤渴溘喝匝答掇猝怵泼钵拨勃渤鋍脖孛末袜妹沫抹没合核纳讷呐突盾夺杂屹矻。

现代温州话中，臻、深、山、咸四摄的入声同韵的可分为三类：

i 韵，主要包括山、咸、臻、深摄三、四等字开口字：折哲舌涉热鳖别撇灭跌叠蝶谍贴帖铁孽聂列烈裂接揭结捷劫杰节截洁切妾窃歇协叶业笔毕必匹秘密蜜立笠栗力律率。

y 韵，主要包括山、臻两摄一等字及三等合口字：鸪割葛核说血绝掘决缺穴雪悦阅月越粤出术述骨忽

ø 韵，主要包括山、咸、臻三摄一等字：刷答纳杂磕渴喝合盒拨勃抹沫末没夺脱突窟。

《音画字考》与现代温州话基本相同。历代温州籍文士作品中用韵中，有些韵例与现代温州话相吻合，但更多的是三、四等字与一等相押，而且山摄二等字也参与其中，开口与合口相押，这些与现代温州话不一致，这说明历史上温州籍文士作品中山臻两摄入声的主要元音相同，各等之间的主元音的差异没有现代温州方言这么大。而且宋代咸摄三四等的入声也与山摄和臻摄的入声相押，这说明 -p 尾正向 -t 尾靠拢。

3.2 屋烛、药铎与觉学互叶

3.2.1 宋代温州籍文士作品中屋烛与觉学相押的计6例：

（1）王十朋·祭万先之文 280/210："玉角"

（2）王十朋·读东坡诗 22856："玉学"

（3）薛季宣·右溯江28721："岳曲"

（4）王十朋·刘知县墓志铭280/179："玉学"

（5）薛季宣·雁荡山赋257/67："伏角"

（6）薛季宣·赋巴丘257/98："岳曲"

屋韵：伏

烛韵：玉曲

觉韵：角学岳

3.2.2 宋代温州籍文士作品中觉学、屋烛与铎药相押的计4例：

（1）王十朋·朴乡钓隐图22921："朴岳谷学乐学"

（2）刘黻·接家书40679："邈角雀玉乐数"

（3）王十朋·送子尚如浙西22591："俗学琢鹗锷碌腹烛郝酌乐足索落恶洛托略作数"

（4）王十朋·夜与韶美饮酒瑞白堂秉烛观跳珠分韵得跳字22831："曲落雹"

屋韵：雹碌腹

烛韵：玉俗烛足曲

觉韵：朴岳学学邈角数雹琢

铎韵：乐落郝索恶洛托

药韵：雀酌略作

3.2.3 宋代温州籍文士作品中铎药与屋烛相押的计12例：

（1）薛季宣·诚台春色28615："落曲"

（2）薛季宣·谷里章28705："泊曲"

（3）薛季宣·右启愤28718："绿错"

（4）陈傅良·题沈仲一所藏《周氏群公书贴》29251："木落熟读"

（5）薛季宣·雁荡山赋257/67："酪谷瞩竹渌玉曲"

（6）薛季宣·雁荡山赋257/67："铄陆"

（7）薛季宣·八阵图赞258/41："乐蜀"

（8）叶适·陈德中老勤堂铭286/131："足愕"

（9）陈傅良·祭王詹事文268/310："作俗"

（10）陈傅良·祭刘子澄文268/330："爵略作约乐作薄谑昨哭"

（11）俞德邻·代祭叔龚朝奉文357/388："获曲"

（12）王十朋·会稽风俗赋280/120："目洛"

屋韵：木读谷竹渌陆哭目

烛韵：曲绿熟瞩玉蜀足俗

铎韵：落泊错酪乐愕作怍薄昨获洛

药韵：铄爵略谑

3.2.4 宋代铎药与觉学相押的计18例：

（1）刘黻·《四先生像》赞40732："铎学"

（2）许及之·次韵诚斋饮张园放翁酹酒海棠花下28316："幄薄"

（3）许及之·雪再作山甫约游雨花台不遂闻与诸公登凤凰台次韵送似28305："作恶落瘼箔鹤郭薄邈乐"

（4）许及之·次韵苏伯茂立春日雪28305："作恶落瘼箔鹤郭薄邈乐"

（5）许及之·题笋28411："角谑"

（6）薛季宣·春阴会闻悬瓠不守28647："幕握落郭乐著角雀"

（7）叶适·送郑景元31200："角岳恶鹗学乐郭腭壑薄"

（8）叶适·送林孔英31221："壑学"

（9）卢祖皋·谒金门2408："寞幄错觉薄掠诧落"

（10）卢祖皋·谒金门2408："漠阁约落薄乐剥泊"

（11）卢祖皋·菩萨蛮2415："薄觉"

（12）薛梦桂·醉落魄3136："著作索落约萼泊觉"

（13）刘安上·祭亡兄左史文138/11："洛学约卓觉琢"

（14）薛季宣·七届257/86："朴鹤壑乐"

（15）刘黻·晦菴朱文公352/409："铎学"

（16）俞德邻·佩韦斋箴357/382："觉薄"

（17）许景衡·温州瑞安迁县学碑143/89："作觉"

（18）薛季宣·鸢赋257/65："落莫璞攫度薄"

现代温州方言的情形如下：

	玉	角	曲	落	雹	作	俗	薄	觉
温州：	yo		yo	o		o	yo	o	o
瑞安：		o	yo	o		o	yo		uo
平阳：		o				o			
永嘉：	yo	o		yo			yo	uo	o
文成：		o		o			o		
乐清：	ou	ou					ou	ou	ou

宋代温州籍文士作品中铎药韵、觉学韵和屋烛韵与现代温州方言相呼应，玉俗读yo韵，觉角读o韵，薄落读o韵，这说明在宋代温州籍文士作品中

铎药、觉学和屋烛的主元音相同。

觉韵：璞觉学朴琢剥幄角岳握邈

铎韵：铎薄作恶落瘼箔鹤郭乐幕鄂腭壑寞错掠讬漠阁泊索萼洛获莫攫度

药韵：谑著雀约卓

3.2.5　元代温州籍文士作品中屋烛、觉学与铎药相押的计1例：

梅时举·祭赵秋晓文11/106："角莫恶牍笃握枥幕乐"

屋韵：牍

沃韵：笃

觉韵：握角

铎韵：枥幕乐莫恶

3.2.6　元代温州籍文士作品中铎药与屋烛相押的计3例：

（1）李孝光·择木为娄所性作107："木欲乐毒"

（2）李孝光·洞神宫记36/12："福乐觳"

（3）谢振孙·哭国彦曦476："薄漠俗壑"

屋韵：木福觳

沃韵：毒

烛韵：欲

铎韵：乐薄漠壑

3.2.7　元代温州籍文士作品中屋烛与觉学相押的计1例：

李孝光·昆山州重修学宫记36/9："属学"

烛韵：属

觉韵：学

3.2.8　元代温州籍文士作品中铎药与觉学相押的计12例：

（1）陈秀民·题王长史所画《天平龙门图》499："角壑错落鹤礴岳作"

（2）陈秀民·鹊楂楂501："郭昨虇觉作"

（3）陈高·送陆有章分题得巽山1774："郭阁鹤络壑酌约乐落邈"

（4）陈高·落梅曲560："恶角"

（5）陈高·泊馆头步559："泊乐邈讬壑落弱"

（6）文质·城上乌597："攫角"

（7）雪山禅师文信·题顾处士梅隐斋（补遗）982："乐讬恶薄阁攫岳恶"

（8）高明·琵琶记·前腔165："爵恶觉错"

（9）李孝光·石亭避暑 211："壑作雹"

（10）李孝光·大星 94："落角"

（11）张天英·天柱峰 485："垮礴落岳斫漠"

（12）李孝光·古诗三 174："落觉剥作"

现代温州方言屋烛、觉学、铎药韵的情形如下：

	木	欲	乐	毒	属	学	恶	角
温州：	o	yo	o			o	o	o
瑞安：			o			o	o	
平阳：	o		o				o	o
永嘉：	uo	yo				o	o	o
文成：			o				o	o
乐清：	ɤ		ou				ou	

元代温州籍文士作品中屋烛、觉学与铎药相押与方言相一致，木欲读 o、yo 韵，乐恶读 o 韵，学角读 o 韵，它们的主元音相同。

觉韵：角岳觉邈岳壳雹剥擢

铎韵：壑错落鹤礴作郭昨蘁阁络乐恶泊托讬薄垮礴漠

药韵：酌约弱攫爵斫

3.2.9 明代温州籍文士作品中铎药与屋烛相押的计 26 例：

（1）刘基·有泉在山一首 389："壑烛"

（2）刘基·东飞伯劳歌 306："鹊烛"

（3）黄淮·题倒枝梅 11："廓落曲"

（4）黄淮·白象诗 14："蓄索縠"

（5）虞原璩·双桥乐 674："作壑薄博错局乐"

（6）侯一元·赠李郡伯 814："粟足薄乐"

（7）黄一庄·送挥使张环契弟归温州 927："谷绿落"

（8）王如璧·游江心 907："廓落足"

（9）刘士焜·湖中歌 1141："绿浴落"

（10）金锡敦·观不足亭偕同人坐玩 1081："足壑"

（11）王叔果·弟侄辈赴秋试余病目楼居怅然有作 15："阁幕获曲索乐落廓蠖"

（12）何白·因郝明府寄李太史本宁先生 67："郭廓获藿貊浊薄漠壑"

（13）何白·过王旸谷先生旧宅 542："簏玉曲鹤"

（14）何白·溪堂对弈,歌赠小郑,郑豪于酒 128："落触"

(15) 季应祁·墨梅："恶俗"

(16) 朱谏·忆季文峰先生被诬羁于狱24："恶错怍赎药弱"

(17) 朱谏·墨梅26："足落"

(18) 朱谏·西山书院40："谷读宿落曲"

(19) 侯一元·赠李郡伯1579："粟足薄乐"

(20) 叶尚高·举世歌272："浊恶辱曲薄谑俗瞎错"

(21) 柯荣·哭幼女行："俗恶"

(22) 王至彪·六十初度述感谢客408："续属哭薄肉犊莫"

(23) 侯一元·感怀343："薄托浊乐杰"

(24) 何白·王伯度孝廉还天台,歌以赠之,并简其季父永叔黄门153："蜀络绿续泬"

(25) 赵祖冬·竹川别墅为金浚德题885："绿筑落"

(26) 黄一庄·述作灶丁行928："扑促屋壑"

屋韵：縠谷麓读宿哭犊泬筑屋扑

烛韵：烛曲蓄俗局粟足绿浴浊玉触赎续属肉蜀促

铎韵：壑廓落索作薄博错乐阁幕索蠖郭貉霍漠鹤恶怍莫托络

药韵：药弱谑鹊

麦韵：获

3.2.10 明代温州籍文士作品中屋烛、觉学与铎药相押的计14例：

(1) 康从理·赠周少尹276："璞烛莘卓渥阃错廓"

(2) 刘康祉·蜑徙谣1060："縠辐腹壑育逐角畜属族伏岳梏宿渎匆沐毒目澳足肉碌谷泬渥触淑踧倐簇曲目属仆役澥躅陆瀑秃木乐麓霹屋域篆牍啸鹜㝢牧出竹读"

(3) 王叔果·宿迁阻冰述怀18："剥锷曲泊乐幄酌握触寞"

(4) 王叔果·甲子春行驻锡山上乞休疏时仲弟自靖江来会98："泊壑诺渥束曲足鹤廓"

(5) 王叔果·雁川叔六旬余既为文寿之载赋长言一百四十字160："学角壑躅落啄属曲萼鹤岳"

(6) 王叔杲·山中乐戏答六弟9："幄落玉绿"

(7) 侯一元·南山赋762："作乐岳学朔玉"

(8) 王光·太白酒楼452："䑃瞩莘邈岳玉躅璞烛廓"

(9) 柯荣·安固广福寺梅花歌760："乐仆阁宿欲木曲触目足数复落"

(10) 何白·重过龙溪旧隐挽王恒叔先生石54："廓岳霍洛瞩托蹻药鹊"

漠度鹤"

（11）何白·送黎将军从典转输北上，并简王恒叔参知131："骆锷粟博恶角"

（12）黄淮·青田蒋处士赞76："确俗壑躅福"

（13）何白·南雁荡纪游诗，效长庆体63："崿郭薄壑玉错托邈礴博脚作度彴络廓凿略跃弱鹤乐药"

（14）黄淮·明传三七思宁朱公墓志铭452："学俗作觉铎作壑托昨"

屋韵：福复目木宿啄读竹牧噢鹜犊屋麓秃瀑陆簇碌沐匊渎伏族逐育腹辐毂

沃韵：仆毒梏

烛韵：玉躅俗粟瞩足触曲欲烛玉绿属束簶属踘淑肉属

觉韵：剥瀹渥岳璞荦渥角幄握学朔荦邈数确卓觉

铎韵：错廓崿郭薄壑托礴博作度络凿鹤乐骆锷恶霍洛漠度阁落臛萼泊寞铎怍昨

药韵：脚彴略跃弱药鹊诺酌

3.2.11　明代温州籍文士作品中铎药与觉学相押的计7例：

（1）黄淮·朴斋铭396："礴朴"

（2）张璁·寄王鸿胪正之283："郭觉恶鹤学阁岳乐"

（3）何白·赠刘厚吾观察109："朔廓漠阁廓诺岳索若托"

（4）何白·杨木父六十诞辰宴集，戏有此赠114："略缚鹗廓脚杓药酌谑橐若礴崿霍角阁怍著噱学托薄鄂岳跃鹤乐约昨郭藿错嚼雀枸虐却愕爚铄博恶"

（5）王光·芳蹊："落幄"

（6）黄淮·题《竹石》："错角"

（7）侯一元·伤思咏十二解诲儿599："落觉"

觉韵：朴幄角学岳朔觉

铎韵：礴落郭恶鹤阁乐廓漠诺索托鹗廓杓橐礴崿霍怍薄鄂昨藿错愕博

药韵：若略缚脚药酌谑著噱跃约嚼雀枸虐却爚铄

3.2.12　明代屋烛与觉学相押的计9例：

（1）黄淮·灵隐正庵禅师塔铭4333："学续"

（2）何白·半石斋赋，寿邵青门社兄七十703："局岳缩"

（3）侯一麟·自讼诗答家兄37："欲玉曲足俗学觉欲"

（4）侯一麟·奠郡伯张公文332："岳濯角辱俗朴朴穆屋踔觉邈躅牧木

哭叔沐目淑服域邑"

（5）侯一麟·奠朱顺斋文 325："觉朴俗邈"

（6）刘基·声声慢 682："曲角绿屋蹙矗独目"

（7）刘基·帝台春 702："角属独簇速足绿玉醁"

（8）侯一元·明诰赠云南左布政使处士周公神道碑 746："牧岳禄"

（9）侯一元·晨鸡，送弟也 1411："学濯扑卓"

现在将明代温州籍文士作品中铎药、屋烛与觉学相押与现代温州方言进行比较：

	粟	足	薄	乐	幄	落	玉	绿	错	角	学	续
温州：	yo	yo	o	o		o	yo		o		o	yo
瑞安：	yo	yo		o		yo	yo		o	o		
平阳：	yo		yo	o	o		yo		o	o		
永嘉：		yo	uo	o		yo	yo		o	o		
文成：			o	o			o	o	o	o		
乐清：	ou	ou	ou			ou		ou	ou	ou		

明代温州籍文士作品中铎药、屋烛与觉学的韵母相同，除了乐清读 ou 外，其他的都读 o 或 yo，这说明明代时它们的读音相同。

屋韵：缩穆屋牧木哭叔沐目淑服禄速簇独蹙矗扑

烛韵：续局欲玉曲足俗辱躅俗醁绿属

觉韵：学岳觉濯角朴踔邈濯卓

3.2.13 清代铎药与屋烛相押的计 10 例：

（1）钟洪名·感怀 1349："麓屋宿烛禄落掬玉读续熟醁谷俗促柝束目轴卜伏绿"

（2）陈敦让·咏史 1428："诸筑薄锷宿"

（3）陈祖绶·望梅花·午日书感 231："幕泊幅逐续蓿"

（4）徐凝·述怀 309："烛续目速绿蓿"

（5）周天锡·人日 357："麓沐木绿竹促薄曲穆"

（6）周衣德·乌夜啼 332："阁玉"

（7）洪柄文·朝天髻 474："曲洛"

（8）洪柄文·做佛戏 498："狱恶"

（9）李象坤·吴江行 354："作烛索"

（10）释德立·题高叔廉先生《采芝图》230："柞辱逐促"

屋韵：逐麓沐木竹穆目速幅蓿宿筑屋禄掬读谷轴卜伏熟

烛韵：辱促烛狱曲玉绿曲续酥俗束绿

铎韵：落祚作索恶洛阁薄藿幕泊诺薄锷柝

3.2.14　清代温州籍文士作品中屋烛、觉学与铎药相押的计7例：

（1）孙衣言·庆春宫·内侄辈敛秋租归，各言辛苦，以词劳之156："谷俗恶续朔粥斛乐熟"

（2）孙诒让·苏武慢·光绪辛卯蒙自杨稚虹大令得岳忠武王玉印于武林180："馥幅落角福烛竹录"

（3）徐德元·金缕曲·题陈丈《龙孙擢秀图》309："福漉束筑仆绿祝玉擢角籙竹"

（4）徐乃康·吴荆山丈耽禅说，晚筑三一阁，索余赋诗412："逐壳粟束触觉筑绿菊目"

（5）洪柄文·十围烛剪64："足觉作"

（6）孙衣言·梦横塘·盆种红花，作花一朵，嫣然绝俗，为赋一解153："阁学薄玉俗幕郭玉"

（7）徐乃康·忘书叹407："轴录仆屋独腹谷足烛竹复谷鹜目欲木菊曲肉玉蓄乐读肃错逐幅作服束哭蹙速福觉毒伏柚覆酷"

屋韵：谷粥斛熟馥幅福竹漉筑祝逐菊目轴屋独腹谷复鹜木读幅服服哭蹙速伏覆柚

沃韵：仆毒酷

烛韵：俗续烛录束绿玉粟束触绿足录欲曲肉蓄肃

觉韵：朔角擢觉学

铎韵：乐错作薄幕郭阁壳籙

3.2.15　清代温州籍文士作品中屋烛与觉学相押的计2例：

（1）洪柄文·竞赛会496："福竹岳"

（2）徐乃康·感怀414："棳卓玉足辱"

屋韵：福竹棳

烛韵：玉足辱

觉韵：岳卓

3.2.16　清代温州籍文士作品中铎药与觉学相押的计2例：

（1）宋恕·虎林怀古786："约岳乐著"

（2）释德立·福山寺诗："壑岳阁讬泊"

现在将现代温州方言与清代温州籍文士作品中铎药、屋烛、觉学相押的情况进行比较：

	阁	玉	足	觉	作	福	竹	约	岳	乐	著
温州：	o	yo	yo	o	yo					o	o
瑞安：	o	yo	yo	uo	o						o
平阳：	o	yo	yo					o		o	o
永嘉：		yo	yo						o	o	
文成：	o					o				o	o
乐清：	ou	ou	ou							ou	ou

清代温州籍文士作品中铎药、屋烛与觉学的韵母相同,除了乐清读 ou 韵外,其他的都读 o 韵或 yo 韵,这说明清代时它们的读音相同。

铎韵：乐壑阁讬泊

药韵：约著

觉韵：岳

《音画字考》中,《广韵》通、江、宕三摄入声确有部分字主要元音相同：握渥沃驳剥博搏薄朴璞扑束缩粟朔足琢卓属斫捉烛嘱瞩欲浴玉狱缚薄雹泊续赎局浊蜀擢躅蹢侗绿录恶壑恪确壳各阁搁角觉郭较椁作昨错索答讬柝托拓模莫瘼漠学镬鹤萼愕谔锷乐岳腭祚昨昨落洛络荦铎度诺。

现代温州话中,《广韵》通、江、宕三摄入声主要元音相同的可分为二类：

o,主要是铎韵、觉韵、屋韵、烛韵：乐阁搁各壳鹤腭恶博剥驳摸膜莫漠托洛落骆络昨凿错索郭廓霍握沃痤觉确学岳木目牧录绿薄酪角。

yo,主要是屋韵、烛韵和觉韵：缩卓捉啄浊镯戳朔足俗粟烛嘱触赎束局曲续玉狱欲浴。

不论是《音画字考》,还是现代温州话中,铎韵字与觉、烛、屋三韵有部分字的主要元音是相同的。而在历史上,自宋代起,温州籍文士作品中通、江、宕三摄入声就开始相押,这说明,现代温州话这一特点在宋代就已形成了,但与现代温州话不同的是,宋代温州籍文士作品中药韵也与通、江两摄入声相押,这一情况一直延续到明代。药韵不与江、通两摄入声相押是从清代开始,在清代,药韵的主要元音与铎、觉、屋、烛分化。

3.3　德职、陌昔、质术、缉立押韵

3.3.1　宋代温州籍文士作品中德职与陌昔相押的计17例：

（1）刘安上·岁寒亭14944"昔碧色适"

（2）周行己·次韵林千之秋夜见怀14381："璧色隔寂适滴夕得臆"

（3）许景衡·石屏15510"驿屐石墨藉客璧积适碧黑剧役侧棘识"

（4）萧振·示邦人诗 18916："国积白夕色陌籍麦圻厄席啬食测"

（5）王十朋·送凌知监赴玉环次觉无象韵 22588："席刻僻积石适北德役"

（6）王十朋·昼卧书怀 22597："客得"

（7）王十朋·用前韵赠刘全之 22597："客得"

（8）王十朋·复用前韵 22597："客得"

（9）王十朋·戏酬毛虞卿见和 22597："客得"

（10）王十朋·六客堂 22889："客得"

（11）王十朋·修鹰爪花架 22912："宅翮色夕"

（12）王十朋·八月十五……以勉多士 22912："息得觅"

（13）王十朋·兴花薄叶思文吾乡老先生也比沿檄见访，既别，寄诗二十八韵次韵以酬 22925："策斥溺石厄驿惜伯翮镝尺籍瘠棘墨壁职索白直刻饰癖檄射魄迹貊"

（14）许及之·与同社游山园次翁常之韵 28288："宅翼画客历息植色席侧北摘赤碧脊窄极激隔石识夕拍迹得迫积臆"

（15）王十朋·玉环山 22960："石适北"

（16）许景衡·送僧之石梁 15519："力碧敌极觅石"

（17）王十朋·次韵谦仲见寄 22587："碧色客得伯寂觅壁宅雳割击石蹟白责射席隔役北迹臆敌国策翼拭极"

陌韵：客剧役白陌宅伯魄貊窄拍迫

麦韵：隔麦厄翮策画摘割蹟责

昔韵：昔碧适壁夕驿屐石藉积籍席僻斥圻惜尺瘠癖射迹赤脊

锡韵：寂滴觅溺镝檄历敌壁雳击

德韵：得墨国啬刻北德激

职韵：色臆侧棘识食测息直翼植力极拭职饰识

3.3.2 宋代温州籍文士作品中德职、质术相押的计 10 例：

（1）许及之·次徐漕韵贺留守刘观文祷雪咸应 28304："北日职"

（2）刘黻·挽新昌俞夫人 40680："色嶷实则极刻"

（3）叶适·剡溪舟中 31218："骨息"

（4）薛季宣·感除赋 257/55："室室德日"

（5）释如珙·偈 41217："息日"

（6）叶适·祭史太师文 287/54："疾亟"

（7）叶适·祭赵几道文 287/56："忽德食"

（8）叶适·祭刘公实侍郎文 287/59："侧失"

（9）释智朋·偈 38531："日室直贼密"

（10）陈傅良·冯悟理墓志铭 268/273："出得匹则"

德韵：北则刻德得则

职韵：职色嶷极息亟食侧直贼

质韵：日实窒室疾失密出匹

没韵：骨忽

3.3.3　宋代温州籍文士作品中陌昔、质术相押的计 6 例：

（1）戴仔·偶成 35228："喷笔"

（2）释如琪·塔铭 41236："骨物壁佛"

（3）俞德邻·遣兴十首呈孟兵部使君 42389："室迹尺厄"

（4）释智朋·偈 35822："壁七"

（5）俞德邻·常州天庆观画龙二世传，仙笔一点睛，乘雷电飞去，一经兵火亦不复存 42397："壁尺密"

（6）俞德邻·题郭元德所藏《龚圣予瘦马图》42401："笔尺"

质韵：笔室七密

物韵：物佛

没韵：骨

陌韵：喷

麦韵：厄

昔韵：迹尺

锡韵：壁

3.3.4　宋代温州籍文士作品中陌昔、缉立相押的计 3 例：

（1）王十朋·次韵知宗游二公亭 22914："隰迹"

（2）王柟·南康泊舟欲游庐山值雪 30368："客急白"

（3）叶适·祭虞夫人文 287/62："急石"

陌韵：客白

昔韵：迹石

缉韵：隰急

3.3.5　宋代温州籍文士作品中质术、缉立相押的计 4 例：

（1）释如琪·偈 41230："湿立佛"

（2）释如琪·送一维那 41231："侄实汲七日"

（3）薛季宣·祭萧帅文 258/67："及绅泣"

（4）戴栩·存斋蒋弋阳墓志铭 308/214："质缉集"

质韵：侄实七日质

物韵：佛绋

缉韵：湿立汲泣及

3.3.6 宋代温州籍文士作品中德职、陌昔、质术相押的计 14 例：

（1）周行己·迁居有感示二三子 14362"息夕日室毕匹必一实吉失"

（2）释景元·自题肖像 20290："壁黑窟出"

（3）释从瑾·颂古 23404："得律白"

（4）薛季宣·和贾簿雪 28678："尺迹璧日食席力获唧驿石侄室适乙臆"

（5）陈傅良·招隐 29243："极碧激滴渤客疾逸稷石"

（6）徐照·蝗飞高 31401："翼激墨逆砾迹物滴适臆"

（7）刘黻·和紫阳先生感兴诗 40685："出役国毕迹极"

（8）蔡幼学·好事近 2159："日寂力夕"

（9）俞德邻·病中谢亲友 42415："席息疾择国白"

（10）刘安上·祭亡兄左史文 138/11："昔日失匹瑟克幅激"

（11）王十朋·谒颜鲁公祠文 280/228："日色德画"

（12）俞德邻·斥穷赋 357/283："贼斥匹"

（13）叶适·参议朝奉大夫宋公墓志铭 286/180："役栓出测"

（14）叶适·故礼部尚书龙图阁学士黄公墓志铭 286/305："职溢籍术石密屈实卒毕牧一足则"

质韵：日室毕匹必一实吉失律出侄乙逸日疾瑟栓出实唧溢

术韵：术

没韵：窟渤卒

物韵：物屈

德韵：得黑墨国克德贼则

职韵：臆力极稷翼息幅色测职食

陌韵：白客逆择

麦韵：画

昔韵：夕尺迹璧席驿石适碧役斥籍

锡韵：壁获激滴砾寂

3.3.7 宋代温州籍文士作品中陌昔、质术、缉立相押的计 1 例：

释如珙·送茂侍者 41231："迹唧密日执"

197

质韵：唧密日

昔韵：迹

缉韵：执

3.3.8 宋代温州籍文士作品中德职、质术、缉立相押的计1例：

释智朋·杨知府赞 38541："极习必质"

质韵：必质

职韵：极

缉韵：习

3.3.9 宋代温州籍文士作品中德职、陌昔、缉立相押的计3例：

（1）释智朋·偈 35833："湿十贼吃"

（2）林正大·括酹江月 2447："客立侧迹适息极白"

（3）叶适·题李君亮义概堂 31297："亿易惜特食窄力吃色策伯泽墨什"

德韵：贼特墨

职韵：恻息极亿食力色

陌韵：客白窄伯泽

麦韵：策

昔韵：迹适易惜

锡韵：吃

缉韵：湿十立什

3.3.10 宋代温州籍文士作品中德职、陌昔、质术、缉立相押的计3例：

（1）许及之·王宣甫求崇斋扁榜仍索诗转庵之作先成即次韵为寄 28306："（术）室湿石实日习益易色获"

（2）叶适·祭周南仲文 287/60："质臆夕失出术絷掘岬激嫉席秩邑食日屈德砾溢迹及集卒毕觊"

（3）王十朋·祭鲁公文 280/204："谧室息力僻赤色急疾实室"

质韵：室实日质失出匹恤嫉秩毕谧室疾

术韵：术

物韵：屈掘

德韵：德

职韵：色臆食息力

麦韵：获

昔韵：石益易夕席迹僻赤

锡韵：激砾觋

缉韵：急及集邑絷湿习

现在将温州方言中德职、陌者、质术、缉立相押的情况与现代温州方言进行比较：

	昔	碧	色	适	北	职	壁	七	急	石	急	得	律
温州：		i			iai	i	ai	iai		iai		i	
瑞安：			ie	a		ie			ie		ie		
平阳：						ia		ia					
永嘉：		iai	ei			ei		ie	ei				
文成：													

	白	迹	唧	密	日	执	极	习	必	质	十	贼	吃	室	湿
温州：		i	i	iai	iai		iai		iai			iai	iai	iai	
瑞安：	i		ɛ	ie	ɛ		ɛ		ɛ	ɛ		ɛ	e	ɛ	
平阳：			ia		a		a		a				i	a	
永嘉：		ei	i		ai		ɑɪ					ai		ai	
文成：			i	i		a						a	a	a	a

	实	日	益	易	获
温州：	ai	iai	iai	i	
瑞安：		ie		i	ɑ
平阳：	a	ia		a	
永嘉：	iai	i			
文成：		i	i		a

宋代德职、陌昔、质术、缉立四部相押，在现代方言中主要分为 i 和 iai 两韵，这说明在宋代上述四摄的韵尾已渐同，主要元音渐同。

3.3.11 元代温州籍文士作品中陌昔、质术相押的计 3 例：

(1) 李孝光·昆山州重修学宫记 36/9："惕吉"
(2) 郑东·题画山水歌 533："碧室夕"
(3) 薛汉·和郑应奉杂诗 538："日驿实漆疾"

质韵：吉室日实漆疾

昔韵：碧夕驿

锡韵：惕

3.3.12 元代温州籍文士作品中质术、缉立相押的计 2 例：

(1) 释义怀·投机偈 1993："七立诘"

（2）李孝光·歙砚歌 246："湿泣瑟"

质韵：七诘瑟

缉韵：立湿泣

3.3.13 元代温州籍文士作品中质术、缉立、德职相押的计 1 例：

赵善悉·题灵岩寺 30105："䢖匹日笔出膝悉瑟慄逸栗失一七室密入毕陟述"

质韵：䢖匹日笔出膝悉瑟慄逸栗失一七室密毕

术韵：述

缉韵：入

职韵：陟

3.3.14 元代温州籍文士作品中德职、陌昔、质术相押的计 4 例：

（1）薛汉·和虞先生箸香 879（二集下）："直夕室息日"

（2）李孝光·宿雁山下作瀑布诗寄徐仲礼 223："色出碧"

（3）李孝光·信笔次潘一水韵 249："壁膝栗色息迹侧昔织碧臆历席石力国"

（4）林景熙·宾月堂赋 11/32："质阒席"

质韵：室日出膝栗质

昔韵：夕碧迹昔织席石

锡韵：壁历

德韵：国

职韵：直息色臆阒侧力

3.3.15 明代温州籍文士作品中陌昔、质术相押的计 11 例：

（1）刘基·早发建宁至兴田驿 430："日出佚栗陌谧密实悉毕"

（2）刘基·神弦曲 317："阙碧"

（3）黄淮·神龟诗 5："掖匹"

（4）赵廷松·西皋漫占 94："觅日"

（5）王显·仙洲歌赠翁讷庵 958："笛魄室"

（6）章纶·贞德堂为梅氏赋 56："疾殁述恤室物忽骨易月一出术密臬卒质实吉"

（7）王叔果·三凤行 170："质实吉室适律溢"

（8）王叔果·穿云峡 135："石射瑟"

（9）何白·晚至括苍，遇寸宿道院 66："夕瑟寂沥席"

（10）何白·方子谦双孙歌 183："物逸璧匹"

(11) 何白·述政诗六首赠邓田联仲司理迁广平郡丞120:"菀佚壹术疾瑟物日歎"

质韵：日出佚栗谧密实悉毕匹室一臬质吉疾律溢逸壹

术韵：术述恤

栉韵：瑟

月韵：阙月忽骨

物韵：物

没韵：卒

陌韵：陌掖魄

昔韵：碧殁易适石射夕席歎

锡韵：觅笛寂沥璧

3.3.16 明代温州籍文士作品中德职、质术相押的计7例：

(1) 刘基·述志赋266:"黜食"

(2) 黄淮·题赵松雪画《李白观瀑图》7:"质勒"

(3) 黄淮·驺虞颂70:"室式"

(4) 黄淮·驺虞颂70:"抑逸"

(5) 侯一元·南山赋762:"国亿北极食室"

(6) 吴万里·杯羹叹729:"息术识"

(7) 王叔杲·祭陈景言经元330:"黜质识色"

质韵：室逸质

术韵：术黜

德韵：勒国北

职韵：食式抑亿极食息识色

3.3.17 明代温州籍文士作品中陌昔、缉立相押的计5例：

(1) 刘基·述志赋266:"迹立"

(2) 黄淮·神龟诗5:"集怪"

(3) 黄淮·平安南颂71:"戢歎"

(4) 卓发之·菩萨蛮109:"急籍"

(5) 朱谏·子鹜29:"碧立白"

陌韵：白

昔韵：迹怪歎籍碧

缉韵：立集戢急

3.3.18 明代温州籍文士作品中质术、缉立相押的计 8 例：

（1）黄淮·神龟诗5："及室"

（2）黄淮·白象诗14："匹质邑"

（3）王激·对菊790："集湿瑟"

（4）王叔杲·祭陈景言经元330："邑郁执吸"

（5）王叔杲·祭朱在明光禄338："秩及邑"

（6）侯一元·赠芳洲公望归亭记并碑铭103："及疾"

（7）朱谏·爱日卷为赵君题20："日揖"

（8）赵新·苏武牴羊616："日及"

质韵：室匹质秩疾日

栉韵：瑟

物韵：郁

缉韵：立邑集湿执吸邑及揖

3.3.19 明代温州籍文士作品中德职、陌昔相押的计 4 例：

（1）黄淮·题赵松雪画《李白观瀑图》7："客极"

（2）黄淮·息耕处士应尚惠甫墓志铭322："力息啬测宅极"

（3）黄淮·祭太守叶公叔英文364："直识籍职惑泽式陟赫剧怿得色力绩棘敕即石啬逆极席臆"

（4）黄淮·赋少傅建安先生清白堂诗369："璧敌极匿则晰斁"

德韵：惑得则

职韵：极力息啬测直识职式色棘即臆匿陟敕即

陌韵：客宅泽赫剧逆

昔韵：籍怿石席斁

锡韵：绩璧敌晰

3.3.20 明代温州籍文士作品中德职、缉立相押的计 1 例：

黄淮·圣孝瑞应赋72："泐及"

德韵：泐

缉韵：及

3.3.21 明代温州籍文士作品中陌昔、德职、质术相押的计 19 例：

（1）朱谏·梁州令104："客壁识迹歇碧"

（2）王叔杲·作馆为诸孙读书所扁曰惜阴诗以勖之186："硕匹僻惕惜极识益力适斁"

（3）何白·於忽操13："侧逸溢择"

（4）王叔杲·宫保大司寇谥庄父僖继峰舒公诔辞352："白日奕国画击"

（5）何白·哭泉篇17："仄迫易石色棘息鹝匹"

（6）何白·登积谷山寄王玉淙丈，时予卜寓山麓，山有飞霞亭及磴道，石桥久废圮，近王翁捐金新之122："特壁石圻获色翼夕客迹碧适室席展"

（7）何白·碧湖古坟松树歌152："宅魄特色白瑟识激夕迹石息"

（8）何白·骊珠篇，答金元玉孝廉158："息色极失褫觅石赫得喑"

（9）何白·答程相如将军203："磔划宅夕识贼惜律敌易掷绎画色炙艴国臆壁岬枥客咮恻昔息得寂革石"

（10）何白·同杨木父写山水图，予分景得龙湫，分诗得七言古诗208："色擘寂籍瑟射色碧迹壁"

（11）何白·李将军歌215："特戟磔艴额碛白国碧镝客策律"

（12）何白·忆昔行，寄龙君御523："泽国席夕墨碧屐脊斥画迹策侧谪白昔匹北直失戟掖勒檄魄壁石翼隔黑伯悉适息德策锡即恻测役镝"

（13）何白·江陵邓石田公祖以笔工邓绍滨玉兰笔二十矢见寄，使转如意，放歌奉答528："癖逸觅得匹力特石掷色帻墨迹"

（14）何白·表贞赋，为江清臣祖母太夫人赋97："益德匹阈则息"

（15）柯荣·三世贞操篇为林太史赋："柏匹室血失翼实疾卒出日律穴德侧力则"

（16）侯一元·望泰山373："即色出臆一匹日壁"

（17）黄淮·至乐先生杜君画像赞75："力实石识德"

（18）何白·蜃徙谣，和刘以吉驾部122："宅辟魄激益迹薛掷徽席匹翟殈息泽革尺黑蹋跖力擘霹镝圻仄腋国湑拍斥客霓叶櫟适逸溢嗌域臆悉额脊窄汐食鲫亿滴唧索蜴色伯狄析释白植奭射剧"

（19）刘琏·题《云林图》赠伯琛10："术适逼"

质韵：匹逸溢日室失律岬实疾出一疾律唧

术韵：术

栉韵：瑟

月韵：歇

没韵：卒

德韵：国仄特得贼墨北勒黑德则

职韵：识极力侧色棘息臆恻直翼测阈即域食亿逼艴植奭

陌韵：客择白迫宅魄赫磔咮载额泽伯柏翟湑额窄剧

麦韵：画鹝获划革擘策谪隔帻擘

昔韵：迹碧硕僻惜益适敫奕易石夕席屐嘖掷绎炙昔籍射碛脊斥役癖辟薜踖跖腋嗌脊汐鲫

锡韵：壁惕击激觅敌枥寂镝橄锡即徼殈霓檄滴蜴狄析释

3.3.22 明代温州籍文士作品中德职、质术、缉立相押的计1例：

黄淮·送缙云县知县朱伯埙考满复职告归省亲17："邑一国"

德韵：国

质韵：一

缉韵：邑

3.3.23 明代温州籍文士作品中陌昔、质术、缉立相押的计3例：

（1）何白·武功文德颂691："及击溢"

（2）朱谏·全万五峰提学酹瀑布下43："碧出尺湿立"

（3）朱谏·画松27："尺碧石出湿汸物"

质韵：溢出

物韵：物

缉韵：湿立及

昔韵：尺碧石

锡韵：击

3.3.24 明代温州籍文士作品中德职、陌昔、缉立相押的计2例：

（1）黄淮·翰林编修林庭翊墓志铭309："织惜泣益岁"

（2）王激·悲涧边："识食力淅得壁息色泣"

德韵：得

职韵：织息色食力

缉韵：泣

昔韵：惜益岁

锡韵：淅壁

3.3.25 明代温州籍文士作品中德职、陌昔、缉立相押的计5例：

（1）朱谏·归自谣428："石涩湿掷识客"

（2）朱谏·归自谣104："石涩湿掷识客"

（3）王叔杲·寄赠刘郡伯149："测极籍直饬息国泽的绩役侧席陟璧北臆即翊赤石什"

（4）何白·杂诗,舟行彭城道中作57："极集息枥"

（5）朱谏·仙友岩主人林君七十寿诗30："尺食十"

德韵：国北

职韵：食极臆即直饬息测识陟翊

缉韵：涩湿什集十

陌韵：客泽

昔韵：石掷籍役席壁赤尺

锡韵：的绩枥

3.3.26 明代温州籍文士作品中德职、陌昔、缉立、质术相押的计1例：

刘康祉·赠陈君锡1062："泣石谲迹汲泽客识色"

职韵：识色

陌韵：客泽

昔韵：石迹

缉韵：泣汲

术韵：谲

现把温州籍文士作品中四摄入声相押的情况与现代方言进行比较：

	觅	日	室	式	迹	立	客	极	术	适	及	击	溢
温州：	i	iai	ai		i		ai	iai			iai	iai	
瑞安：		ie	ie		ie		a			ei		ie	
平阳：		ia	a	i	i	e	a				i		
永嘉：		iai	ai		i	iai	iai			ei	iai		
文成：			a		i	a	i				i	ia	

明代温州方言中德职、陌昔、质术、缉立四部相押，在现代温州方言中主要分为i和iai两韵，这说明在明代温州方言中四摄的韵尾已渐消失，主要元音相同。

3.3.27 清代温州籍文士作品中陌昔、缉立相押的计1例：

徐凝·行路难1211："立益"

昔韵：益

缉韵：立

3.3.28 清代温州籍文士作品中德职、陌昔、缉立相押的计1例：

王玉·步步娇·题《吹台生圹图》143："识夕涉侧"

职韵：识侧

昔韵：夕

缉韵：涉

3.3.29 清代温州籍文士作品中缉立、质术相押的计1例：

王德馨·自题画菊18："逸及汁笔室"

质韵：笔室逸

缉韵：及汁

3.3.30 清代温州籍文士作品中德职、陌昔、质术相押的计1例：

王德馨·塾归志母训19："黑密惑极色得出吉诘益日翼国"

德韵：黑惑得国

职韵：极色翼

昔韵：益

质韵：密出吉诘日

《音画字考》中，《广韵》臻、深、梗、曾四摄入声可分为三类：

第一部：主要包括臻、深两摄的全部及梗、曾两摄的部分字：厄轭赫客格隔鬲革失率虱膝室瑟涩湿卒蛭责执质窄汁蛰喷磔摘咋七漆拆策册栅缉葺坼吉桔急汲击缴伋亟激级棘一壹邑浥挹揖乙益悒抑吸翕歙圾乞迄吃泣勿弗彿拂茀魄擘百伯迫北或惑画佛白帛陌麦日入十拾集实什辑蒺习疾嫉宅泽侄秩择及极剧茇屐额。

第十部：主要包括曾摄部分舌、齿音：刻克不黑色啬穑塞德得则仄忒侧测侧贼特勒肋。

第十六部：主要是曾、梗两摄的舌、齿、牙、喉音：液溢腋亿噎臆薏的滴嫡适跌镝迹脊绩积职只稷织唧炙尺刺赤斥饰戚惕踢剔息识式锡析惜晰悉拭昔轼释晰亦易翼逸译绎橄蜴佚泆力笠石籍席夕汐寂食蚀藉笛敌狄获迪迭直植殖。

现代温州话中，《广韵》臻、深、梗、曾四摄入声可分为四个韵，每韵都有四摄的部分字，分别为：

i 韵，主要包括臻、深、梗、曾四摄入声三、四等的唇音和舌音：逼笔毕必碧璧壁劈屁僻辟秘密觅敌狄笛立笠栗力即律率。

ei 韵，主要包括梗、曾两摄入声的齿音字及部分舌音字：直值植职尺赤食蚀识石饰式释历积籍脊迹绩寂悉息熄惜昔夕析锡席侧滴的得踢惕。

a 韵，主要是梗摄二等唇音、齿音和牙音：择泽责策格隔革客额伯魄陌获或白柏摘宅窄。

e 韵，主要是曾摄入声韵：得德特勒则厕侧测涩色克刻肋黑贼。

ai 韵，主要是臻、深两摄入声有齿音及部分唇音和曾摄部分字：墨默佛国汁侄质吃湿失十拾实室日集疾七漆习袭不卒入物。

iai 韵，主要是臻、深、梗、曾四摄入声的牙喉音：液掘逆激击急级及吉极乞泣吸一乙逸抑翼益亦译橘剧。

臻、深、梗、曾四摄入声同韵的主要是三四等的唇音、舌音和牙喉音、齿音两类韵母。《音画字考》第一部在现代温州话中分为 i 韵、a 韵、ai 韵、iai 韵。而历代温州籍文士作品中用韵，自宋代始，德职与陌昔、德职与质术、陌昔与质术、陌昔与缉立、质术与缉立、德职与陌昔与质术、陌昔与质术与缉立、德职与质术与缉立、德职与陌昔与缉立、德职与陌昔与质术与缉立相互押韵，即臻、深、梗、曾四摄入声在历代用韵互押，四摄的主要元音应相同，而韵尾应趋同，不论是《音画字考》，还是现代温州话中，曾摄部分字和曾、梗塞两摄舌、齿、牙、喉音独立于四摄其他韵字之外，而在历史上，一直到了清代，用韵所反映出的是包括德韵、曾和梗两摄的三、四等的舌、齿、牙、喉音部分韵字都与四摄其他韵字相押，这与现代温州话不同。

3.4 德质与末薛相押

3.4.1 宋代温州籍文士作品中德质与末薛相押的计 9 例：

（1）王十朋·会稽风俗赋 280/120："迹割"

（2）陈傅良·和王教授谦叔述郡圃韵 29237："说辖列折月缺蕨月节蕬息"

（3）何澹·满江红 13："绝雪拍别结月节阙"

（4）许景衡·祭王义夫文 143/116："割尺"

（5）何澹·满江红 13："绝雪拍别结月节阙"

（6）俞德邻·古意 42387："只织尺灭石"

（7）叶适·登北务后江亭赠郭希吕 31222："颊发亿"

（8）叶适·新移瑞香旧曾作文忘之因今追忆云 31218："得国百迫列昔脉惜厄客白"

（9）释如珙·偈 41226："得月洁悦"

末韵：割

辖韵：辖

薛韵：说列折缺蕨绝雪别灭悦

屑韵：节结洁

月韵：月阙发

陌韵：拍百迫客白

麦韵：脉厄

昔韵：迹尺石昔惜

德韵：得国

职韵：息织亿

帖韵：颊

3.4.2　元代温州籍文士作品中德质与薛末相押的计 7 例：

（1）李孝光·念奴娇 945："物壁夕雪杰发灭髪月"

（2）李孝光·念奴娇 947："物壁夕雪杰发灭髪月"

（3）王毣·夷齐墓 499："国德彻"

（4）郑洪·题泰顺江送别图（二集下）1298："碧席只别"

（5）李孝光·石亭避暑 211："热客"

（6）李孝光·和萨郎中秋日海棠韵 160："息蝶色"

（7）陈高·题十八学士 160："业叶赫"

薛韵：雪杰灭彻别热

物韵：物

月韵：发髪月

陌韵：客赫

昔韵：夕碧席

锡韵：壁

德韵：国德

职韵：息色

帖韵：蝶

业韵：业

叶韵：叶

3.4.3　明代温州籍文士作品中德质与薛末相押的计 12 例：

（1）刘基·梅颂 215："硕独直节特烈"

（2）刘基·独漉篇 297："蘖白"

（3）赵廷松·赠邵子入觐归省 18："阙越发发泊硨厄月别"

（4）朱谏·梁州令 428："客壁识迹歇碧"

（5）章玄应·调笑令 625："雪白"

（6）章玄应·满江红 628："色节越麦阙辙悦拙列"

（7）侯一元·以诗代书示儿 816："追樾白"

（8）章元应·周笑令 94："雪白"

（9）张璁·恭和御制 369："泽业"

（10）张璁·恭和御制 369:"泽业"

（11）何白·《周以冕像》赞 754:"墨枥逸脱极"

（12）章玄应·运船行:"北貊月"

末韵：脱

薛韵：烈别雪辙悦拙列

屑韵：节蘖

质韵：逸

月韵：阙越发月歇樾

没韵：硉

陌韵：白泊客迫泽貊

麦韵：厄麦

昔韵：硕迹碧

锡韵：壁枥

德韵：墨北特

职韵：识色极直

业韵：业

3.4.4 清代温州籍文士作品中德质与薛末相押的计 13 例：

（1）周凤岐·《涞水移家图歌》为徐长史作 1458:"达客豁"

（2）张振夔·百字令·弭哉以词索和 136:"物壁雪杰发灭发月"

（3）二鸣·满江红·题《水岩宫传奇》173:"劫匿色立裂舌咽铁"

（4）徐炯文·女叔齐 125:"末拨夺额"

（5）陈祖绶·念妈娇·和东坡韵 242:"物壁雪杰发灭发月"

（6）徐德元·念妈娇·次张于湖韵 264:"色叶澈说雪阔客夕"

（7）孙锵鸣·十二月朔大雪,赋以志喜 202:"墨白折尺啄色切麦"

（8）孙锵鸣·七日雪,再用前韵 203:"墨白折尺啄色切麦"

（9）洪柄文·大罗矿 502:"铁识"

（10）洪柄文·探矿苗 503:"铁测"

（11）释德立·送笠翁和尚归南涧:"折雪得"

（12）释德立·雁荡山诗:"立识绝"

（13）释德立·秋日山居:"尺叶"

曷韵：达

末韵：豁

薛韵：雪杰灭裂舌折绝

屑韵：咽铁切铁

月韵：发月

物韵：物

陌韵：客白

麦韵：麦

昔韵：尺

锡韵：壁

德韵：墨得

职韵：匿色识测

缉韵：立

叶韵：叶

业韵：劫

屋韵：啄

现将现代温州方言与温州籍文士作品中德质韵、薛末韵情形进行比较：

	割	尺	热	客	雪	白	铁	识
温州：	y	ei		a	y		ei	
瑞安：		ie	a			a	ie	
平阳：	ø		a				e	i
永嘉：	y	ei	iai		y			
文成：		ie					ie	
乐清：	uɤ				yɛ			

现代温州方言传统德质与薛末韵相合，但据等又重新分合，德质部二等与薛末部相押，这与现代的读音不相合，这说明其入声的演变是逐步融合的。

《音画字考》，臻、深、曾、梗、山、咸六摄入声可分为六类，六摄的入声又重新分合：

第六类，主要是臻、深、曾、梗、山、咸六摄三、四等字：歇胁跕谒厌咽即节接洁劫折结浃楫黠枿蜇哲切窃揭挈僻甓辟撇匹壁必碧笔毕愎别弼篾觅灭汩密立列冽律栗雳沥率鬲历业热聂臬孽杰辙彻澈偈撤掷碣竭叶挟侠协舌捷涉陟折。

第七类，主要是臻、山两摄部分合口字：褐曷血忽惚国骨割葛汩拙黜缀厥抉出窟缺雪月悦樾阅穴越聿绝述术刷。

第八类，主要是山、咸、臻三摄一等字：蛤合渴答掇脱猝泼钵拨勃浡渤末袜沫秣没合核合粒纳讷突沓夺屹纥。

第十类,曾摄牙、喉、舌、齿音字:刻克黑色塞德得则仄恻测侧特勒劣肋。

第十二类,山、咸两摄四等舌音:屑帖贴蝶堞碟谍。

第十六类,主要是山、臻、曾、梗四摄牙、喉、舌、齿音:液溢亿臆噎的滴嫡适跌镝迹脊绩积职浙只稷织尺敕惕踢息识式锡析惜晰悉设薛昔晳饰摄亦易翼弋佾逸绎译塑檄射佚力石籍席夕寂食蚀藉笛敌狄翟迪迭直。

第十八类,主要是山、咸摄一、二等字:夹浃峡胛甲阔恰括刮瞎押挖法发豁札炸刹塔蹋榻怛杀什达腊拉匣柙洽辖。

在现代温州话中,臻、深、曾、梗、山、咸六摄入声确实有部分是同音的,或是语音较近。

i 韵,主要是臻、深、曾、梗、山、咸六摄入声三、四等的唇、舌、牙、喉音字:折哲舌涉热鳖别撇灭跌叠蝶碟谍贴帖铁聂孽列烈裂接揭结捷劫杰节洁妾窃歇协叶业逼笔臂毕必碧璧僻秘密觅狄射笛立笠栗力即。

ei 韵,主要是曾、梗、咸、山四摄的舌、齿音:得侧浙射摄设薛直只织尺赤食蚀识石饰式释滴的踢剔惕历力积籍脊迹绩寂悉息惜昔夕析锡席。

y 韵,主要是山、咸摄的牙、喉、齿音:鸽割葛核 说血绝决缺穴雪悦阅月越。

a 韵,主要是山、咸、梗、曾四摄的一、二等字:搭答达塌獭踏拉腊闸炸杀夹甲恰狭鸭押压择泽赜策格革客喝额魄陌阔获或白百柏拍摘宅债。

e 韵,主要是曾摄部分字:得德特勒则厕侧测涩塞色克刻肋黑。

ai 韵,主要是曾、臻、深、山四摄入声部分字:墨默佛夺脱国汁执侄质吃湿虱失十实室日集疾七漆习袭不卒入物勿。

iai 韵,主要是梗、臻、曾、深四摄入声部分字:液掘日逆溺激击急级及吉极乞泣一乙逸抑翼益亦译橘剧给。

《音画字考》与现代温州话大致相同,现代温州话中,除了第四类 a 韵外,其他六类 i 韵、ei 韵、y 韵、e 韵、ai 韵和 iai 韵,虽然韵不同,但读音是比较相近的。历代温州籍文士作品用韵,德质与末薛相押,说明在宋代 -t 与 -k、-p 相接近,而现代温州话中,入声是没有韵尾的,在宋代主要是曾、梗两摄入声与山摄入声相押,其中只有一例有咸摄入声字;元代有臻摄入声字加入,而且明清两代咸摄入声字的数量在增加。历代温州籍文士作品用韵,不仅是臻、深、曾、梗、咸六摄入声三、四等字相押,而且有山、咸、梗、曾四摄的一、二等字,特别是梗摄二等字押入山、咸摄,这说明臻、深、曾、梗、山、咸六摄入声在历史上逐步合流,并未按等像现代这样进行分化。

四、阴声韵与入声韵

4.1 止、蟹摄与臻、梗、曾入声相押

（1）薛季宣·雁荡山赋 257/67："宅世"

（2）释如珙·六祖大师赞 41227："地得"

（3）张协状元·川鲍老 27："字地疾喜"

（4）张协状元·犯樱桃花 33："息系归志桂"

（5）张协状元·犯樱桃花 34："你息归伊臂"

（6）张协状元·福州歌 44："底息睡"

（7）张协状元·新水令 56："坠寂"

（8）张协状元·狮子序 66："济日至里"

（9）张协状元·红衫儿 77："凄忆稀得"

（10）张协状元·红衫儿 77："得翼里哩"

（11）张协状元·歇拍 85："吃滴是吃会水理"

（12）张协状元·排歌 87："得底低吃"

（13）张协状元·醉太平 146："滴戚弃时"

（14）张协状元·醉太平 146："隙得事垂"

（15）张协状元·山坡里羊 147："第未里息"

（16）张协状元·绵搭絮 168："枝喜漆宜"

（17）张协状元·香柳娘 190："己臂仪惜契"

（18）张协状元·引番子 208："事礼疑席"

（19）张协状元·引番子 208："尉戚里疑"

（20）张协状元·红绣鞋 215："易氏女得"

（21）张协状元·幽花子 215："细睡食底"

（22）高明·琵琶记·前腔 27："的矣试李"

（23）高明·琵琶记·绣带儿 27："日衣贵去"

（24）高明·琵琶记·太师引 28："知涯离息"

（25）高明·琵琶记·水底鱼儿 60："旨席"

（26）高明·琵琶记·双鸂鶒 84："持理旨得"

（27）高明·琵琶记·菊花新 168："闹飞积"

（28）无名氏·白兔记·生查子50："白水"

（29）无名氏·白兔记·锁南枝55："计己庇吉"

（30）无名氏·白兔记·前腔56："势迹鬼时"

（31）无名氏·白兔记·前腔56："内碎庇吉"

（32）无名氏·白兔记·卜算子120："息至"

（33）无名氏·白兔记·月云高75："止辈悴役你"

（34）无名氏·白兔记·玉交枝77："的袂恕取"

（35）高明·琵琶记·罗鼓令117："吃态买摆排腮埋喈"

（36）高明·琵琶记·.前腔157："处的"

（37）赵廷松·金封君暨太安人合葬墓志铭381："耳子始几毕"

质韵：疾日漆吉毕

陌韵：宅白

昔韵：易惜席积迹役

锡韵：寂滴戚的

德韵：得

职韵：息翼食忆

支韵：垂枝宜仪知涯离

脂韵：伊

之韵：时疑持

微韵：归稀衣闱飞

齐韵：系凄低

皆韵：排埋喈

哈韵：腮

纸韵：是氏

旨韵：水旨鬼

止韵：喜你里哩理己矣李止

荠韵：底济礼

语韵：女去处

麌韵：取

蟹韵：买摆

眞韵：臂睡

至韵：地坠至弃庇悴

志韵：字志事试

未韵：未贵

御韵：恕

霁韵：桂第契细计

祭韵：世势袂

队韵：内碎辈

代韵：态

温州籍文士作品自宋代始，入声押入阴声，但数量较少；至元代，特别口语性较强的南戏中，数量激增。与止、蟹摄相押的基本上是臻、梗、曾三摄入声的三等字，不论是《音画字考》，还是现代温州方音，臻、梗、曾三摄入声的三、四等字与止、蟹摄三、四等字的读音是相同的。可以说这一特点在宋代就初步形成。

4.2　通、臻两摄入声与遇摄互押

（1）释如珙·禅人画师像请赞 41228："物舞祖"

（2）刘黻·遂志赋 352/395："囿莽音姆"

（3）李孝光·洞神宫记 36/12："续罟"

（4）张协状元·金牌郎 179："路漉"

（5）张协状元·一枝花 203："蹙舞步"

（6）无名氏·白兔记·前腔 75："虎护硌所"

（7）王至彪·催租吏 391："足怒"

（8）刘基·赠杜安道 518："橹虎阻吐舞鼓雨府谷杜俎阻女古户睹暑缕"

（9）陈复·买陂塘·贺许达初新婚 237："宿许渡住浦树语伫绪组负"

（10）孙贻让·买陂塘·送洪海筹入都展觐 180："宿许渡住浦树语绪祝组负"

（11）徐凝·悲歌示曹允奇 210："摩储术"

（12）周衣德·偶见道具书为题 299："物书"

（13）徐德元·惜黄花·秋将暮矣 267："莫吐舞护住诉语去"

鱼韵：储书

戈韵：摩

语韵：所女暑许语绪去

麌韵：舞雨府缕树

姥韵：祖罟虎橹吐虎阻鼓杜俎古户睹浦组莽

有韵：负

遇韵：住

暮韵：路步护怒固渡诉

屋韵：漉蹙碌谷宿祝圃

烛韵：续足

术韵：术

物韵：物

铎韵：莫

现代温州话中，通摄入声字如：木目牧福服伏腹谷哭屋与果摄、遇摄字如歌哥科颗课何荷和禾贺波玻锅过果火捕普姑孤古顾枯苦等字是同韵的，为 u，而臻摄三等字如术、物的主要元音为 y。因而，在历代温州籍文士作品用韵中，通、臻两摄入声押入遇摄当是方音的演变。

4.3 梗、山两摄入声与蟹摄一等押韵

（1）李孝光·昆山州重修学宫记 36/9："察蔡"

（2）高明·琵琶记·前腔 169："揣（纸）杯（灰）灾（哈）白"

（3）刘基·前有尊酒行 314："达蔡"

曷韵：达

黠韵：察

陌韵：白

泰韵：蔡

纸韵：揣

灰韵：杯

哈韵：灾

达、察、白在现代温州话中的韵母为 a，泰韵及灰和哈产的部分字的韵母也是 a，因此，梗、山两摄入声与蟹摄一等相押是温州方音的特点。这一特点现始见于元代。

4.4 通摄等入声押入流摄

（1）无名氏·白兔记·颂 40："头佛"

（2）刘基·最高楼 674："愁楼秋流六休钩忧"

（3）陈祖绶·大江东去·孤屿感赋 233："谷族局菊熟哭口木"

（4）王朝清·中秋放歌和曾苍雪表叔作 578："愁头游沤流毯沤侯钩肉

羞秋舟楼酬休求搜邱"

尤韵：愁秋流休忧游毬羞舟酬求搜邱

侯韵：头楼钩沤讴侯

厚韵：口

物韵：佛

屋韵：六谷族熟哭木肉

烛韵：局

现代温州话中，流摄一等的韵母为 au，三等韵的韵母为 iau 和 ieu，而通摄入声如族肃宿竹逐祝叔熟辱菊曲蓄旭郁粥轴肉等字的韵母也是 ieu。因此，通摄等入声押入流摄是温州话的又一特点，这一现象也是始见于元代。

五、阴声韵与阳声韵

5.1　山、咸摄与蟹摄相押

(1) 无名氏·白兔记·途叹 5："鞋牵"

(2) 无名氏·白兔记·探春令 75："砌怜"

(3) 朱谏·临川为宗弟公箱作 43："海感改"

佳韵：鞋

先韵：牵怜

霁韵：砌

海韵：海改

感韵：感

现代温州话，鞋韵母为 a，砌韵母为 ei，而牵怜为四等先韵字，韵母为 i；海改韵母为 e，感韵母为 y。山、咸摄阳声韵韵尾脱落变为阴声韵，从具体音值看，牵怜与鞋砌、海改与感不同，但在阴声韵讨论时，在历代用韵中，蟹摄押入止摄不仅是齐祭废及灰泰部分合口字，还包括蟹摄一等开口和二等字，这一现象是温州方言自宋代就已存在的一个特点。因此，山摄阳声韵尾脱落变为阴声韵，且与蟹摄相押是温州方言的特别，这一现象始见于元代。

5.2　江阳与家麻押韵

(1) 黄淮·圣孝瑞应赋 72："霞煌"

(2) 宋恕·赠葛子源 762："杨塘伤昂扬狂长光沙康皇彰忘商航创堂央

霜量羊裳肠行常苍徉乡"

（3）宋恕·立春感兴 779："阳忘伤砂香"

（4）蔡□□·鹧鸪天·贺友人却扇之喜 235："堂光夸窗茬双"

（4）胡文炳·捣练子·桃花落 144："黄霞塘"

（5）周衣德·示邻叟岳 299："如儒厦阳"

（6）宋恕·靖难四忠祠 769："斜嗟花桑家"

江韵：窗茬双

阳韵：阳忘伤香杨伤扬长彰忘商创央霜量羊裳肠常徉乡

唐韵：煌桑堂光塘黄昂狂康皇航行苍

麻韵：斜嗟花家砂霞夸沙

鱼韵：如儒

在现代温州话中，麻韵的一部分字，如怕马洒叉茶查差沙纱加嘉牙花划等韵母为 o，而阳韵、唐韵、江韵，如帮邦榜棒旁庞忙茫方芳妨房纺仿放当党挡当荡汤堂唐塘囊狼郎浪藏仓苍桑嗓冈刚纲康糠杠抗行杭昂江讲降项巷庄创爽光广矿荒黄簧皇蝗汪亡忘望旺等韵母为 uɔ。二者的音值虽不同，但相近。传统温州籍文士作品中江、宕摄阳声与假摄相押，始见于明代，但只有一例，这一现象到清代不仅有唐韵、江韵，还有阳韵字，而现代温州话中阳韵字除了唇音字外，其他非唇音字的韵母为 i，这与明清时的情况不同。

第三章　瓯语音韵特征溯源

谭其骧先生《晋永嘉丧乱后之民族迁徙》得出有关民族迁徙的结论是：按今地划分,历代接受移民最多的是江苏省。据《宋书·州郡志》记载,江苏设置有侨郡23个、侨县75个,在今南京、镇江、常州一带最为集中,苏北地区则以扬州、淮阴等地为主。移民的来源,山东占了一半以上,其次是河北、河南、山西、陕西;而江苏本省和安徽的一部分也是移民来源之一。江苏之所以能接受全国最多的移民,固然有其地理上的很多优势,但最主要的因素还是东晋至南朝定都建康所形成的吸引力。(葛剑雄,1997)

《晋书·王导传》载:"洛京倾覆,中州士人避乱江左者十六七。"

《晋书·徐邈传》载:"徐邈东莞姑幕人也,祖澄之为州治中,属永嘉之乱,遂与乡人臧琨等率子弟并闾里士庶千余家,南渡江,家于京口。"

《晋书·祖逖传》载:"及京师大乱,逖率亲党数百家避地淮泗……居丹徒之京口。"

江淮之间,本是渡江南迁的必由之地,因而同样有大量北方居民集聚。从《宋书·州郡志》和《晋书·地理志》可知,幽冀青并徐衮司七州皆曾侨置于之扬州、高邮、泰州一带,其来源复杂不下于长江南岸。据《宋书》记载,晋曾侨立辽西郡,统肥如(幽州)、真定、新市(冀州)、路(并州),宁以并广陵郡。

《晋书·苏峻传》记载:"苏峻,字子高,长广掖人也。……永嘉之乱,百姓流亡,所在屯聚峻纠合得数千家……率其所部数百家泛海南渡,既到广陵……"

清徐文范《东晋南北朝舆地表》郡县表卷二"东晋广陵郡"云:"既侨立衮青并及幽冀五州于江淮间,故广陵与晋陵互有五州之号。……安帝义熙……七年分立山阳、海陵二郡,又领临淮之高邮焉,而所侨之青并二州尚如故。……盖文帝永嘉八年竟割江淮间为南兖州境矣,所领山阳、海陵与本广陵三实郡外,仍侨立南沛……六郡。"

而西晋时,长江北岸西起扬州东至南通只有广陵(今扬州)、江都、高邮、舆(今仪征)、海阳(今泰州)五县。晋安帝义熙七年,将广陵郡分为三郡:山阳郡在淮南,广陵、海陵二郡在长江北岸。

而宋时的海陵郡领六县:建陵、临江、如皋、宁海、蒲涛、临泽。

《晋书·毛璩传》记载:"寻补镇北将军、谯王恬司马。海陵县界,地名青蒲,四面湖泽,皆是菰葑,逃亡所聚,威令不能及。璩建议率千人讨之。时大旱,璩因放火,菰葑尽然,亡户窘迫,悉出诣璩自首,近有万户,皆以补兵。"

宋末明帝时失淮北四州,再次发生北方流民南徙的高潮,在今高邮、扬州、泰州一带侨立了北淮等郡。《南齐书·州郡志》"南兖州"序云:"凡诸流寓,本无定憩,十家五落,各自星处。一县之民,散在州境,西至淮畔,东届海隅。"

《北齐书》云:"裴英起,河东人,其先晋末渡淮,寓居淮南之寿阳县。"

《梁书》载:"裴邃,河东闻喜人,祖寿孙,寓居寿阳。"

据此,可知当时人口激增之程度,人口激增之原因当为北方人往南迁徙所致。

所以,鲁国尧先生(1988)指出,永嘉之乱后百余年间,北方人民纷纷迁徙南下,首都自然是迁移的重点对象,淮河以南的吴语区涌进大量的中原流民,在江南,自今南京而东,直深入至今天丹阳、武进、常熟诸县内。从此以后北方话占领了江淮间和江南北部地区,迫使吴语后撤到江南中部。后来两者又反复斗争,吴语"进攻",取得了今丹阳、武进、常熟,然北方话则固守于丹徒、句容一线。即吴方言在古代是北抵淮河的,江淮之间本为吴语的地盘,4世纪永嘉之乱,北方汉族人民大批南迁,江淮之间以至江南的今南京、镇江甚至常熟一带为北方话所占领。

在今江苏境内设置侨郡、侨县,在今南京、镇江、常州一带最为集中,苏北地区则以扬州、淮阴等地为主。但并不是所有集中北方移民的地区都曾设置侨郡、侨县;没有设置侨郡、侨县之地并不是说没有移民居住。葛剑雄先生、鲁国尧先生从不同学科的角度先后发现这一现象,即环太湖流域的四郡江苏之苏州(彼时之吴郡)、宜兴(彼时之义兴郡),浙江之湖州(彼时之吴兴郡)、绍兴(彼时之会稽郡)没有设置侨县,而这些地区与南京、镇江、常州等地相接,地理条件优越,完全具备接纳移民的条件。而事实上,经葛剑雄先生考证,这四郡虽没有设置侨郡、侨县,但确有移民居住。如东晋时庐江灊县(今安徽霍山县东北)何氏过江,自晋司空何充起就葬于吴县(今苏州市吴中区)西山、陈郡;阳夏(今河南太康县)谢氏的重要人物谢安一直寓居会稽,谢氏的另一支谢冲也"家在会稽";太原中都(今山西平遥)人孙统、孙绰兄弟南渡后都定居于会稽;齐时有河南辛普明侨居会稽、陈时有太原王知玄侨居会稽剡县(今浙江嵊州市);王、谢二族的名流中,至少可以断定王羲之等人是定居会稽的,《晋书·王羲之传》:"初渡浙江,便有终焉之志,会稽有佳山水,名士多居之,谢安未仕时亦居焉。孙绰、李充、许询、支遁等皆以文义冠世,并筑室东土,与羲之同好。"谢灵运,原籍为陈郡阳夏(今天河南太康),后迁入会稽始宁(今浙江上虞)。

苏州、宜兴、湖州、绍兴四郡没有设置侨治单位的原因,葛剑雄先生(1997)指出:"首先大概是由于土著势力太大。北方籍统治者在南迁之初立脚未稳,不愿也不敢激化地方豪族的矛盾。因此没有将侨治单位设在他们势力最强的郡(吴郡、吴兴郡、会稽郡——笔者注)之内。其次,北方移民定居后不仅需要住的地方,更要有地可耕,世家大族拥有大批宗族、部曲、奴婢,对生产和生活用地的需求更大。但三郡是当时南方经济最发达、人口最稠密的地区之一,不可能再有大片空地供移民使用或占有。初期既没有设置,以后遂成惯例,所以虽有不少流民在此三郡居住,却始终未设过侨州郡县。"

《世说新语》载:"丞相……自叹曰:'人言我愦愦,后人当思此愦愦。'"

《晋书·颜含传》载:"除吴郡太守……导叹曰:'颜公在事,吴人敛手矣。'"

陈寅恪先生在《述东晋王导之功业》中也有类似的总结:"西晋末年,北人被迫南徙孙吴旧壤,当时胡羯强盛,而江东之实力掌握于孙吴旧统治阶级之手。……王导之笼络江东士族,统一内部,结合南人北人两种实力,以抵抗外侮,民族因得以独立,文化因得以延续,不谓民族之功臣,似非平情之论也。"

这也许是高层从发展的长远考虑而未在三郡设置侨治单位的原因。温州在东晋之前先后隶属会稽郡、临海郡。不论是西晋,还是东晋,温州虽未设置侨治单位,但从温州独立为郡及人口数量的增长看,温州应该是有大量移民迁入的。

温州在东汉顺帝永和三年(138)以东瓯乡置永宁县,仍属会稽郡;吴太平二年(257)改属新分之临海郡;东晋太宁元年(323)分置永嘉郡。据西晋太康初年郡县户口统计可知,临海郡共8县,户数18000户,平均每县2250户。又据南朝宋大明八年各州郡户口统计可知,临海郡共5县,户数3961户,平均每县792户,人口24226人,平均每县4845人;永嘉郡共5县,户数

6250 户,平均每县 1250 户,人口 36680 人,平均每县 7336 人。温州在东汉隶属会稽郡,三国时又隶属从会稽郡分出的临海郡,东晋时又隶属于从临海郡分出的永嘉郡。前后历时不超过 200 年。200 年间,如果温州地区没有外来移民,而是靠土著自身人口的繁衍,势必不会造成行政级别有如此快速的提升。

葛剑雄先生(1997)指出:"随着文武官员的调动或宗族首领的迁移,无论移民或其后裔,还是土著居民,都会有一定规模的迁移。……但是居留了一段时间以后,移民及其后裔就有进一步迁移的动因和可能性。例如:随着人口的增加,在一些移民人口密集或土著人口已经较稠密的地区,人多地少的现象必定会出现,这就会驱使一些人向土地比较充裕的地方迁移。同样,各地经济水平的差距和发展的不平衡也是一些人口继续迁移的原因。土族大家则要寻求更多的土地和资源,所以纷纷移居有'今之三辅'之称的会稽,并逐步向开发程度较差的山区和沿海扩展。高官贵族、文人雅士在了解会稽等地的秀丽风光后,也往往选择这些地方定居。如王、谢二族原来大多聚居于建康及其附近地区,他们原籍的侨州侨县也都设置在这一带,以后才陆续迁居会稽。这些类型的迁移在东晋和南朝始终在进行,所不同的是,土族大家及上层人物的迁移或多或少见诸史籍,平民的迁移却只能根据一般规律推断,在文献中已没踪影可寻了。"

温州不论是隶属于会稽郡时,还是隶属于临海郡时,都是浙江的最南端,在当时属于开发程度较差、人口稀少,而能给更多的移民提供可生存的空间和能满足高官贵族、文人雅士所需要的秀丽风光的首选之地。

战乱则又引起迁徙,在南北朝影响最大的是自梁太清二年至大宝三年(548—552)的侯景之乱。由于侯景的叛军主要是由北向南推进的,以后又由建康向三吴进兵,三吴的百姓只能南迁至未受战祸影响的今福建境内。地处闽江下游和晋江流域、以侯官(今福州市)为治所的晋安郡是接纳南迁流民的主要地区。《陈书·陈宝应传》云:"是时东境饥馑,会稽尤甚,死者十七八,平民男女,并皆自卖,而晋安独丰沃。宝应自海道寇临安、永嘉及会稽、余姚、诸暨,又载米粟与之贸易,多致玉帛子女,其有能致舟乘者,亦并奔归之,由是大致赀产,士众强盛。"

所以葛剑雄先生(1997)认为:"当时迁入晋安的有两部分人:一是被陈宝应掠夺或买来的平民族,一是有能力获得船舶或搭船迁入的难民族;其来源主要是会稽、永嘉等今浙江中部和南部沿海地区,主要路线是海道。""发源于北方的移民大潮,过了长江流域就成了余波;但北方移民在南方的再迁移却发动于长江流域,天灾人祸更起了推波助澜的作用,使这一浪潮推进到福建和岭南;福建、岭南的移民主要是侯景之乱后迁入的,并且基本上都是北方移民后裔的再迁移。"

从移民史、人口史可知,温州在永嘉之乱之时是有土著的,后又有移民迁入,由于战乱,温州土著及移民后裔的部分又迁往福建。

永嘉之乱导致的大量北方流民迁入江淮流域对汉语方言格局的产生、形成所造成的影响是至深、至远的。直接的产物就是江淮方言。江淮方言是北方方言覆盖原来的吴语,两种方言融合而产生的一种新方言。这已成定谳。从移民史可以看出,环太湖流域的四郡是吴语的核心区域,移民对吴语的影响甚微,但四郡各自的所属范围大小不一,处于会稽郡最南端、开发程度较低、地形复杂、交通十分不便的温州,是不是也是如此?回答应是否定的。因为温州地区主要方言属于吴语,但这一方言在吴语区彼此不能通话。这就应促使我们重新思考温州方言的来源。

现代任何一种方言在历史上应该是动态传承的,除非一种方言在发展过程中由于某种不明原因造成突然中断而消失。不论是外来语言的入侵,还是自身的演变,语言(语音)总是处于不断变化之中的,不论变化有多大,前后总是有联系的。现代温州方言的产生应与永嘉之乱的移民有关,但见于史籍的只有西晋的山西闻喜人郭璞、刘宋时谢灵运曾任永嘉太守,但时间都是很短。从现有的研究可知,现代的温州方言在宋代就已形成,虽然其后的又产生了一些音变,如入声韵尾的脱落、阳声韵尾的脱落与阴声韵相合流、-m尾与-n尾归并等,但现代温州方言的框架在宋代或更早的时候就已形成是可以肯定的,而且非常的稳定。宋代之前温州方言历史由于文献不足,不可确考,但通过移民史和其他方音史研究成果比较,温州话的特点及其来源可推知一二。

王洪君先生(1987)从闻喜方言的白读层与西夏语、汉语的对音相同中得出"宋时我国西北地区和山西南部方言语音同属一个系统"。李如龙、辛世彪二位先生(1999)根据关中、晋南方言的全浊声母清化,不论平仄都送气的特点,认为"唐宋时代秦晋方言的范围比现代晋南、关中、陇豫西要大。"丁治民(2002)对金末道士侯善渊的诗词用韵考察中发现其语音基础为晋南方言,而经比较,其某些特点又与关中方言相同,从而得出唐宋时代、晋南、关中、陇东、豫西同属一个大的方言区,但也不排除各区仍然有次方言的可能。乔全生先生(2008)在《晋方言语音史研究》中提出晋方言是唐五代西北方音的直系支裔的观点。

一、歌戈麻三韵相押

歌麻两韵,从魏晋刘宋时期,是混用不分的,从梁至隋、初唐期间,界限分明(周祖谟,1966)。唐五代时期,应制诗用韵一般遵从韵书,歌麻分用,但古体诗和文的用韵,当然也要受到韵书的影响,但歌麻混用是屡见不鲜的:沈佺期(鲍明炜,1986)、白居易、元稹(鲍明炜,1981)、李贺(万西康,1984)、变文用韵(周祖谟,1988)、曲子词用韵(张金泉,1995)、晚唐诗韵(赵蓉、尉迟治平,1999)歌戈麻在日译汉音、越南音、朝鲜音中读 a(高本汉,2003),而在反映唐五代西北方音的四种汉藏对音读 a,只有少数字读 o(罗常培,1961),而天城梵书对汉字注音中,果、假两摄对音均为 a(张清常,1963)。可见在唐五代时期的北方地区,歌麻混用是一种较为普遍的现象。到北宋,汴洛语音的这一情形与唐五代基本相同。邵雍《皇极经世声音倡和图》表明果假两摄合流为一韵:声一第二位兼括果假两摄歌戈麻三韵字。周祖谟先生(1966)指出:"果摄歌戈二韵通用,与《广韵》同。惟假摄麻韵字《广韵》独为一类,今则合用不分,与唐代语音相同。如唐河南元稹庙之神以'车阿涯哗何歌耶'为韵,即歌戈麻不分也。麻韵切韵时代读 a、读 ia,歌戈两韵读 a、ua,北宋当与《切韵》相同。陈简斋诗歌戈两韵不与麻韵相协,语音或已转变为 o、uo 矣。"宋词韵中,歌戈麻相押,山东词人辛弃疾 11 例、李清照 1 例。近人夏敬观《跋毛抄本稼轩词》云:"稼轩词往往以乡音叶韵,全集中不胜枚举。《江神子》'博山道中书王氏壁'词,前结'不争多'句,以'多'字入佳麻韵,此其例甚夥。"另外四川籍词人苏轼、魏了翁各 1 例,吴方言词人张先、史浩各 1 例(鲁国尧,1991),吴方言的诗用韵有 2 例:湖州人陈舜俞 1 例、衢州人程俱 1 例(张令吾,1998)。歌戈麻混用在金代只在山西籍文士作品中才出现,如河东人段克己词中 1 例(丁治民,2003)、浑源人刘从益诗中 1 例,而忻州人元好问文中有 9 例(丁治民,2000)。如:

《恒州刺史马君神道碑》一百三 1:"蛇嗟多华摩荷它磨婀波颇华遐家"
《天庆王尊师墓表》一百七 4:"遐夸奢荷华家"
《刘景元墓铭》九十九 12:"和诃家华河夸车嗟峨阿何"

元好问是金、元两代最杰出的作家,生前身后都有着巨大的影响,在中国文学史上有很高的地位。同时,元好问精深音律,足迹遍于整个北中国,其"诗词曲用韵应该能反映金元中州话或北方话的语音现象"(鲁国尧,1986)。

在现代北方方言中,只有晋方言中某些片还保留了歌麻同韵的现象:ɑ 吕梁片、a 并州片、汾河片,o 汾河片(多数字),ə、ɤ 其他片(乔全生,2008)。不同片区的读音不同,反映了不同历史时期语音的变化在地域方面的投射。

从现有的材料可知,歌戈麻三韵相押主要集中在北方方言区和吴方言区,而且现代汉语歌戈麻三韵同韵的也主要在这两大方言区的部分地区(晋语的吕梁片、吴语的苏州、温州)。

温州自宋到清,歌戈麻三韵相押宋 21 例、元 32 例、明 20 例、清 11 例。韵例之多,是同时期其他地区难以比拟的。

二、歌麻模相押

歌模相押,在唐五代仅河东太原人唐彦谦古体诗有 3 例(丁治民,2000):

七古《送许户曹》二十 7680:"和拖歌峨壶罗河波"

七古《蟹》二十 7680:"堕虎货"

五古《梅》二十 7665:"素堕"

今晋方言并州片太原话已找不到歌模同韵的痕迹,但同片的太谷话、清徐话歌模部分字是同韵的或接近的,如左座坐韵母为 uo、鲁路祖韵母为 uo;婆多罗鲁路主要元音相同,为 ɤɯ;上党片武乡话也保留歌模同韵的现象,二韵同读 uɤ(乔全生,2008)。

除西北方音外,歌模同韵的现象在文献中还可见的是福建,宋代福建诗词用韵中,歌模同韵的有 10 例(鲁国尧,1980;刘晓南,1999)。现代闽中、闽北歌、模不同韵、而福清、福州、闽南两韵仍相协。

温州历代用韵中,不仅歌模相押,还有麻模相,歌戈麻不仅与一等的模韵相押,还与三等的鱼、虞相押。宋代歌戈模鱼虞相押的计有 21 例、麻与模鱼虞相押的计有 20 例,元代歌戈麻与模鱼虞相押的计有 14 例,而明代歌戈麻模鱼虞相押的计有 71 例,清代歌戈麻与模鱼虞相押的计有 16 例。在现代温州话中,歌戈鱼模是同韵的,麻韵与歌戈鱼模韵母比较接近。乔全生先生(2008)认为:"晋方言所保留的萧豪与鱼模、歌戈与鱼模同韵的残留现象,当是唐五代宋代某方音的遗衍,尽管我们尚未发现宋代山西文士用例,但有理由相信晋方音的残余现象与闽方音的同类现象当属同源异流,宋代闽方音同韵现象与晋方音同韵现象当是同源变化。是早期西北地区的汉人南下时带过去的。"而温州地区的从宋代就有此类韵例,从未间断,而与现代方音一脉相承，这一特点应是北方某种方音在温州的完整保存。

三、支鱼相押

唐五代敦煌俗文学就有支鱼混用的现象，别字异文中有脂虞代用例，如以诛代追、以虽代须；之鱼代用例，如以疑代鱼、以诸代之，共有 110 例（邵荣芬，1963）。变文用韵有 3 例，如《张淮深变文》："庐麾诸尸威。"（周祖谟，1993）。《大乘中宗见解》《金刚经》汉藏对音中，支鱼互注有 25 例，如：u 往往对止摄合口字，如为对 u、水对 cu（罗常培，1933）。诗文用韵中有 6 例，主要是太原人唐彦谦（丁治民，2000）。唐末陕西成纪人李匡乂《资暇集》卷下云："代呼驴为卫。""代"为代州，所说正是支鱼同音。而南方仅福建泉州沙门义存有 1 例（周长楫，1994）。而宋金时代，总的看来，支鱼混押，南方多于北方，如福建诗词 68 例（鲁国尧，1980；刘晓南，1999），江西诗词 60 例（鲁国尧，1980；杜爱英，1998），江浙诗韵 58 例（张令吾，1998），四川词韵 3 例（鲁国尧，1981），山西诗词用韵 16 例（丁治民，2000；丁治民，2002；乔全生，2008），山东诗词 2 例（鲁国尧，1979），徽州地区诗韵 72 例（丁治民，2007）。鲁国尧先生指出，支鱼通押在赣、闽、吴地区词人中比较普遍。吴方言区，湖州人张先 2 例、鄞县人史浩 7 例、宜兴人蒋捷 5 例，而周邦彦、范成大、陆游、仇远、王沂孙、张炎却不混。在现代方言中，南方方言大多还保存这一特点。从现有的研究成果可知，南方支鱼同韵的地区主要有江苏、浙江、安徽、江西、福建、四川等地，而这些地区都是移民集聚之地。这些地区由于受外来语言的影响较少，支鱼合韵的现象故能保存。在现代方言中，支鱼同韵在北方话中仅有晋方言还有所保存，主要表现为两种形式：一是支微韵的合口字读 i、y 细音，与鱼模同韵；二是鱼模韵的字读 uei 韵母，与支微同韵（乔全生，2008）。温州地区的历代用韵中，宋代 61 例、元代 131 例、明代 189 例、清代 16 例。温州自宋代以来的支鱼同韵应是唐五代北方方音的继承。

四、尤侯与萧豪押韵

尤侯与萧豪同韵是一种古老的语音现象，许多声符与形声字的读音为效、流摄交替。如揪与秋、拗与幼、嫂与叟、蓼与谬、料与斗、扫与帚等。最早记录效流同韵的是反映唐五代北方方音的天城梵书金刚经对音材料（张清常，1963）。11 世纪回鹘译音《番汉合时掌中珠》效摄三等要腰、流摄三等酉佑有同对一个西夏字（聂鸿音，1998）。12世纪末期的西夏汉对音中尤侯萧豪同韵的有：斗刀到兜鬪、高告沟勾、酒椒、造草秋锹、楼牢、绣箫修小霄、舅求毯皇丘旧侨、酉有祐游要腰药优由（M. B. CO POHOB, 1968）。尤侯与萧豪同韵是唐宋时期西北方音的一个特点。但在宋及其后，这一现象在北方的文献中很少见，仅见1例，即汴人曾觌《钗头凤·华灯闹》中的"闹照透"。而这一特点在南方却很盛行。鲁国尧先生指出：尤侯部与萧豪部通叶，这在（宋代）福建、江西词人是较普遍的现象。在宋代福建文士作品用韵中，这两部相押多达38例（刘晓南，1999）。而数量对比，闽北、闽东丰富，闽南贫乏。较多反映闽北音吴棫《韵补》中尤萧互收的现象较为普遍，如萧筱啸韵收入流摄字11个，愁音锄交切、休音虚娇切、忧音一笑切；而尤有宥韵中收入效摄字就更多，有82个，考音去九切、遥音夷周切、萧音疏鸠切等。宋元江西词韵中，二部通叶有35例，而诗韵中亦有20例（杜爱英，1988），又四川人吴泳有2例、吴兴人周密有1例。而温州在宋时就有18例，元、明、清时均有，一直延绵不断。在宋代，吴方言区总共19例，而温州多达18例。尤侯与萧豪同韵在南方主要集中在江西、闽北、闽东和温州。这一现象在现代闽语、赣语和瓯语中还能见其踪迹。这一区域性区别特征与移民迁徙路径是基本吻合的。

五、止、蟹摄互押

止、蟹摄相押，不仅指蟹摄三、四等与祭废等韵押入止摄，而且包括蟹摄一、二等与止摄相押。隋代，"止摄和蟹摄通押共6例：荠止、霁未、咍灰微、咍微、咍灰之、海止尾通押各1例"（李荣，1982）。初唐，止、蟹摄相混有2例（鲍明炜，1990），中晚唐，两摄相押就逐渐多起来了。唐末变文用韵，蟹摄三四等齐祭废韵字已普遍与止摄相押，一、二等灰咍皆佳等韵与止摄互叶仅5例（周祖谟，1989）。唐五代西北方音，汉藏对音四种材料中，蟹摄一等咍、灰、泰三韵，除了《千字文》读 ai、wai 外，其余三种《大乘中宗见解》《阿弥陀经》《金刚经》均读 e、we；而二等皆、佳两韵，《千字文》读 ei，其余三种读 e；三等祭韵、四等齐韵，《千字文》《金刚经》读 ei，《大乘中宗见解》《阿弥陀经》读 e。而止摄支脂微三韵开口呼和之韵在四种对音材料中主要读 i，也有读 e，如《千字文》枇事疲韵、《阿弥陀经》子彼韵、《金刚经》而子尔等韵。三韵的合口，除《千字文》中部分读 wi、we、ui 外，其余的在《千字文》《大乘中宗见解》《金刚经》中读 u。在四种对音材料中，蟹摄主要元音为 e，而止摄的开口呼主要元音为 i，少数字读 e。可以说在反映唐五代西北方音的四种对音材料中，止、蟹摄的主要元音是相近的。在韵中反映的是这两摄是可以相押的。这在元代郑光祖《三战吕布》第三折《中吕·耍孩儿》中还有所体现。其韵脚为：来嘴里疾祟敌。对"来"字是否入韵，杜海涛（2001）的看法是："'来'皆来韵字。郑曲用《中吕·耍孩儿》7支，其中5支首句入韵，《元曲选》中另有同牌曲子36支，全部首句入韵。然《耍孩儿》曲常为9句，唯本曲8句，且曲律似有不同，故此'来'是否入韵，不易肯定。"而事实上，晋中并州片、晋西吕梁片、晋南汾河片有些地方"来"读 li，陕西清涧话，"来"读 li，"孩"读 çi，"每"读 mi（刘勋宁，1994）。而宋代止摄字押入皆来部，在福建共有18例、词韵山东共有4例、江西有7例（鲁国尧，1979、1992）。与福建相比，江西、山东押入皆来部的止摄字既有开口呼又有合口呼，而福建则全为合口呼，没有例外（刘晓南，1999）。宋代福建18例的地区分布主要在闽北、闽中东，而闽南则无1例。刘晓南先生认为这种现象的产生受其接近东北边的吴越方言的影响。而与闽地最接近的当是温州，温州地区自宋代始，止摄与蟹摄关系非常密切，押入止摄的不仅是三四等的齐祭废和灰、泰韵合口字，而且咍、泰开口、皆、佳开合口均与止摄相押，更重要的是蟹摄一二三四等互押。乔全生先生（2008）认为："联系宋代闽方言与今天吴方言、晋方言的读音情况，似可得出这样的一种看法：这三个点甚至宋代的山东、江西的同类现象同出一源，均来自南朝建炎前的西北方音，山西方音是留守下来的最后的残破据点，而南方诸方音是西北流民向南迁移过程中逐渐留下来的痕迹，福建的中北部是最后的集中落点。"温州地区自宋代始，止、蟹摄相押各代均有，三种情况相同，直至现代均如此，温州的情形更像是西北方音直接继承者。

六、真文与寒先互叶

真文与寒先相押，并非指元韵字押入寒先，而主要是指元、魂、痕三韵与寒、桓、先仙等韵相押。在唐五代西北四种对音材料中，山摄字对音分别为 an、yan、wan，但有少数字对音为 en，如间眼然贱天边颠见千坚肩等，而臻摄对音分别为：in、on、un。除了 en 与 in 为音位互补外，两摄相同的较少（罗常培，1961）。这一情况在唐代温庭筠诗中有1例：《寓怀》中"言然喧孙颜恩"。宋词韵中主要在福建莆田人刘克庄有1例，即《沁园春·华发萧萧》中："晚馆遍寸传见愿冕远算宴浅"，山东辛弃疾有4例，如《六州歌头·西湖万顷》中："门云轩吞姗烟咽看军存勋坤韩边园。"（鲁国尧，1991）夏敬观

《跋毛抄本稼轩词》认为"殆亦其乡音如此"。宋代江西诗韵中,两部通叶有44例,其中不包括元韵单独押入寒先部和元魂痕押入真文部,从的域上看,通地现象遍及江西省的赣方言区(杜爱英,1998)。金词山西人高道宽变有1例,即《浪淘沙》:"仙坤烟天铅全玄全。"(乔全生,2008)而山西在元代以后及现代方言中已无该现象。但乔全生先生认为宋金时期山西南北中部都有山臻二摄通叶的现象,看来并非偶然,当为山西方言中通行面较广的一种用法。真文、寒先同韵,虽然在唐宋时期出现的例证较少,但出现了,山西、山东地区均有,这表明该现象并非是偶然的,当是方音的体现,更重要的是南方主要表现在赣方言区和温州吴语区。北方已消失的特点在南方得以完整的保存,这一特点在温州地区绵绵不绝。

七、真文与东钟押韵

真文、东钟同韵,在唐五代西北地区的四种对音材料中,臻摄的合口对音为 on、un,而通摄的对音一等为 on、三等为 un(罗常培,1961)。两摄大部分韵的主要元音相同或相近。12 世纪藏文注音的西夏残经中粉风凤蜂缝奉、冬东红虹洪尊同韵(M. B. CO POHOB,1968)。在宋金时代韵文中,通臻两摄的相叶主要在山西侯善渊 9 例(丁治民,2002)、刘志渊 2 例(乔全生,2008),徽州有 1 例(丁治民,2007)。江西最知名的诗僧德洪有 3 例(杜爱英,1998),福建建州 2 例(刘晓南,1999)。山西的真文、东钟同韵,在明清的笔记中多有记载。明代陆容《菽园杂记》载:"山西人以同为屯、以聪为村,无东字韵。"张位《问奇集》载:"秦晋红为魂、东为敦、中为肫。"袁子让《字学元元》载:"秦晋读通如吞、读东如敦、读龙如论、读红如魂,盖谬东韵于真文也。"清代李渔的论述较为详细,《闲情偶寄·声容》云:"九州之内,择其乡音最劲、舌本最强者而言,则莫过于秦晋二地。不知秦晋之音,皆有一定不移之成格。秦音无东钟,晋音无真文;秦音呼东钟为真文,晋音呼真文为东钟。……秦人呼中庸之中为肫,通达之通为吞……西北之东为敦,青红紫绿之红为魂,凡属东钟一韵者字字皆然……晋音较秦音稍杂,不能处处相同,然凡属真文一韵之字,其音皆仿佛东钟,如呼子孙之孙为松,昆腔之昆为空之类是也。"通、臻两摄同韵是历史上秦晋之音最为显著的特点之一,也为学者关注。其实这一特点不仅属于秦晋之音,而且在徽州、江西、温州、建州等地也同样存在,也同样是方音的反映,而从移民史可知,这些地区正是北方移民及其后裔的迁徙之地。

八、东钟与江阳押韵

颜师古《匡谬正俗》卷六："或问曰：今所谓木钟者,于义何取？字当云何？答曰：本呼木章,音讹遂为钟耳。古谓大木为章……又古谓舅姑为姑章,今俗亦呼姑钟。益知章音皆转为钟。""章"为阳韵字,"钟"为钟韵字。在北方的某种方音中,宕、通摄相混。在《千字文》《大乘中宗见解》中,宕摄阳、唐两韵与通摄东、冬两韵的对音为 on,通摄的东、钟两韵对音为 un(罗常培,1961)。宋金时代,江摄押入通摄,辛弃疾词韵有 3 例、福建有 2 例、(鲁国尧,1991)、山西侯善渊词韵 2 例(丁治民,2002)。在温州历代用韵中,自宋代始,江摄与通摄相叶、江摄与宕摄相押、宕摄与通摄互叶,这说明通、江、宕三摄有部分字主元音和韵尾相同,混而为一,而且自宋后及现代方音均如此。上古音中,江东部。东阳通押也是非常古老的用韵现象,如《诗经·周颂·烈文》中的"邦崇功皇"。两汉,东阳通押有 35 例(罗常培、周祖谟,1958)、魏晋有 23 例(丁邦新,1975)。"可以设想这种用韵当亦为西北音南植之结果。为何只在闽南地域大量出现,而西北流寓足迹所到的长江以南其他省份,不见有此种韵例,目前尚乏令人信服的答案。"(刘晓南,1999)温州地区自宋代始出现了大量的东阳通押的韵例,为刘晓南先生的遗憾提供了一定的语料。从《诗经》用韵、魏晋用韵、唐五代西北方音、到温州地区的历代用韵,东阳合押演变脉络一目了然。

九、臻、深、梗、曾四摄相押

《全唐诗·谐谑》是有胡僧《戏妻族语不正诗》："呼十却为石,唤针当作真。忽然云雨至,总道是天因。"在胡僧看来,"十"与"石"是有区别的、"针"与"真"是不同的、"因"与"阴"是两个韵。确实,在《广韵》中,"十"的韵尾为 -p、"石"的韵尾为 -k,"真因"属于真韵,韵尾为 -n、"针阴"属于侵韵,韵尾为 -m。胡僧为湖南人,其妻族为西北人,即其妻族 -p 与 -k 韵尾已相混、真韵与侵韵不分,在胡僧看来其妻族的语音是不符合标准的,但从方音的发展角度,这是难得的语料,记载了方音特别是西北方音的演变。因为其妻族并非仅指这一个家族,最起码反映了一个地区的语音特征,否则的话,其妻族在该地区也没法与其他人交流。邵荣芬先生(1963)根据敦煌文献的别字异文 -n 尾与 -ŋ 尾互代情况较少而得出"整个说来,认为当时西北方音有 n、ŋ 合并的现象是没有多大的根据的"的结论。周大璞先生（1979）根据变文的用韵指出四摄合韵的结果是，韵腹都是 e 或 i，韵母相同或相近。曲子词中，《广韵》庚耕清青蒸登合用不分（张金泉，1986）。而唐西北四种对音材料中，臻摄真痕欣三韵的对音为 in 其他的为 on、un，而曾摄在《大乘中宗见解》《阿弥陀经》《金刚经》中对音为 in，在《千字文》中对音为 en，而梗摄对音均为 en，深摄对音为 im（罗常培，1961）。不管如何，臻、深、曾、梗四摄在西北某些方音中已合流应该是可能的。12 世纪藏文注音的西夏残经中，四摄字已共为一韵，如：真蒸证针枕震、尘秤嗔沈辰审深绳肾（M. B. CO POHOB，1968）。在宋代江西诗韵中，侵寻与真文相押 4 例，侵寻与庚清相押 10 例，真文与庚清相押 30 例，侵寻、真文与庚清相押 3 例（杜爱英，1998）。而福建文士用韵，真文与庚清相押 209 例，真文与侵寻相押 20 例，庚清与侵寻相押 17 例，真文、侵寻与庚清相押 16 例（刘晓南，1999）。而吴棫《韵补》中已完全打破 –m、–n、–ŋ 三个韵尾的界限，如真韵包括真谆臻欣痕清青蒸登侵十韵（赖江基，1985）。而温州宋代用韵情况与江西、福建相同，而且以后各代数量都是比较丰富。所以，江西、福建、温州地区在宋代时四摄通押，与唐五代时西北方音的特征遥相呼应，这应该与移民的迁徙带来的西北方音的特征有密切的关系。

结　论

通过对自宋代以来温州历代诗文用韵的考察和现代温州方音的比较，可以得出如下几点：

第一，历代温州方言不仅有齐祭废三韵及灰韵、泰韵的合口的部分字押入止摄，而且有包括皆佳夬咍和泰韵的开口字，特别是咍韵押入止摄比其他几韵更多；又不论是舌齿音，还是非舌齿音，均相押，即两摄相押是全面的。这一现象是温州方言自宋代就已存在的一种特点，这一特点到了 20 世纪才有明显的分化。在现代温州方音中，《广韵》止、蟹两摄只有部分合流，大部分并未泯灭二者的界限。

第二，历代温州方言在鱼为从押入支的和等立通押中，主要是三等舌齿音和牙喉音、一等舌音和部分唇舌音，没有例外，但在以鱼为主与支相押中，鱼韵字主要的也与上述两种情况相同，但还有部分一等牙喉音鱼支相押，这一情形在明清比较明显，但总的入韵字不是太多。

第三，在宋代，温州方言中萧尤相押主要是因为两韵系的主要元音相近，而且韵尾相同，从等方面看不出主从相押，也看不出其语音取向；元代，陈高给两个萧韵系字注音与尤韵系相叶，这说明元代萧尤相押，主要是萧韵系向尤韵系靠拢，两韵系的主要韵尾均在，但萧韵系一等与二、三、四等的主元音的发展不平衡；明代萧尤相押已显示了与宋、元不同的情况，即萧韵系一等字与尤韵系相押数量显然高于其他等的韵字，但两韵系的韵尾应尚存；清代萧尤相押仅一例，张元彪为清朝前期人，虽只有一例，但其押韵与现代语音非常吻合，这说明在清朝前期，萧韵系的韵尾脱落，与尤韵系相分化，但尤韵系的唇音字与其他四音相分离，而与萧韵系一等字相合流，但萧韵系一等字与其他二、三、四等字的主元音亦分化。

第四，温州方言中歌韵的分化是漫长的过程，特别是从 o 分化为 u。刘基时代火读为虎的现象应不是在刘基时代才有，因为记录某一语音现象具有滞后性。这一现象应为东瓯之人接受，但到清代虽然歌麻通押的数量要少得多,但歌戈两韵的韵字五音俱全,到清代歌麻通押还是为文士所接受。因为语音演变是先有部分字发生两读现象,然后扩及声韵相同的字。以后大部分字新读占优势,转入新音,一小部分旧读占优势的字则仍保留原样。温州歌戈韵字的演变,应是开口呼先变,到了清代,合口呼字多于开口呼字。

第五,果摄与遇摄相押,不仅有一等模韵,还有三等的鱼、虞韵,这与《音画字考》的情形相一致。而《音画字考》之后,果摄根据声类而与遇摄的韵字重新分合,即歌韵字部分的韵字根据声类发生了复元音化,歌韵系的牙喉音及部分唇音与遇摄一、三等的牙喉音和部分唇音读 u,歌韵舌齿音与遇摄的舌齿音读 əu,歌韵部分唇音与遇摄一、三等的舌齿音读 əy。əu、əy 均是从 u 发展而来,其发生时间是从《音画字考》问世之后。而且二等的麻韵也与遇摄相押,这说明,在《音画字考》之前,麻韵与歌戈韵关系很密切,与模韵也相押;歌韵的主元音向模韵靠拢,即果、假、遇三摄的主要元音相同或相近。

第六,在历代温州方言中,押入遇摄的不仅是流摄的部分唇音字,而且有非唇音字,这与现代温州话的读音相距较大;在《音画字考》中,流摄只与流摄的字同韵,未见与他摄同韵。这说明了历代诗文用韵的尤侯与鱼模相押与现代温州方音不能对应,在《音画字考》之前尤侯部非唇音字与鱼模部的主要元音相近。

第七,山摄与臻摄的关系主要表现为山摄一等寒韵、桓韵、三等仙韵、四等先韵与臻摄的三等元韵、一等痕韵、魂韵相押,这与《音画字考》和现代温州话是一脉相承的,但历代温州方言,用韵与现代温州话不同的是山摄的二等山韵、删韵和臻摄的三等文韵、欣韵、真韵、谆韵也参与其中,虽然次数少、韵字也少,但确实存在,这说明二等山韵、删韵、三等文韵、欣韵、真韵、谆韵与一等寒韵、桓韵、痕韵、魂韵等的主要元音是比较接近的,这与现代不同。

第八,押入东钟部的真文部韵字不仅有文韵和谆韵字,还有真韵、魂韵、痕韵等,这说明在历史上温州方言中与通摄韵相近的臻摄字要比现代温州方言的臻摄字范围要大。

第九,自宋代温州方言中江韵就已与阳韵等合流;而江阳韵与通摄的部分字主元音相同,这一特点到现代也是如此。这一特点自宋代就已形成了。

第十,在宋代,王十朋《二郎神》、林季仲《倾杯乐》,元代《张协状元·胡捣练》《张协状元·锁南枝》无名氏《白兔记·黑麻序》、明代张璁《秦瑞安宅瑞莲歌次韵》押韵与现代温州方言的分类不尽相同外,其他的韵例与《音画字考》和现代方言的分类基本吻合,这可以说明,现代温州方言中山咸两摄的分合关系,自元代始就已初步确定。

第十一，历代温州方言的用韵中，真文与侵寻相押，这说明 -m 尾与 -n 尾合流的演变，庚清分别与真文、侵寻和一个韵段中庚清与真文、侵寻同时相押，这同样反映了 -m 尾与 -n 尾合流，同时，也说明在温州话中 -n 尾与 -ŋ 尾之间复杂分合关系。

第十二，历代用韵中，有些韵例与现代温州话相吻合，但更多的是三、四等字与一等相押，而且山摄二等字也参与其中，开口与合口相押，这些与现代温州话不一致，这说明历史上山、臻两摄入声的主要元音相同，各等之间的主元音的差异没有现代这么大。而且宋代温州方言中咸摄三、四等的入声也与山摄和臻摄的入声相押，这说明 -p 尾正向 -t 尾靠拢。

第十三，不论是《音画字考》，还是现代温州话中，铎韵字与觉、烛、屋三韵有部分字的主要元音是相同。而在历史上，自宋代，温州方言中通、江、宕三摄入声就开始相押，这说明，现代温州话这一特点在宋代就已形成了，但与现代温州话不同的是，药韵也与通、江两摄入声相押，这一情况一直到明代。药韵不与江、通两摄入声相押是从清代开始的，也就是说，药韵的主要元音与铎、觉、屋、烛分化是从清代开始的。

第十四，现代温州方音臻、深、梗、曾四摄入声同韵的主要是三四等的唇音、舌音和牙喉音、齿音两类韵母。而历代用韵中，自宋代始，德职与陌昔、德职与质术、陌昔与质术、陌昔与缉立、质术与缉立、德职与陌昔与质术、陌昔与质术与缉立、德职与质术与缉立、德职与陌昔与缉立、德职与陌昔与质术与缉立相互押韵，即臻、深、梗、曾四摄入声在历代用韵互押，四摄的主要元音应相同，而韵尾应趋同，不论是《音画字考》，还是现代温州话中，曾摄部分字和曾、梗塞两摄舌、齿、牙、喉音独立于四摄其他韵字之外，而在历史上，一直到了清代，用韵所反映出的是包括德韵、曾和梗两摄的三、四等的舌、齿、牙、喉音部分韵字都与四摄其他韵字相押，这与现代温州话不同。

参考文献

[1] 鲍明炜.白居易元稹诗的韵系[J].南京大学学报,1981(1).

[2] 鲍明炜.唐代诗文韵部研究[M].江苏古籍出版社,1990.

[3] 北京大学中国语言文学系语言学教研室.汉语方音字汇[M].文字改革出版社,1989.

[4] 蔡嵘.浙江乐清方言音系[J].方言,1999(4).

[5] 陈承融.平阳方言记略[J].方言,1979(1).

[6] 陈泽平.19世纪以来的福州方言:传教士福州土白文献之语言学研究[M].福建人民出版社,2010.

[7] 丁邦新.魏晋音韵研究[R].史语所专刊65号,1975.

[8] 丁邦新.丁邦新语言学论文集[M].商务印书馆,1988.

[9] 丁治民.金末道士侯善渊诗词用韵与晋南方言[J].古汉语研究,2002(3).

[10] 丁治民.李俊民、段氏二妙诗词文用韵考[J].东南大学学报,2003(2).

[11] 丁治民.唐辽宋金北地区韵部演变研究[M].黄山书社,2006.

[12] 丁治民.宋代徽语考[M].古汉语研究,2007.

[13] 杜爱英.北宋江西诗人用韵研究[D].南京大学博士论文,1998.

[14] 杜海涛.郑光祖戏曲用韵研究[C]∥语言学论丛(第24辑)[M].商务印书馆,2001.

[15] 傅佐之,黄敬旺.温州方言端透定三母的腭化现象[J].方言,1980(4).

[16] 高本汉.中国音韵学研究[M].商务印书馆,2003.

[17] 高永安.明清皖南方音研究[M].商务印书馆,2007.

[18] 葛剑雄,吴松弟,曹树基.中国移民史[M].福建人民出版社,1997.

[19] 葛剑雄.中国人口史[M].复旦大学出版社,2005.

[20] 赖江基.吴棫所分古韵考[J].暨南大学学报,1985(1).

[21] 李如龙,辛世彪.晋南、关中"全浊送气"与唐宋西北方音[J].中国语文,1999(3).

[22] 李范文.宋代西北方音——《番汉合时掌中珠》对音研究[M].中国社会科学出版社,1994.

[23] 李荣.音韵存稿[M].商务印书馆,1982.

[24] 刘勋宁.陕北清涧话人称代词和指人名词语尾 mi 探源[A].中国境内语言暨语言学(第二辑)[C].史语所集刊论文集之二,1994.

[25] 刘晓南.宋代福建诗人用韵所反映的10到13世纪的闽方言若干特点[J].语言研究,1998(1).

[26] 刘晓南.宋代闽音考[M].岳麓书社,1999.

[27] 刘晓南.从宋代邵武文士用韵看历史上邵武方言的特点与归属[J].中国语文,2002(3).

[28] 刘晓南.宋代四川方言研究[M].北京大学出版社,2012.

[29] 刘燕文.从敦煌写本《字宝》的注音看晚唐五代西北方音[C]//出土文献研究续集[M].文物出版社,1989.

[30] 刘燕文.敦煌写本《字宝》《开蒙要训》《千字文》的直音、反切和异文,语苑撷英——唐作藩先生七十寿辰学术论文集[M].北京语言文化大学出版社,1998.

[31] 罗常培.周祖谟.汉魏晋南北朝韵部演变研究[M].科学出版社,1958.

[32] 罗常培.唐五代西北方音[M].科学出版社,1961.

[33] 鲁国尧.宋代辛弃疾等山东词人用韵考[J].南京大学学报,1979(2).

[34] 鲁国尧.宋代苏轼等山东词人用韵考[C]//语言学论丛(第8辑)[M].商务印书馆,1981.

[35] 鲁国尧.元遗山诗词用韵考[J].南京大学学报,1986(1).

[36] 鲁国尧.论宋词韵及其与金元词的比较[J].中国语言学报,1991(4).

[37] 鲁国尧.宋代福建词人用韵考[C]//语言文字学术论文集[M].知识出版社,1980.

[38] 鲁国尧.宋元江西词人用韵研究[C]//近代汉语研究[M].商务印

书馆,1992.

[39] 龙晦.唐五代西北方音与敦煌文献研究[J].西南师院学报,1983(3).

[40] 聂鸿音.回鹘文《玄奘传》中的汉字对音[J].民族语文,1998(6).

[41] 宁忌浮.汉语韵书史(明代卷)[M].上海人民出版社,2009.

[42] 乔全生.晋方言与唐五代西北方言的亲缘关系[J].中国语文,2004(1).

[43] 乔全生.研究晋方音史的资料准备及应遵循的原则[J].山西大学学报,2006(5).

[44] 乔全生.晋方言语音史研究[M].中华书局,2008.

[45] 邵荣芬.敦煌俗文学中的别字异文与唐代西北方音[J].中国语文,1963(3).

[46] 谭其骧.长水集[M].人民出版社,1987.

[47] 王洪君.山西闻喜方言白读层与宋西北方音[J].中国语文,1987(2).

[48] 徐通锵.历史语言学[M].商务印书馆,1996.

[49] 颜逸明.平阳瓯语音系[J].上海师范大学学报,1978(1).

[50] 颜逸明.浙南瓯语[M].华东师范大学出版社,2000.

[51] 颜品仁.温州语音和北京语音的对应关系[J].温州师范学院学报,1963(1).

[52] 张琨.温州方言的音韵历史(Wenchow Historical Phonology)[J].中研院民族学研究所集刊,1971(32).

[53] 张清常.唐五代西北方音一项参考材料——天城梵书金刚经对音残卷[J].内蒙古大学学报,1963(2).

[54] 张金泉.敦煌曲子词用韵考[C]//音韵学研究(第2辑)[M].中华书局,1986.

[55] 张令吾.宋代江浙诗人用韵研究[D].南京大学博士论文,1998.

[56] 赵元任.现代吴语的研究[M].清华学校研究院出版,1928.

[57] 郑张尚芳.温州方言歌韵读音的分化历史层次[J].语言研究,1983(2).

[58] 郑张尚芳.浙南和上海方言中的紧喉浊塞音声母ʔb、ʔd初探[C]//吴语论丛[M].上海教育出版社,1988.

[59] 郑张尚芳.温州话流摄一三等交替的特点[J].温州师院学报,

1989(4).
[60] 郑张尚芳.温州方言源流探索[J].温州探索,1990(1).
[61] 郑张尚芳.温州方言研究简史(上、中、下)[J].温州探索,1993(3/4/5).
[62] 郑张尚芳.温州方言近百年的语音变化[C]//吴语研究[M].香港中文大学新亚书院出版,1995.
[63] 郑张尚芳.温州方言志[M].中华书局,2008.
[64] 郑张尚芳.温州音系[J].中国语文,1964(1).
[65] 郑张尚芳.温州方言的连读变调[J].中国语文,1964(2).
[66] 周长楫.从义存的用韵看唐代闽南方言的某特点同[J].语言研究,1994增刊.
[67] 周大璞.敦煌变文用韵考,武汉大学学报,1979(3/4/5).
[68] 周祖谟.宋代汴洛语音考[C]//问学集[M].中华书局,1966.
[69] 周祖谟.齐梁陈隋时期诗文韵部研究[C]//语言文字学术论文集[M].知识出版社,1988.
[70] 周祖谟.变文的押韵与唐代语音[C]//语言文字学术论文集[M].知识出版社,1988.
[71] 周祖谟.宋代方音[C]//周祖谟学术论著自选集[M].北京师范学院出版社,1993.